广西资助育人项目探析与案例精选

主　编　林颖明
副主编　苏驾云　于　丹　叶　郁
参　编　黄方梅　梁月莉　黄嘉琦
　　　　何政生　刘俊凤　叶林灵

北京理工大学出版社
BEIJING INSTITUTE OF TECHNOLOGY PRESS

内 容 简 介

本书是广西区域深入贯彻落实党的二十大报告关于"完善覆盖全学段学生资助体系"的要求，以及中办国办《关于构建优质均衡的基本公共教育服务体系的意见》、教育部党组《高校思想政治工作质量提升工程实施纲要》和《广西教育事业发展"十四五"规划》关于"构建资助育人质量提升体系"的部署，对本区域高等学校、中职学校和普通高中资助育人现状及发展进行分析，对其中的优秀项目和典型案例进行充分探讨。全书集中展现广西有关地区和学校在落实国家资助政策过程中有特色、有亮点的育人经验，突出示范推广价值，充分展示广西在资助育人的理念创新、思路创新、机制创新、载体创新、方法创新等方面取得的工作成效。

全书结构完整、布局合理、内容新颖，案例典型，具有很强的教育性、指导性、实践性、可操作性的特点，适合各级学生资助管理部门，各高等学校、中职学校、普通高中作为开展资助育人工作的培训教材，也可供对资助育人工作感兴趣的各类社会人士参考。

版权专有　侵权必究

图书在版编目（CIP）数据

广西资助育人项目探析与案例精选 / 林颖明主编.
北京：北京理工大学出版社，2024.8.
ISBN 978-7-5763-3540-8

Ⅰ．G526.78

中国国家版本馆 CIP 数据核字第 2024UX8017 号

责任编辑／王晓莉　　　**文案编辑**／王晓莉
责任校对／刘亚男　　　**责任印制**／李志强

出版发行 /	北京理工大学出版社有限责任公司
社　　址 /	北京市丰台区四合庄路 6 号
邮　　编 /	100070
电　　话 /	（010）68914026（教材售后服务热线）
	（010）68944437（课件资源服务热线）
网　　址 /	http://www.bitpress.com.cn
版 印 次 /	2024 年 8 月第 1 版第 1 次印刷
印　　刷 /	河北盛世彩捷印刷有限公司
开　　本 /	787 mm×1092 mm　1/16
印　　张 /	13.25
字　　数 /	311 千字
定　　价 /	39.80 元

图书出现印装质量问题，请拨打售后服务热线，负责调换

前言

党的十八大以来，以习近平同志为核心的党中央高度重视学生资助工作，将其作为促进教育公平的重要组成内容和根本性制度保障。目前，我国已经全面建立起"奖、助、贷、补、勤、减、免、缓、偿"多元混合、从学前教育到高等教育"全程覆盖、无缝衔接"的学生资助体系，帮助广大家庭经济困难学生顺利入学、安心就读，有力确保了"不让一名学生因家庭经济困难而失学"。

教育的使命和根本任务在于立德树人。党的二十大报告把全面贯彻党的教育方针、落实立德树人根本任务放在教育工作统领位置，对教育公平的要求也从保障"有学上"向"上好学"转变。学生资助面对新时代新形势新要求，需要主动适应，从单纯的经济资助向发展型育人资助转变，将资助和育人有机融合。具体地，资助育人需要紧紧围绕立德树人这个根本任务，以培养青年学生全面发展为目标，通过培育受助学生的科学精神、思想品德、实践能力和人文素养，引导青年学生树立正确的世界观、人生观和价值观，建立起解困、育人、成才、回馈的良性通道，促进受助学生成长成才，让受助学生共同享有人生出彩的机会，共同享有梦想成真的机会，共同享有同祖国和时代一起成长和进步的机会。

近年来，广西坚持把促进家庭经济困难学生成长成才作为资助工作的出发点和落脚点。各级学生资助管理部门通过丰富活动载体、构建工作机制、拓宽育人渠道等有力措施，形成了一批富有成效的资助育人典型做法。如自治区组织开展资助征文和演讲比赛，培养受助学生知恩感恩的意识；开展诚信教育线上主题讲座，培养受助学生诚实守信的价值观念；开展资助育人研学活动，培养受助学生发展成长的见识视野；举办高校大学生创业支持大赛，培养受助学生创新实践的素质能力；举办国家奖学金典型人物优秀事迹巡回报告会，培养受助学生争先创优的励志精神。梧州市通过构建协同联动、精准服务、道德浸润、能力拓展、宣传引导的"五大机制"，强化资助育人工作。崇左市通过构建融合思想政治教育、心理赋能建设、学业生涯规划、实践能力拓展的"资助+N"育人模式，不断拓宽发展型资助育人渠道。

同时，全区各级各类学校坚持将立德树人作为资助工作的重要组成部分，积极探索实践发展型资助方式方法，培育出一批形式新颖、亮点纷呈的资助育人优秀项目和典型案例。例如，玉林师范学院依托"桂志愿""播种阳光"志愿服务管理系统，通过组织受助学生参加志愿服务和社会公益活动，教育引导广大受助学生积极培育和践行社会主义核心价值观，在回馈社会的生动实践中受教育、做奉献、长才干；柳州职业技术学院面向困难学生实施创新创业"岗课赛奖"资助育人常态化工作机制，通过设置助学岗位、构建课程体系、组织师生双创竞赛、开展典型人物评比等举措，实现从扶生活之困到扶能力之困、扶技能之贫的目的；南宁市第二中学创新打造"资助育人文创室"作为工作载体，建构家庭经济困难学生"文化育人+创新能力+营销实践"劳动教育综合实践课程；百色民族高级中学依托壮族文化资源，开展"麼乜助学"资助育人活动，将帮困、助学、育人、回馈有机结合起来；广西玉林农业学校以受助学生心理健康为切入点，通过构建"多元联动、双核驱动、四位一体"的全员、全过程、全方位心理育人模式，守护受助学生健康成长。

为充分展示广西资助育人工作成效，发挥资助育人优秀典型案例的引领和示范作用，全面提升全区各地各校资助育人工作水平，我们编写了《广西资助育人项目探析与案例精选》。本书在分析当前高等教育、普通高中教育、中职职业教育等阶段资助育人工作现状和发展期望的基础上，遴选广西近年来涌现出的优秀育人项目和典型案例，加以总结凝练，以期为从事资助育人相关的教育工作者、政策制定者、社会活动家和学者提供有益的参考和启示。

最后，衷心感谢所有参与这些案例的机构、组织和个人，正是由于他们的辛勤工作和无私奉献，这些案例才得以呈现在读者面前。同时也感谢本书的编写团队，他们的专业知识和热情投入为这本书的顺利完成提供了坚实的基础和保障。

祝广西资助育人工作取得更加辉煌的成就，为促进全区教育公平和高质量发展、服务教育强国目标做出更大贡献。

编　者

2024 年 3 月

目录

第一章 高等教育篇 (001)
    第一节 高等教育资助育人的工作要求和特点 (001)
    第二节 高等教育资助育人工作的现状 (002)
    第三节 高等教育资助育人存在的问题及对策 (003)
    第四节 资助育人优秀项目和典型案例 (005)
        案例一：培根铸魂　榜样引领
            ——新时代选树"最美科大"大学生年度人物，提升资助育人实效 (005)
        案例二：助人自助提本领，强能育心促就业
            ——"健康成长·励志成才"资助育人项目 (009)
        案例三：全息式资助赋能孤儿大学生逐梦青春
            ——"大道·不孤"孤儿学生伴学项目 (013)
        案例四：帮助女大学生成长为健康、独立、优雅、幸福的新时代女性
            ——"金凤计划"女大学生卓然成长项目 (016)
        案例五：培养勇敢、自由、独立和自信的理工类高校女大学生
            ——"芳华计划" (020)
        案例六：培养懂感恩、讲诚信、肯奉献的时代新人
            ——"播种阳光"志愿服务活动 (024)
        案例七：培养双健合璧、德技并修的"擎力青年"
            ——"擎力筑梦·技能报国"发展型资助育人项目 (028)
        案例八：培养复合型技术技能型"卓越工匠"
            ——"匠心育训·为你赋能"创新创业资助育人计划 (031)
        案例九：辅导员工作室赋能资助育人
            ——"以美育人，浸润心灵"计划 (035)
        案例十：探索资助育人新载体　搭建学生赋能新平台
            ——"医·美结合　素养提升"计划 (039)

案例十一：构建融专业、融素质提升的"双融"资助育人模式
　　　　——"家庭经济困难大学生专业考证奖学金"项目 ………… (043)
案例十二：培养德高、能强、技精、尚劳、心韧的"电力工匠"
　　　　——"电亮梦想·五心护航"成才计划 ………………… (046)
案例十三：培养政治行素质高专业强的艺术人才
　　　　——广西艺术学院青年马克思主义者培养工程"苔花"培训班 … (051)
案例十四：点亮梦想
　　　　——家庭经济困难大学生能力提升工程………………………… (054)
案例十五："助困　育心　自助　助人"
　　　　——艺术疗法融入家庭经济困难大学生积极心理品质培育的
　　　　创新实践…………………………………………………………… (058)
案例十六：培养全方位发展型人才　铸造"粮·商"梦
　　　　——"七彩人生发展导航工程"资助育人计划 ……………… (062)
案例十七：培育和践行社会主义核心价值观
　　　　——"勤恳朴诚"资助育人模式的探索与实践 ……………… (066)
案例十八：培养德智体美劳全面发展的应用型高级专门人才
　　　　——"情暖科师"资助育人工程 ………………………………… (070)
案例十九：国家资助润桃李，光辉榜样育新葵
　　　　——"力耕成长学堂" ……………………………………………… (075)
案例二十：铸就非遗文化传承"技艺"大师
　　　　——"非遗技艺研习社"资助育人项目 ………………………… (079)
案例二十一：以德育人，以美润心
　　　　　　——打造传承中华优秀传统文化资助育人体系…………… (083)
案例二十二："五位一体"机制，精准化资助育人 ……………………………… (087)
案例二十三："逐梦青春，打造青年朋辈引领新范式
　　　　　　——新时代、新青年、卓越青年说"教育实践项目 ……… (090)
案例二十四："问天"启航寻梦，"探天"助航追梦，"飞天"领航筑梦 …… (094)

第二章　中职教育篇……………………………………………………………… (099)

第一节　中职教育资助育人的工作要求和特点……………………………… (099)
第二节　中职教育资助育人工作的现状……………………………………… (100)
第三节　中职教育资助育人存在的问题及对策……………………………… (101)
第四节　中职教育资助育人典型案例及解析………………………………… (103)
　　案例一：构建"三师四阶五课"资助育人模式助推中职农校资助工作
　　　　　　提质增效……………………………………………………… (103)
　　案例二：探索以生为本，构建"334"体系发展型资助育人模式，培育
　　　　　　感恩自强担当医学人才……………………………………… (107)
　　案例三：打造"五航谐动，助力成才"，推动学生资助工作高质量发展 …… (113)
　　案例四：巾帼励志　玉兰芬芳…………………………………………… (119)
　　案例五：探索"3+3+N"资助模式，激发全面育人实效 ……………… (124)

案例六：探索构建"九扶"机制，全面提升资助育人实效 ……………（129）
　　案例七：校企政三方联动，扶困立志共绘育人同心圆………………（134）
　　案例八：构建"四融四创"工作新模式，赋能"资助育人"高质量发展……（138）
　　案例九：多元联动、双核驱动、四位一体：守护受助学生心理健康成长……（142）
　　案例十：学校"三升级"举措为受助学生搭桥筑梦 ……………………（146）
　　案例十一：助学筑梦育新人，守正创新促成长…………………………（149）

第三章　普通高中篇………………………………………………………（155）
　第一节　普通高中资助育人的工作要求和特点 …………………………（155）
　第二节　普通高中资助育人的工作现状 …………………………………（156）
　第三节　普通高中资助育人存在的问题及对策 …………………………（157）
　第四节　普通高中资助育人典型案例及解析 ……………………………（159）
　　案例一：五育并举促成长　以人为本育英才
　　　　　　——"麽乜助学"资助育人品牌 ……………………………（159）
　　案例二：普通高中家庭经济困难学生"文化育人+创新能力+营销实践"
　　　　　　（1+1+1=N）劳动教育课程的建构与实践………………（163）
　　案例三：聚焦"三个注重"推进资助育人体系建设 助力学生成长成才…（168）
　　案例四：边境地区普通高中"资助+N"育人模式探索与实践 ………（173）
　　案例五："四季助学"润泽人心　育人铸魂成就梦想 …………………（176）
　　案例六：心安书屋，用爱心传递爱心……………………………………（179）
　　案例七：助学·筑梦·铸人：以"文秀"精神为引领，走祈福特色资助
　　　　　　育人之路 ………………………………………………………（183）
　　案例八：党建引领聚合力，用心用力助成长……………………………（188）
　　案例九：搭建"志愿服务+"平台　创新资助育人模式 ………………（191）

附　录　中共教育部党组关于印发《高校思想政治工作质量提升工程实施纲要》
　　　　的通知 …………………………………………………………………（196）

参考文献 ……………………………………………………………………（203）

第一章 高等教育篇

教育是国之大计、党之大计。在新时代高等教育事业发展过程中，资助工作者不仅肩负着"不让一个孩子因贫困而失学"的光荣使命，更肩负着立德树人的根本任务。因此，想做好新时代的高校资助育人工作，需要更深入领会政策要求，更细致了解资助对象，更全面掌握工作现状，更客观分析存在的问题，更创新性提出工作举措。

第一节 高等教育资助育人的工作要求和特点

只有深刻领会高校资助育人工作要求，准确分析资助育人对象特点，才能科学有效地开展高校学生资助育人工作。

2017年12月，中共教育部党组印发的《高校思想政治工作质量提升工程实施纲要》（见附录）中将资助育人作为"十大育人体系"的重要组成部分，要求"把'扶困'与'扶智'，'扶困'与'扶志'结合起来，建立国家资助、学校奖助、社会捐助、学生自助'四位一体'的发展型资助体系，构建物质帮助、道德浸润、能力拓展、精神激励有效融合的资助育人长效机制，实现无偿资助与有偿资助、显性资助与隐性资助的有机融合，形成'解困—育人—成才—回馈'的良性循环，着力培养受助学生自立自强、诚实守信、知恩感恩、勇于担当的良好品质"。

随着我国经济社会的不断发展进步，新时代的大学生呈现出新的时代特点，其中家庭经济困难的大学生群体，受新时代的感染，大部分是健康、积极、向上的，和其他大学生一样对未来充满信心，对步入社会充满期待，同时又会呈现出矛盾化的心理特点，具体表现为以下三点。

（一）坚强与懦弱

大多数大学生经济上主要依靠家庭支持。家庭经济困难的学生受到的家庭教育是他们不能向家庭索取（因为家庭不具备支持他们的条件），父母鼓励他们自立自强，甚至期待他们改变家庭的状况，这样很可能培养出坚强独立的性格。他们家庭的经济条件不好或者父母无暇关心教育孩子，则会让他们在没有经济支持的同时缺乏精神支持，不知道如何面对问题，产生无法克服困难的无力感，形成胆小软弱的性格。

(二)自尊与自卑

在自我价值感确立的过程中,家庭经济困难导致有的大学生物质匮乏(如无法购买生活和学习的必需品),导致他们没有条件参与需要经济支持的社交活动(如同学间的请客吃饭、观看演出、旅游观光等),这些学生在和不存在经济困难,甚至经济条件优渥的同学产生对比时,极易产生自卑心理,而其中要强、不服输的学生,又会出现过度自尊的情况,容易产生焦虑,不能接受比较、竞争中的失败。

(三)渴望融入与孤僻逃离

大学是一个人社会化演化最剧烈的一个阶段,个人要完成从学生身份向社会人身份的转化。现在的大学开展越来越多的社会活动,也鼓励大学生尽早地接触社会、了解社会、融入社会。成功就业就是顺利社会化的一个检验标准。家庭经济困难的大学生在社会化的过程中,能力强者渴望尽快融入社会,通过成功就业解决自己的经济问题;能力不足者缺乏自信与勇气,无法处理好人际关系,没有能力胜任社会工作。

第二节 高等教育资助育人工作的现状

2023年11月教育部全国学生资助管理中心发布的《2022年中国学生资助发展报告》显示,2022年,政府、高校及社会设立的有关普通高校学生资助政策共资助全国普通高等教育学生4 588.24万人次,资助资金1 675.59亿元。资助育人工作方面,全方位、精细化的育人模式逐步完善。全国各高等院校不断健全全员参与、各部门配合、各环节统筹协调的资助育人机制,创新载体、丰富内涵、拓展形式、整合资源,帮助受资助学生培根铸魂、启智增慧、成长成才,努力把他们培养成为堪当民族复兴重任的时代新人。

广西的资助育人工作按照教育部关于构筑资助育人体系的要求,紧扣当代大学生的特点,做到物质帮助、道德浸润、能力拓展、精神激励"四位一体"。

一、物质帮助

近年来,广西不断改进完善学生资助政策体系,实现了资助政策"所有学段、所有学校、所有家庭经济困难大学生"三个全覆盖。在高等教育阶段,形成了政府主导、学校和社会积极参与的"奖、贷、助、补、免、勤"全方位资助体系。其中,2021年广西共下达高等教育阶段学生资助资金26.56亿元,资助学生约57.62万人次;2022年广西共下达高等教育阶段学生资助资金27.29亿元,资助学生约59万人次;2023年广西共下达高等教育阶段学生资助资金28.86亿元,资助学生约70.87万人次。

二、道德浸润

广西重视将思想政治教育、红色文化教育融入资助育人工作。例如,2021年以庆祝中国共产党成立100周年为契机,举办全区学生资助成效展演活动,积极宣传展示脱贫攻坚期间学生资助成效,有力增强受助学生爱党爱国的深厚情感;2022年开展高校"忆百年

征程 行红色之旅"资助育人研学等活动；2023年开展首届高校"受助学生讲党史"巡回宣讲活动，选拔了40名学生成立党史宣讲团，由他们代表全区受助学生走进不同的高校校园，围绕"感党恩 听党话 永远跟党走"的主题开展党史宣讲活动。同时，各高校还长期面向资助学生开展诚信教育和感恩教育。

三、能力拓展

广西连续五年举办"筑梦助飞 创新广西"广西高校大学生创业支持大赛，通过比赛激发大学生的创业激情和热情，提升大学生创业团队特别是家庭经济困难大学生的综合素质和创业能力，让他们拥有更多机会参与区内外企业和知名高校的培训和交流，为今后创业就业奠定基础。每年的资助政策宣传月，均会整合各高校资源，通过组织资助主题的征文比赛、书法比赛、演讲比赛、短视频比赛，以及全区资助政策暨金融征信知识网络竞赛等，采取线上和线下相结合的方式，培养和展示受助大学生的能力素养。

四、精神激励

在精神激励方面，广西通过挖掘、树立先进典型，引领和激励大学生学习先进、争当先进。2021年开展了广西100名"大学生自强之星"（其中包含42名高校学生）和广西100名"最美资助人"典型事迹宣传活动。2022年开展脱贫攻坚学生资助成效宣传，采取展板展示、主题宣讲、典型人物事迹宣传等方式，积极宣传脱贫攻坚学生资助政策、实施成效和励志典型。2023年在高校、中等职业学校遴选22名国家奖学金获奖同学代表赴全区15所高中、中职和高校开展"国家奖学金典型人物优秀事迹报告"巡回演讲。

第三节　高等教育资助育人存在的问题及对策

全国及广西高校资助育人工作取得了优秀的成绩、丰硕的成果，但是依然存在一些普遍性的问题。

一、存在的问题

（一）资助育人体系不够健全

一个学生的家庭经济困难问题可能出现在任意学段，在接受资助的过程中，受助学生的情况会发生动态变化。分学段资助、分学段再次认定是现行资助育人体系构建的方式，但在学段与学段之间如何实现更好的衔接、如何更完整地掌握受助学生成长的过程、如何更精准地把握其在受助过程中的变化，是资助育人体系建设中需要进一步关注的问题。只有解决这一问题，才能进一步提高资助育人工作的成效。

（二）资助育人形式存在局限

前文分析了家庭经济困难大学生具备矛盾化的心理特点，当下高校资助工作的重点还是偏向物质"扶困"，首先解决的是家庭经济困难大学生的经济问题，精神"扶志"和

"扶智"形式仍然有限,仅仅通过活动、竞赛等方式,无法完全化解其可能出现或已经存在的心理问题,尤其是其社会化方面、就业方面需要给予更多的关怀和帮助,只有帮助他们健全人格、健康心理、实现就业,才能让他们实现真正的自立自强。

(三) 资助育人力量仍显薄弱

资助育人工作是需要家庭、社会、学校共同承担和参与的工作。家庭不应在学生成长的任何一个阶段缺席,大学生也不例外。家庭经济困难,不是父母不关心、不教育孩子的理由。资助育人的资金主要还是依靠财政资金支持,应该出台有关政策制度,引导更多的社会力量投入,同时加强对这部分资金的合理使用和规范管理。高校的学生资助工作主要依靠学工人员开展,但是学工人员配比不高,且同时要负责所有学生的日常管理工作,影响资助育人工作的开展。

二、对策

为了解决存在的问题,进一步做好高校学生资助育人工作,在此提出一些对策供参考。

(一) 坚持"三全育人"

中共中央、国务院《关于加强和改进新形势下高校思想政治工作的意见》中提出,坚持全员、全过程、全方位育人的要求。全员,即进一步调动各类基金会、慈善组织、爱心企业、优质校友等资源,吸引更多的社会力量参与资助育人工作,例如,捐赠财物、提供实习就业岗位等。全过程,即从受助学生个人的角度,建立个人成长档案,从出现家庭经济困难问题开始,关注学生成长发展的各阶段、各学段,直至学生顺利就业。全方位,即在物质和精神两个方面协同资助,坚持给予基本经济保障的同时更注重社会化能力培养和职业能力提升。

(二) 利用"互联网+"

"互联网+资助育人"能为资助育人工作带来新的思路和新的模式。全国各地都已经搭建或正在搭建各种学生资助工作管理平台,信息技术的运用将能帮助解决学校资助工作人员不足的问题,提高工作质量和效率。对大数据的分析和利用,能够协助实现对资助对象动态档案建立,突破学段限制,提高资助育人的科学性和精准性。同时,互联网还可以搭建起资助对象互助和求助平台,受助学生可以互动交流、互勉互助,也可以通过平台面向社会发出需求、寻求帮助,社会爱心人士、爱心企业也可以通过平台主动展开资助帮扶。

(二) 构建"有偿模式"

有偿型资助能打破"等、靠、要"的惰性思维,培养受助大学生自立自强、懂得感恩的精神,塑造其健全人格,培养其良好品行。"勤工助学"是现行的大学生有偿资助方式,但其经费投入占比很低,参与的大学生从人数和时间上都比较有限。大学生已经具备能力或者说正需培养其服务他人、服务学校、服务社会的能力,应进一步加大对有偿大学生资助模式构建的探索,在有偿资助的形式上,除了设立校内勤工助学岗位外,可与就业实习和社会实践活动相结合,引导受助大学生更多地进入职业环境,参与各类社会公益活动。

> **点评**：习近平总书记在 2020 年 8 月 17 日致全国青联十三届全委会和全国学联二十七大的贺信中指出，"我国广大青年要坚定理想信念，培育高尚品格，练就过硬本领，勇于创新创造，矢志艰苦奋斗，同亿万人民一道，在矢志奋斗中谱写新时代的青春之歌"。成长于新时代、受惠于资助育人政策的大学生们，更应该珍惜国家、政府、社会、学校为其创造的公平的发展平台和平等的发展基础，心存感恩、立志报国，努力成长为能担当民族复兴重任的建设者和接班人，为推进中国式现代化建设贡献应有力量。

第四节 资助育人优秀项目和典型案例

案例一

培根铸魂 榜样引领——新时代选树"最美科大"大学生年度人物，提升资助育人实效

广西科技大学

"最美科大"大学生年度人物是在广西科技大学的学生群体中寻找、发现、推选一批践行社会主义核心价值观、引领传播正能量的"最美"大学生评优活动。该项活动被誉为"广西科技大学年度精神史诗"，能充分发挥培根铸魂、榜样引领、资助育人的重要作用。

一、项目背景

近年来，学校紧扣立德树人这一根本任务，紧密结合学校党政工作要点，围绕资助育人目标，扎实推进各项资助工作，顺利完成工作任务，资助育人效果显著。学校精准认定家庭经济困难大学生，严格落实奖助贷补勤等各项资助政策，大力实施家庭经济困难大学生能力提升工程，同时依托资助政策宣传月和诚信教育主题月各项活动，不断推进资助育人实效。

学校通过选树"最美科大"大学生年度人物、举办颁奖盛宴、以年度人物走进班级团支部主题宣讲为载体，引导青年大学生积极践行社会主义核心价值观；通过榜样宣传、艺术感染、理性探究等方式，打造全员参与、全程培养、全面覆盖的青年榜样学习宣传体系，形成奋发向上、崇德向善的校园文化氛围，不断提升资助育人实效。

"最美科大"大学生年度人物评选活动每 2 年举办一次，包括学习标兵、科技创新、自强不息、志愿奉献、创业之星、魅力干部、最美孝心、道德风尚、文化艺术、体育尖兵 10 个类别。其中，"自强不息"年度人物，主要针对面对贫困、疾患、残障、自然灾害等各种艰难境遇或挫折，能够直面逆境困境，不畏艰难，笑对青春，坚韧不拔，自立自强的家庭经济困难大学生。"最美科大"大学生年度人物评选活动自 2014 年起已成功举办 5 届，产生了 47 名学生个人（团体），在全校大学生中引起了热烈反响，同时也受到了社会的广泛关注。

二、项目内容

（一）项目设计

1. 选树榜样："最美科大"大学生年度人物，传播校园正能量

"最美科大"大学生年度人物评选活动自 2014 年起已成功举办 5 届，活动面向全校大学生征集最美校园年度先进人物，通过宣传发动、报名、组委会首轮评审、网络宣传投票、大众评委投票、组委会最终评审、颁奖典礼等环节，以纪实视频、文字、嘉宾（人物身边的家人、朋友、同学）访谈、宣读颁奖词等形式对人物情况、事迹进行介绍并颁奖。通过对大学生先进典型的深入挖掘、广泛评选和大力宣传、表彰，集中展现学校青年学子的精神风貌，充分发挥典型引领示范作用，打造新时代大学生的精神标杆。

近年来，学校获评"最美科大"大学生年度人物的受助家庭经济困难大学生在全区、全国各类评优活动中屡获佳绩。其中，第五届"最美科大"大学生年度人物（学习标兵类）易华同学入选《人民日报》刊登的《2021—2022 学年度本专科生国家奖学金获奖学生代表名录》（全国 100 名优秀学生代表、广西高校唯一本科生获奖代表位列其中）；第五届"最美科大"大学生年度人物（道德风尚类）覃作茹同学（退役士兵学生）获评 2023 年"广西最美大学生"；第五届"最美科大"大学生年度人物（自强不息类）杨岸岸同学主持的"车载电源心——为燃料电池车'保驾护航'"项目，荣获第十八届全国"挑战杯"大学生课外学术科技作品竞赛三等奖、第十一届"挑战杯"广西大学生课外科技作品竞赛特等奖；第四届"最美科大"大学生年度人物（自强不息类）黄丽萍同学获 2021 年广西"自强之星"荣誉称号；首届"最美科大"大学生年度人物（最美孝心类）黄秀萍同学荣获"中国大学生自强之星"提名奖；首届"最美科大"大学生年度人物（文化艺术类）梁向华同学创作的沙画《两会中国梦》在《新闻联播》播出。

2. 典礼育人：举行"最美科大"大学生年度人物颁奖典礼，打造新时代大学生精神标杆

举办"最美科大"大学生年度人物颁奖典礼是深入学习贯彻习近平总书记重要讲话精神的一堂大课，是立德树人根本任务的一次生动实践。学校精心举办颁奖盛典，通过视频宣传、现场访谈、颁奖仪式等环节，让年度人物分享人生感悟，讲述成长经历，从而激励大学生成长成才，使其心中有榜样、学习有目标，在全校范围内掀起学榜样、争做榜样的良好氛围。

2023 年 4 月 12 日晚，学校第五届"最美科大"大学生年度人物颁奖典礼在文昌校区大礼堂隆重举行。学校党委书记赵君，学校党委副书记、校长刘宝臣等师生代表 1 200 多人现场共同参与和见证了这场广西科大（广西科技大学的简称，后同）人的"年度精神史诗"。颁奖典礼气氛庄重热烈，掌声经久不息。现场通过视频短片、访谈的形式全面展现了 9 名大学生年度人物的先进事迹。这些年度人物以实际行动诠释了"敢为人先、百折不挠，务实创新、追求卓越"的广西科大精神，践行了"奋斗的青春最美丽"，展现了广西科大学子勇立时代潮头、勇挑民族复兴重任的决心与信心，是新时代广西科大学子的优秀代表和学习典范。图 1-1、图 1-2 为此次颁奖典礼中的两个典型镜头。

图1-1　广西科大学党委书记赵君为第五届年度人物"体育尖兵"校女子足球队颁奖

图1-2　广西科技大学党委副书记、校长刘宝臣为第五届年度人物"道德风尚"覃作茹同学颁奖

3. 榜样领航：年度人物走进班级团支部主题宣讲，打造精品思政课

学校积极开展"最美科大"大学生年度人物走进班级团支部宣讲活动，围绕"青年与成长""青春奋斗故事"等主题开展主题党日、团日活动。年度人物结合自身成长经历与同学们分享了自己的成长奋斗故事，在全校范围内营造了学榜样、争做榜样的良好氛

围。自 2014 年首届"最美科大"大学生年度人物评选活动开展以来，年度人物累计下班级团支部宣讲 200 多场，参与青年学生有 10 万多人次。

（二）实施情况

1. 领导重视，部门配合

"最美科大"大学生年度人物评选活动是一项融广泛发动、推荐选树、宣传报道、榜样引领为一体的群众性综合主题教育活动，是学校学习贯彻习近平新时代中国特色社会主义思想、培育和践行社会主义核心价值观、创新性开展大学生思想政治教育的一项品牌教育活动。该活动学校领导高度重视，各部门积极配合。评选活动由学校党委主办，宣传部、学工部（处）、校团委、校学生会承办。

2. 注重宣传，氛围浓厚

学校充分利用微信、微博、QQ、贴吧、抖音等新媒体平台，广泛宣传，深入报道，让更多学生关注和参与活动，努力营造发现先进、学习先进、赶超先进的良好氛围。

3. 组织精心，把关严格

通过选树榜样、典礼育人和榜样领航三个环节的有机结合，评选活动坚持广泛性、民主性和公平公正公开的基本原则，坚持"宁缺毋滥，优中选优"的评选标准，以广大学生"自己评，评自己"的方式，树立先进学生典型，并通过他们的榜样示范作用加强对大学生的思想引领和价值引领，集中展现学校青年学子精神风貌，打造新时代大学生精神标杆。

三、项目成效

第一，评选覆盖面广。"最美科大"大学生年度人物评选活动已连续开展 5 届，累计评选出学生个人（团体）47 个，活动参与人数达 10 万多人次，在全校大学生中产生了热烈反响。其中，在本专科获奖学生中，受资助家庭经济困难大学生占 51.2%。

第二，社会关注度高。学校获评"最美科大"大学生年度人物的受资助家庭经济困难大学生在全区、全国各类评优活动中屡获佳绩，不仅在学校树立了典型，更在社会上引起了广泛关注。

第三，成果展示丰富。出版 DVD《奋斗的青春 榜样的力量——广西科技大学"最美科大"大学生年度人物颁奖典礼纪实》5 张，编印《榜样的力量》优秀人物事迹材料精选 5 本。

> **点评：**"最美科大"大学生年度人物评选活动在学校校园文化建设中发挥了重要作用。该项目通过选树榜样、典礼育人和榜样领航三个环节的有机结合，集中展现学校青年学子精神风貌，充分发挥先进典型示范引领作用，打造新时代大学生精神标杆。其中的"自强不息"年度人物，主要针对家庭经济困难大学生。活动推广性强，育人效果好，受到社会的广泛关注。

案例二

助人自助提本领，强能育心促就业
——"健康成长·励志成才"资助育人项目
南宁师范大学

"健康成长·励志成才"资助育人项目以"助人自助"为育人理念，为家庭经济困难在校生提供助人实践平台，以"彩虹心桥"心理健康服务、法律援助中心、法律诊所、法顺奖学金活动为代表，帮助学生在助人中强能育心，提高专业本领和社会责任感，经培养实现优质就业。

一、项目背景

南宁师范大学"健康成长·励志成才"资助育人项目（下称"双成"项目）自2008年起持续开展，以"助人自助"为理念，注重家庭经济困难在校生的身心健康和专业成长，通过"彩虹心桥"对接帮扶、成立学校法律援助中心、法律诊所、法顺辩论赛、法顺奖学金等品牌活动，有效开展各类德智体美劳的第二课堂活动。经过16年的努力，已形成以"双成"项目为核心的团学活动阵地。"双成"项目每年都被纳入学校学生工作特色项目扶持项目和学生资助政策宣传精品活动。

项目愿景是培养家庭经济困难大学生的专业能力和综合素质，与第一课堂专业学习计划构成"两翼一体"，以学生专业学习培养计划、综合素质评价体系、第二课堂成绩单为指南，全面指导学生成长成才。项目使命是以第二课堂活动为主线，开展多维度发展型育人工作，推动资助工作从物质资助向"强能育心"的发展型资助转变。项目运营理念是让家庭经济困难大学生在接受帮助的同时通过身体力行，提升专业能力，完成第二课堂学分，并在助人过程中增强社会责任感。项目充分发挥校内外资源，确保全员、全过程、全方位育人。该项目主要受益群体为家庭经济困难在校生，项目最终目的是家庭经济困难大学生经过项目培养能够实现百分百就业。

二、项目内容

（一）项目设计

"双成"项目坚持五育并举，精心设计了以下活动，帮助家庭经济困难大学生提升本领。

1. 德育铸魂

"双成"项目以"彩虹心桥"活动、知识竞赛、德育讲堂、师德论坛、演讲比赛、资助征文比赛、诚信教育、感恩教育常态化开展德育教育。

2. 智育固本

"双成"项目以"学宪法 讲宪法"、《民法典》知识竞赛、"法顺杯"辩论赛、"冠益杯"模拟立法大赛、历史剧大赛、《学而》文学刊物、师范生技能大赛、"陆由杯"大学生社会工作全景化虚拟仿真大赛等为载体，开展紧密结合学科特点的赛事活动，执行学业导师制度。全体家庭经济困难大学生都由博士学位的教师担任学业导师，一对一指导，制订成长计划，提升家庭经济困难大学生的专业素养，从而提升贫困生的就业竞争力。

3. 体育强基

学校举办"体育嘉年华""体育文化节"系列活动，举办院级素质拓展大赛，提升学生体育基础。

4. 美育润心

学校举办新生才艺大赛、"永恒的旋律"文艺晚会、宿舍风采大赛、黏土作品制作大赛、每月学院黑板报征集等，以美育润心。

5. 劳育立根

在校内以"彩虹心桥"帮扶、法律援助中心、法律诊所等为载体提供志愿服务活动；在校外与南宁市青少年法治教育基地、南宁市同心源社会工作服务中心、南宁市新望社会工作服务中心等进行长期对接合作，每年开展暑期"三下乡"社会实践活动，举办"利剑护花蕾"暑期普法宣传班活动等。

（二）实施情况

以上五育并举的活动每年都在规范完成，形成了年度结项总结并进行保存，各类子活动结束后均有报道、有新闻、有总结，以下重点介绍"双成"项目的特色活动。

1. "彩虹心桥"活动

"彩虹心桥"是学校与南宁市新望社会工作服务中心共建的儿童青少年心理健康项目。活动建立了以南宁师范大学家庭经济困难大学生为主体的志愿者团队，主要形式为笔友书信交流、团体辅导、校园研学活动等。笔友书信交流活动是让志愿者以笔友的身份，与社工中心提供的需要帮扶的中小学生交流。志愿者倾听帮扶对象成长中的烦恼，并与之定期进行书信往来，及时回应他们成长中所遇到的烦恼困扰。通过大学生的经验分享，培养中小学生应对困难的能力。书信交流可以让帮扶对象的负面情绪能及时表达出来并得到疏导，这有效地预防了心理健康问题的产生。南宁师范大学志愿者团队累计书写了 4 000 余份祝福和鼓励的信件，中小学生和大学生之间通过小小的一张信件产生心的联结，彼此滋养，心生力量。团体辅导活动以家庭经济困难学生组成的学生志愿者团队为发起者，面向服务学校举办了"青春期欺凌与人际应对"辅导月活动。活动设计全校情感学习月、"私密信箱"等，定制团辅方案，团辅以读书分享会的形式进行。通过破冰、共读、讨论、互动、情绪管理、团队建设、总结反馈等环节，引导青少年自我认知、接纳差异，建立正向价值观，提升心理健康。校园研学活动惠及南宁 7 所中小学，累计组织了 460 名中小学学生赴南宁师范大学五合校区体验大学氛围。活动由多社团联合策划，涵盖校园参观、法治教育、心理健康讲座、学习辅导讲座等。由大学生志愿者分享个人励志的学习经验，激励中小学生，提升其学习兴趣与动力，促进全面发展，落实贫困生志愿者"助人自助"育人理念。自 2021 年至今，"彩虹心桥"活动已经举办 157 期，招募志愿者 4 000 余人次，面向服务对象开展研学活动 7 场、团体辅导活动 1 场。

2. 成立法律援助中心

依托法学专业优势，设立南宁师范大学法律援助中心，为学生提供法律咨询和援助服务。南宁师范大学"双成"项目下的法律援助中心，自 2023 年 9 月成立至今，已有 3 个法律援助案件结案。其中，帮助一位家庭经济困难大学生解决了暑期兼职劳务纠纷，让这位学生在法律援助团队介入后顺利拿到了兼职报酬；帮助一位家庭经济困难大学生解决家属工伤纠纷，让其得到妥善赔偿。南宁师范大学法律援助中心通过组建专业师生团队，一方面提升学生的法治意识和法律实践能力，培养其社会责任感；另一方面通过向师生提供法律援助服务，帮助师生解决实际问题，提升其社会参与感，真正实现"助人自助"的育人理念。

3. 开展德智体美劳全面发展的第二课堂活动

结合学生专业学习培养计划，设计涵盖德育、智育、体育、美育和劳育的多样化第二课堂活动。活动将促进学生的全面发展，培养其团队合作精神、创新思维和实践能力。同时，学校通过第二课堂成绩单的评价体系，激励学生积极参与各类活动、提升自身综合素质。

4. 推动资助工作向"强能育心"的发展型资助转变

在提供物质资助的基础上，更加注重学生的能力培养和心灵关怀。学校通过提供技能培训、职业规划指导、心理辅导等服务，帮助学生提升自我发展能力。

综上所述，南宁师范大学"双成"项目在长达16年的实践中，不断探索和创新资助育人的方法和措施。其旨在培养全体学生在校期间所需的能力和素质，与第一课堂专业学习计划构成"两翼一体"的育人模式。项目的运营理念体现了"助人自助"的核心思想，让家庭经济困难的大学生在接受帮助的同时，通过积极参与各类活动和实践，实现自我成长和自我价值。项目的目标是实现百分百就业，这既体现了项目对学生职业发展的高度关注，也彰显了南宁师范大学在资助育人工作中的责任感和使命感。

三、项目成效

（一）筹集社会资助，支持项目壮大

项目为家庭经济困难大学生筹集到每年3.6万元的社会资助，这些资助用于专业学科竞赛（"法顺杯"辩论赛、"冠益杯"模拟立法比赛）和家庭经济困难大学生（法顺奖学金）的专项资助。2015年10月，在南宁师范大学（原广西师范学院）明秀校区举行第八届"双成"工程启动仪式暨2015级新生才艺大赛，如图1-3所示。2022年11月，在南宁师范大学五合校区举行"法顺杯"辩论赛决赛暨年度"法顺奖学金"颁奖典礼，如图1-4所示。

图1-3　2015年10月，在南宁师范大学（原广西师范学院）明秀校区举行第八届"双成"工程启动仪式暨2015级新生才艺大赛

图1-4　2022年11月，在南宁师范大学五合校区举行"法顺杯"辩论赛决赛暨年度"法顺奖学金"颁奖典礼

（二）共建学生综合素质

举办的院校两级赛事活动涉及22个学院，颁发校级荣誉证书88人次、院级荣誉证书320人次。

（三）促进学科发展与学生个人成长

首先是专业能力方面，指导家庭经济困难大学生获全国学生"学宪法 讲宪法"活动全国总决赛知识竞赛团体冠军，全国学生"学宪法 讲宪法"广西赛区演讲比赛和素养竞赛决赛二等奖、最佳风采奖，全国《民法典》知识竞赛优秀奖。其次是创新创业能力方面，指导家庭经济困难大学生获"挑战杯"国家三等奖、自治区特等奖，2022年文学作品大赛国家二等奖，第十一届广西"挑战杯"特等奖，以及"费孝通"国家级立项，"大创"区级立项、区级铜奖等荣誉。

（四）媒体报道和社会影响广泛

《南国早报》"儿童自强不息求学路"、2022年桂林市党的二十大特别报道"厚植儿童福利沃土 滋养花开"、《桂林晚报》"亲人相继离开，坚强的桂林姑娘独自踏上求学路"等，专题报道"双成"项目服务对象自强不息的事迹；校内新闻网有"社会工作专业韦成同学获得'第三届费孝通田野调查项目资助计划'立项""燃情挑战杯，拼搏励志梦——记'挑战杯'国奖获得者2021级社会工作专业韦成同学的追梦历程"等，报道了家庭经济困难大学生韦成的励志事迹。"双成"项目子活动的"利剑护花蕾"普法活动受到广西检察院官方微信专题宣传。

> **点评**：项目以"助人自助"为育人理念，为家庭经济困难在校生提供助人实践平台，资助育人内涵得到拓展，坚持多主体合力育人的运营机制，以"彩虹心桥"活动、法律援助中心、法律诊所、法顺奖学金为代表，帮助学生在助人中强能育心，提高专业本领和社会责任感，实现优质就业。举办的活动凸显专业特色，具有可复制性。

 案例三

全息式资助赋能孤儿大学生逐梦青春
——"大道·不孤"孤儿学生伴学项目

桂林医学院

"大道·不孤"孤儿学生伴学项目将孤儿大学生全员纳入资助育人体系，通过扩展帮扶视角，联络校内外多单位、多部门形成合力，从精神、经济、实践、情感四个维度为孤儿大学生的大学生活赋能，将资助育人融入隐性帮扶，以全息式资助帮助孤儿大学生逐梦青春。

一、项目背景

学校认真落实立德树人根本任务，将育人作为资助工作的出发点和落脚点，不断完善精准资助体系机制、创新资助工作方式方法，助力学生成长成才、全面发展。建立起奖（奖学金）、贷（国家助学贷款）、助（助学金）、勤（勤工助学）、补（困难补助）、免（住宿费减免）、捐（爱心企业/人士捐助）"七位一体"的资助体系，形成"资助体系全、帮扶力度大、人文关怀浓"的工作局面，着力提升资助育人工作实效。

党的二十大报告强调"完善覆盖全学段学生资助体系"。为让孤儿大学生切实感受到学校和"家"的温暖，桂林医学院自2021年起实施了"大道·不孤"孤儿学生伴学项目。项目坚持服务优先，强化诚信教育，聚焦励志成才，持续增强学生的爱国情怀、责任意识和实践能力。坚持资助靠前，通过家校沟通、实地走访、精准调研等方式，深入了解学生学习和生活状况。持续开拓资助渠道，依托爱心企业/人士设立专项资助资金。在重要时间节点开展感恩诚信教育，培养学生知恩感恩、诚实守信良好品质。学校着重围绕"食、宿、医、学、用、行"实施精准帮扶，让孤儿大学生实现"六个不愁"，致力打好资助育人"组合拳"。

二、项目内容

（一）项目设计

1. 综合施策，解学业生活之困

组织联络校内外多单位、多部门形成合力，从精神、经济、实践、情感四个维度为孤儿大学生的大学生活赋能，开展成长导师帮扶，"食""宿""行""用""医""学"六个不愁系列精准帮扶，勤工助学帮扶及佳节关怀相伴等活动，从优秀教师中选定配备成长导师，划拨专项经费投入该项目，搭建勤工助学平台，联合桂林医学院附属医院、桂林医学院第二附属医院、桂林医学院附属口腔医院、广西恒熙教苑集团有限公司、上海哈啰普惠科技有限公司、桂林市公共交通集团有限公司等企事业单位，以及校友资助捐赠推动孤儿学生精准帮扶落地，夯实孤儿学生发展根基。

2. 精准发力，铸向上向善之魂

面向孤儿大学生开展从"入校时"到"离校后"的一体化关怀帮扶，多方合力为孤儿大学生量身打造无忧成长成才方案。联合学校后勤管理处、大学生心理健康教育与咨询中心、招生与就业指导服务中心，实施学杂费减免、加强心理健康教育、提升就业指导和

帮扶力度。通过建立"一生一档""一生一策"联系帮扶育人机制,"一对一"深入开展"有温度、有尊严"的孤儿大学生关爱资助育人工作,从"德、情、能、技"等多维赋能促进孤儿大学生全面发展,助力孤儿大学生逐梦青春。

(二)实施情况

1. 全面做好信息排查

实行动态管理,守紧毕业、迎新"出入口",更新在校孤儿大学生数据,及时发现新增孤儿大学生,并及时进行帮扶,做到"应助尽助"。

2. 全员纳入资助体系

将孤儿大学生纳入国家资助体系予以优先资助,让孤儿大学生全部享受国家助学金,将社会类捐赠捐资向孤儿大学生倾斜。2023年3月28日,校友班级集体为孤儿学生捐赠,如图1-5所示。

图1-5 2023年3月28日,桂林医学院校友班级集体为孤儿大学生捐赠

3. 全维扩展帮扶视角

组织联络校内外多单位、多部门形成合力,从精神、经济、实践、情感四个维度为孤儿大学生的大学生活赋能。

(1)精神赋能——成长导师帮扶。

为孤儿大学生选定成长导师,真正了解他们的学习、生活、能力、困惑和理想。为孤儿大学生提供心理指导、学业指导和就业创业指导等,每学期深入交流不少于4次,指导学生学习方法、考研与求职技巧等,提高其竞争力,激励学生奋发自强。2022年4月22日,学校举办孤儿学生成长导师见面会,如图1-6所示。

(2)经济赋能——系列精准帮扶。

① "食不愁":资助餐费,按300元/人/月的标准下发。

② "宿不愁":学生可获50%住宿费资助。另外,学年内获国家奖学金、国家励志奖学金等奖学金的学生,可获全额住宿费资助。

③ "行不愁":协调公交集团为学生办理免费/折扣乘车卡。协调哈罗单车等单位,为学生提供免费骑行服务。

④ "用不愁":发放校内超市门店通用购物券,按100元/人/月的标准下发。

⑤ "医不愁":学生在学校直属附属医院就医享受医药费减免,三所直属附属医院各减免费用标准为1 500元以内/人/学年。
⑥ "学不愁":由教材供应企业资助,为学生全额减免教材费。

图1-6　2022年4月22日,桂林医学院举办孤儿大学生成长导师见面会

(3) 实践赋能——勤工助学帮扶。

按照"学有余力、自愿申请、孤儿优先、遵纪守法"的原则,学校积极创造有利条件,为有意愿参与勤工助学的孤儿大学生优先提供各种合适的勤工助学岗位并支付合理报酬,引导孤儿大学生自立自强,补充学习生活费用,培养劳动观念、实践能力、敬业精神。

(4) 情感赋能——佳节关怀相伴。

在端午节、中秋节等中国传统节日,以座谈、慰问、家访等形式,与孤儿大学生共度佳节,发放生活物资、资助返家/返校车票等。

4. 采取各项减免措施

减免孤儿大学生入学时的军训服、白大衣(护士服)费用。免费为孤儿大学生办理在校期间的校园意外伤害保险。全额免除孤儿大学生在学制规定年限内就读期间的学费和住宿费。

5. 采取各种有效措施,加强对孤儿学生的情感关怀

指定心理辅导教师,关注孤儿大学生的心理问题,加强心理健康教育,鼓励孤儿大学生树立自强自立、服务社会的思想,做到资助与育人相结合。

6. 组织院系深入开展孤儿大学生资助育人工作

学校全员参与,各部门密切配合,各学院建立完善的"一生一档""一生一策"和辅导员"一对一"联系帮扶育人机制,围绕孤儿大学生积极开展"有温度、有尊严"的关爱资助育人活动,切实加强对孤儿学生的理想信念教育、爱国主义教育、感恩教育、诚信教育、励志教育,做到孤儿学生资助育人工作精准化、科学化。

7. 建立台账,促进就业

建立孤儿学生就业台账,重点给予就业指导和就业帮扶,优先推送就业岗位信息,优先为孤儿学生争取就业见习补贴、求职创业补贴和职业培训补贴,优先纳入学校科研助理岗位等，实现孤儿学生就业的"兜底安置"。

三、项目成效

学校每年为40余名孤儿学生提供生活的依靠和成长的支撑，解除他们的后顾之忧。建立起立体化帮扶关爱体系，实现对孤儿群体的常态化精准帮扶，在价值观塑造、大学生涯发展等方面给予引导，真正把关爱送到他们身边。一是选配的成长导师为孤儿学生提供心理指导、学业指导和就业创业指导等，激励学生奋发自强，帮助其提高竞争力。二是学校与多部门形成合力，从餐食、住宿、出行、购物、医药和教材六个方面提供费用减免，切实减轻孤儿学生经济负担。三是孤儿学生通过参与勤工助学，以自己的劳动获取报酬，养成了吃苦耐劳、努力进取、自立自强的品质，勤工助学工作培养了孤儿学生的劳动观念、实践能力、敬业精神，增强了学生社会实践能力，实现勤工助学岗位育人。四是孤儿学生在与学校师生共度佳节的过程中，感受到节日的快乐和学校的温暖，促使他们更好地融入校园生活，激励其努力学习。该项目是孤儿大学生解决学习、生活所需，丰富精神汲取，寻求全面发展的坚强后盾。学校给予的不仅仅是物质的帮助，更多的是信心与勇气，是激励他们不断努力学习、勇攀高峰的动力源泉和自强不息、奋发图强的精神品格，项目为织牢孤儿学生保障网做出了积极努力。

> **点评**：该项目将孤儿大学生全员纳入资助育人体系，开展从"入校时"到"离校后"的一体化关怀帮扶，通过扩展帮扶视角，从精神、经济、实践、情感四个维度为孤儿大学生的大学生活赋能，他们的生活状况得到明显改善；同时将物质帮助和项目资助相结合，推进孤儿学生资助由保障型向发展型延伸，以全息式资助赋能孤儿大学生逐梦青春，效果好，意义深远。

案例四

帮助女大学生成长为健康、独立、优雅、幸福的新时代女性
——"金凤计划"女大学生卓然成长项目

广西师范大学

搭建"政府—高校—企业—社会组织"四位一体的资源生态链，以"行动有方向""成长有方法""成长有陪伴"为行动策略，通过唤醒家庭经济困难女大学生的内生驱动力，帮助家庭经济困难女大学生成长为健康、独立、优雅、幸福的新时代女性。

一、项目背景

学校立足学生的发展需求，创新方法、整合资源、拓展平台，坚持五育并举，努力开创资助育人新局面。第一，以德立人，培养有德行的时代新人。面向受助学生及家庭经济困难大学生开展理想信念教育、爱国主义教育、感恩教育、诚信教育，挖掘成长励志典型，发挥朋辈领航力量。第二，以智慧人，培养有学识的时代新人。搭建学业平台满足家庭经济困难大学生多层需求，搭建"双创"平台提升家庭经济困难大学生创新

创业能力，搭建校企平台提升家庭经济困难大学生实践能力。第三，以体健人，培养有体魄的时代新人。聚焦家庭经济困难大学生学业适应与发展、人际交往、学习求职等方面的问题，进行全程心理关怀、疏导、引导。第四，以美化人，培养有情趣的时代新人。开设生活美学训练营，涵育家庭经济困难大学生的审美修养和文化素养。第五，以劳塑人，培养有韧性的时代新人。将劳育融入勤工助学管理工作，着力培养家庭经济困难大学生的就业能力与职业素养。

在日趋激烈的社会竞争中，受性别生理、传统观念和就业取向的影响，家庭经济困难女大学生由于个人职业发展能力的缺失与断层，承受着来自多方面的压力。如何给予这个特殊群体更多关爱？如何帮助她们摆脱自卑心理，改变观念，进而改变自身和家庭的命运？广西师范大学"金凤计划"于2007年应运而生，该项目以发掘家庭经济困难女大学生自身潜能和提升职业发展能力为初衷，历经十多年的运作，已培养出1 600多名金凤成员，形成了"自强不息、立己达人"的金凤精神，树立了"健康、独立、优雅、幸福"的金凤形象，构建了比较完备的育人体系。

二、项目内容

（一）项目设计

本项目采用"行动有方向""成长有方法""发展有陪伴"的行动策略。首先，"行动有方向"。依托金凤成长案例库，通过身边的"她"（榜样）促使家庭经济困难女大学生突破自我限制，重塑自我认知。其次，"成长有方法"。"金凤计划"包括金凤成长课程、金凤研学旅行、金凤公益创业三大活动，通过参观+实践+体验式学习，引导家庭经济困难女大学生寻找突破自我的金钥匙。最后，"发展有陪伴"。结合金凤学姐、优秀校友、社会杰出女性三类群体，打造三类层层递进金字塔式陪伴成长模式。

1. "行动有方向"策略

金凤成长案例库：收集、记录女性榜样的优秀成长案例，并对其进行结构性汇编，既讲好金凤内部榜样故事，也分享外部的榜样事迹，为家庭经济困难女大学生提供榜样引领。截至2023年12月，金凤案例库共收集到500+个女性觉醒成长案例，案例分群分类分层分阶段，覆盖70+个职业、200+个工种。

金凤励志报告会：邀请国内外知名高校在读女学生或各行各业优秀女性校友作"金凤归来"励志报告，进一步激发家庭经济困难女大学生的成长动力。

2. "成长有方法"策略

依托金凤成长课程、金凤研学旅行、金凤公益创业三大品牌活动实施该策略。开展金凤素养大讲堂、"美丽女生"系列讲座、金凤优雅学堂、金凤创客马拉松、社创先锋故事汇、金凤乐群公益大赛、金凤研学旅行、乐群公益联盟、"点凤成金"导师跟踪培养等特色课程与活动。通过组织培训和提供丰富多样的锻炼机会，为家庭经济女大学生提供大学各个阶段所需要的生涯规划、技能考试、创新创业等平台、指导和资源，帮助她们不断发掘自身潜能和提升职业发展能力。

3. "发展有陪伴"策略

结合金凤学姐、优秀校友、社会杰出女性三类群体,打造三类层层递进金字塔式陪伴成长模式,为家庭经济困难女大学生群体提供良好的社群生态,打造集聚效应和集成平台,让其获得心理支持,增强心理韧性。

项目通过搭建体验式学习和成长交流的平台,以心灵滋养和能力帮扶的方式,形成关注家庭经济困难女大学生内心成长和个人发展、公益参与和社会责任培育相结合的"内外兼修"培养模式,使其在学习中进步,在经历中成长。

(二) 实施情况

"金凤计划"于 2007 年 1 月提出,这是广西第一个以家庭经济困难女大学生为帮扶对象的资助育人项目。

2008 年,推出了"女大学生素养"课程。《光明日报》以《"女大学生素养"讲座何以轰动校园》为题进行了报道。

2009 年,开展"金凤计划·上海行",团队成员参观上海大众、复星集团、零点集团、中共一大旧址。

2010 年,选派 21 名"金凤"飞赴上海世博会,为乌拉圭主题餐厅提供 7 个月的服务。

2013 年,启动"和金凤姐姐一起学礼仪"活动,邀请上海的专家为女大学生志愿者举办礼仪培训班,并支持金凤们利用寒暑假返回家乡举办"少儿礼仪培训班",至今已培训女大学生 400 多人,受益孩子超过 1 500 人。

2014 年,组织金凤·新公益发现之旅研学活动(见图 1-7),资助广西师范大学和桂林旅游学院的 20 名女大学生,分赴上海、北京、重庆、桂林走访在公益领域的知名人士,包括杨澜、杨团、袁岳等,形成访谈录 20 多万字。

图 1-7　2014 年,金凤·新公益发现之旅研学活动

2015年，《金凤计划》获评"优秀巾帼志愿服务团队"荣誉称号。

2018年，开设"金凤奖学金"评选。

2020年，开展"金凤读书会"。

2021年，开展第一期"她创业·社企先锋"创新创业训练营。

2022年，开展第二期"她创业·社企先锋"创新创业训练营。

2022年，开展女性素养课程"她健康"系列讲座。

2022年，"广西女大学生创新创业孵化基地"、广西第一批"巾帼创新创业工作室"在广西师范大学挂牌，基地与工作室日常管理运营由"金凤计划"团队负责。

2022年，"点凤成金·桂在行动"广西女大学生创业带动就业现场会在广西师范大学召开，主题吸纳了"金凤"元素，"金凤计划"的"创业带动就业"经验成果获得自治区妇联的肯定和推广。

2023年，"女大素养"线上课程被评为国家级一流课程。

三、项目成效

（一）社会企业化建设方面

"金凤巢·梦想中心"已在区内四所高校设立，"金凤巢·梦想中心"每年实现自我造血3万元，是"金凤计划"固定的资金来源。

（二）课程体系建设方面

学校已打造"金凤女性素养、金凤她健康、金凤幸福力、金凤职业规划"四大类"金凤"课程库，学习人数超过60万人次。其中，"女大学生素养"课程于2023年被评为国家级一流课程，在中国大学MOOC、智慧树、网易公开课等平台上线，播放量超过50万人次。

（三）创新创业及公益方面

开创全国第一个女性创新创业能力提升计划训练营，目前已开展2期"她创业·社企先锋"创新创业训练营，打造创新创业项目/公益项目35个。2022年，"金凤计划"被授予"广西女大学生创新创业孵化基地"、广西第一批"巾帼创新创业工作室"。2023年，广西首个"巾帼创新创业工作室"挂牌"金凤计划"，如图1-8所示。2022年，"点凤成金·桂在行动"广西女大学生创业就业活动在广西师范大学举行，现场提供实习与就业岗位近3 000个。

（四）社会影响方面

自2007年至今，"金凤计划"已培养出1 600多名金凤成员，其所开展的系列公益活动带动和影响家庭经济困难女大学生和西部地区中小学生超过12万人。该项目曾荣获第六届中国青年志愿服务项目大赛国赛铜奖、第八届中国国际"互联网+"大学生创新创业大赛广西赛区金奖等国家级、自治区级奖项10余项，获得《光明日报》、人民网、中国新闻网、《中国妇女报》、《上海金融报》、《广西日报》等20多家媒体报道，已形成较大的品牌知名度和影响力。

广西资助育人项目探析与案例精选

图1-8 2023年,广西首个"巾帼创新创业工作室"挂牌"金凤计划"

> **点评**：该项目搭建了"政府—高校—企业—社会组织"四位一体的资源生态链，以"行动有方向""成长有方法""发展有陪伴"为行动策略，通过唤醒家庭经济困难女大学生的内生驱动力，帮助家庭经济困难女大学生成长为健康、独立、优雅、幸福的新时代女性。项目持续时间长，与时俱进，持续发展，效果好，影响广泛，形成了自己的特色和品牌，具有可推广性。

 案例五

培养勇敢、自由、独立和自信的理工类高校女大学生
——"芳华计划"

桂林理工大学

芳华筑梦——女大学生能力提升计划（简称"芳华计划"）专注理工类高校女大学生的身心健康，通过"芳华筑梦""健康学堂""敏行素拓""文化之旅"四个相互支持的专题课程培训和实践体验活动，助力提升女大学生尤其是家庭经济困难女大学生的综合素质和就业竞争力，帮助她们成长为勇敢、自由、独立和自信的新时代女性。

一、项目背景

近年来，桂林理工大学不断加强顶层设计，在建立完善国家资助、学校奖助、社会捐助、学生自助"四位一体"的发展型资助体系的基础上，努力构建物质帮助、道德浸润、能力拓展、精神激励有效融合的资助育人长效机制，着力推进学校由"保障型"资助向"发展型"资助过渡，资助育人成果突出。近五年来，累计培育出"全国百名国家奖学金获奖学生代表"、"中国大学生自强之星"、广西"自强之星"、广西"最美资助人"、广西生源地信用助学贷款突出贡献个人等先进个人10余名。学校资助育人工作先进经验先后

受到中国青年网、《广西日报》等主流报道50余次。

桂林理工大学是一所以理工科专业为主的多科性高等学校，男生多，女生少，由于就业市场的性别歧视，加上理工科女生动手操作能力一定程度上弱于男生，在就业竞争上，理工科专业女生往往处于劣势。尤其是家庭经济困难的女大学生，受传统观念、身体生理等方面影响，普遍表现得不够自信，在成长上需要更多的关爱和帮助。2021年5月，"芳华计划"应运而生，该项目关注理工类高校女大学生的身心健康，通过一系列专题课程培训和实践体验活动，助力她们提升综合素质和就业竞争力，帮助她们成长为勇敢、自由、独立和自信的新时代女性。项目强调"主动学"，采用理论学习与实践操作相结合的方式，有效激发理工类高校女大学生的成长内驱力；项目突出"接地气"，聚焦女大学生成长成才的现实需求，在形象礼仪、口语表达、生涯规划等迫切需要提升的能力素养方面，为学生提供全面帮扶指导。

二、项目内容

（一）项目设计

芳华筑梦——女大学生能力提升计划包含专题课程培训和实践体验活动两大板块，由"芳华筑梦""健康学堂""敏行素拓""文化之旅"四个模块相互支持，形成服务女大学生成长成才的资助育人体系。

1. "芳华筑梦"

该模块主要以专题课程培训的形式进行，培训内容涵盖形体礼仪、公文写作、口语表达、职业生涯规划、就业创业指导等各个方面，旨在助力女大学生提升礼仪形象、书面表达能力、口语表达能力、社交能力等，从而增强她们的职业发展能力和就业竞争力。生涯规划、公文写作、口语表达和形体礼仪等专题课程培训现场如图1-9所示。

图1-9 生涯规划、公文写作、口语表达和形体礼仪等专题课程培训现场

2. "健康学堂"

关注女大学生的身体健康和心理健康两大方面,邀请医疗机构的知名专家和医学院的资深教授,开展关于女性健康和生殖保健、恋爱观、积极心理学等知识的分享活动,旨在帮助女大学生以更健康的身心状态拥抱青春梦想。

3. "敏行素拓"

在军博园、素拓基地等地开展团体素质拓展活动,采用"体验式学习"的方式,培养女大学生克服困难的毅力、健康的心理素质、积极进取的人生态度、敢于挑战自我极限的勇气以及精诚合作的团队意识。团体质素拓展活动现场如图1-10所示。

图1-10 团体质素拓展活动现场

4. "文化之旅"

以爱国主义教育为主线,带领女大学生到校外红色教育基地、非遗文化体验园等开展沉浸式体验活动,引导她们增强历史自觉、坚定文化自信。爱国主义教育和非遗文化体验等活动现场如图1-11所示。

图1-11 爱国主义教育和非遗文化体验等活动现场

(二) 实施情况

1. 项目策划与筹备

项目主要由学校学生资助管理中心负责组织实施,围绕女大学生的现实需求,充分调研就业市场和行业动态,结合校内外资助专家意见,策划并筹备一系列有针对性的专题课程和实践体验活动。同时，与校外培训机构、用人单位、共建单位等建立合作关系，将部分课程或活动交由经验丰富的第三方培训机构承办，确保项目的顺利实施。

2. 人员选拔与培训

协同第三方机构，对参与项目的讲师、导师和学生助教进行严格选拔，确保他们具备专业能力和丰富经验。对学生助教进行培训，使其熟悉项目内容、掌握教学方法和沟通技巧，确保课程质量和活动效果，以朋辈榜样吸引人，用朋辈力量带动人。

3. 项目宣传与推广

通过线上线下多渠道宣传，扩大项目影响力，吸引更多女大学生参与。与合作媒体、社交平台等建立合作关系，提高项目知名度。同时，组织校园宣讲会、座谈会等活动，让更多女大学生了解该项目的愿景、理念，提升项目的吸引力。

4. 项目实施与监控

每年4—6月学校"资助育人文化节"活动期间，按计划开展项目活动的宣传、学员的选拔，有序开展专题课程培训和实践体验活动。在实施过程中，加强对讲师、助教和参训学员的监控与管理，确保课程质量和活动效果。同时，畅通师生意见建议反馈渠道，及时调整课程内容和活动安排。

5. 项目评估与总结

活动结束后，组织专家和学员对项目进行评估，总结项目成果和不足之处。根据评估结果，对项目进行改进和优化，为下一年度项目的实施提供借鉴。同时，对优秀学员进行表彰，激励更多学生参与项目。

6. 项目拓展与延伸

建立项目学员数据库，关注他们在参加活动后的成长和发展，为其提供持续的支持和帮助，同时选树优秀学员代表进行宣传，进一步提升项目吸引力和影响力。同时，学校学生资助管理中心将对项目进行持续优化升级，确保项目持续发挥积极作用，为培养更多勇敢、自由、独立和自信的理工类高校女大学生做出更大努力。

三、项目成效

1. 项目投入与参与人数逐年提升

项目自启动以来，培训体系日趋完善，课程项目不断优化，累计投入资金近15万元，直接参训的女大学生达150余人，活动辐射参与人员1 000余人，在全校女大学生中获得广泛好评，参训学员积极性逐年上升，满意度也逐年提高。

2. 项目参训学员能力不断提升

该项目的实施在全校女大学生中引起较大反响，涌现出了很多优秀学员代表。部分学员在学习竞赛方面取得显著进步，如汪柳等38人荣获国家励志奖学金，石裕焕等人带领团队在第九届中国国际"互联网+"大学生创新创业大赛"数广集团杯"广西赛区选拔赛中荣获银奖，并获得多项发明专利；另有部分学员在毕业后进入世界500强企业工作并获得用人单位好评；彭曦等入选西部计划，服务在新疆基层；侯清林等前往中国科学院等"985""211"高校继续深造。

3. 项目在社会层面产生积极影响

该项目参训学员的励志成长故事受到广泛关注和好评，如黄丽君、唐艺珊等人被新华社等主流媒体报道累计 10 余篇；高瑛作为广西志愿者唯一发言代表，在中国（广西）—东盟青年志愿服务交流活动中分享志愿服务经验；张榕缨主动将资助政策送下乡、回母校，荣获广西高校"优秀学生资助宣传大使"称号。这些优秀学员代表，为学校赢得了美誉，展现了理工类高校女大学生的优秀精神风貌，带动了良好的社会风气。

> **点评**：该项目专注理工类高校女大学生的身心健康，通过"芳华筑梦""健康学堂""敏行素拓""文化之旅"四个相互支持的专题课程培训和实践体验活动，有效提升了女大学生尤其是家庭经济困难女大学生的综合素质和就业竞争力，目标明确，针对性强，具有可推广性。

案例六

培养懂感恩、讲诚信、肯奉献的时代新人
——"播种阳光"志愿服务活动

玉林师范学院

"播种阳光"志愿服务活动通过组织受助学生参加志愿服务和社会公益活动，教育引导广大受助学生积极培育和践行社会主义核心价值观，强化感恩、责任和奉献意识，怀诚信之心，知感恩之重，在回馈社会的生动实践中受教育、作奉献、长才干。

一、项目背景

玉林师范学院认真贯彻落实党的教育方针，紧紧围绕立德树人根本任务，扎实落实各项资助政策，创新推进资助育人工作，不断强化对受助学生的诚信感恩教育，在广大受助学生中传递"受助思源、获奖思进、传递爱心、回报社会"资助育人理念，教育引导学生强化知恩图报、感恩奉献的意识，积极培育和践行社会主义核心价值观。为深化诚信感恩教育实效，学校自 2014 年 4 月起在受助学生中开展"播种阳光"志愿服务活动。

学校通过组织受助学生开展志愿服务活动，一是强化思想引领，强化学生的感恩、责任和奉献意识，培养学生良好的思想道德品质；二是激励和引导学生积极投身志愿服务和公益活动，检验所学专业知识和技能，在实践中受教育、长才干，助力学生成长成才；三是深化资助育人工作实效，努力打造具备较大影响力的诚信感恩教育品牌活动。

二、项目内容

（一）项目设计

项目要求受助（含国家、自治区和学校资助项目）学生在获得资助的学年内必须参加至少4次志愿服务活动（每次活动时长不少于1小时）。志愿服务完成情况作为受助学生下一学年评奖、评优、评先和推优的重要依据。

受助学生开展志愿服务活动的形式有：

（1）校内志愿服务活动：①学校职能部门组织开展的志愿服务活动；②二级学院组织开展的志愿服务活动；③受助学生群体或个人在校内自主组织开展的志愿服务活动。

（2）校外志愿服务活动：①受助学生参加家庭所在地的各级政府部门，社区、街道办或村委组织开展的志愿服务活动；②到敬老院、孤儿院等校外场所开展的志愿服务活动；③在校外参加义务献血、义工等公益活动。

（二）项目实施

（1）依托"桂志愿""播种阳光"志愿服务管理系统，学校各职能部门、二级学院通过网络平台发布活动志愿服务招募信息，受助学生通过管理平台报名参加活动。

（2）学生个人或自发组织参加校外志愿服务活动，活动结束后，由服务单位提供证明材料，经所在二级学院核实后，在"播种阳光"志愿服务活动登记表上盖章确认或在"桂志愿"志愿服务管理系统记录相关服务次数及时长。

（3）学校学生资助管理中心每学年对受助学生完成志愿服务活动的情况进行统计。

（三）项目实施保障

（1）项目工作机制健全。"播种阳光"志愿服务活动由学校学生资助管理中心牵头组织实施，各职能部门和各二级学院积极参与。

（2）项目经费有保障。学校学生资助经费、各二级学院学生活动经费作为项目经费：①学校从学生资助经费每年为每学院拨付3 000元专项活动经费，共支出45 000元用于开展受助学生志愿服务活动；②学校从学生资助专项经费中支出"播种阳光"受助学生志愿服务活动品牌项目经费，其中重点项目支持经费为0.5万元/项，一般项目支持经费为0.3万元/项，共支出52 000元；③各二级学院从各自学生活动经费中每年共支出专项经费用于活动开展。

（3）项目实施得到校地支持。项目得到社会广泛认可和支持，各二级学院结合学生专业、学科特点，在玉林市建立了一批志愿服务实践基地。"播种阳光"志愿服务活动实施以来坚持服务地方，已经形成良好品牌效应，有较好的受众和社会基础。

（四）项目实施概况

项目实施以来，受助学生积极参加校内外各类志愿服务活动，累计参与学生超过70 000人次，开展志愿服务活动次数累计超过280 000人次。

（1）学校各职能部门根据实际工作需要组织受助学生开展校内志愿服务活动2 600多次，主要是协助各部门完成校内一些临时性、工作量较大的工作。

（2）各二级学院结合自身专业特色，组织开展校内外志愿服务活动 6 500 多次。

（3）广大受助学生利用寒暑假、周末和课余时间主动参与各类志愿服务和公益活动，如参加家庭所在地政府部门、社区、街道办、村委组织开展的各类志愿服务活动，或参加义务献血、义工等公益活动。

三、项目成效

（一）强化思想引领，育人成效明显

学校将"播种阳光"志愿服务活动作为深化大学生思想政治教育的重要载体。近10年来，随着活动的持续深入开展，受助学生参与志愿服务活动的主动性越来越强，参与覆盖面达到 99%。同时，通过以点带面，非受助学生也积极参加各类志愿服务活动，广大学生的感恩意识、责任意识和奉献意识明显提升。学生通过参加志愿服务和公益活动检验所学专业知识和技能，在实践中受教育、作奉献、长才干，资助育人成效明显。

（二）结合专业特色，形成系列品牌

各二级学院结合自身专业特色和学生特点，精心策划组织，打造了"微校计划""音乐课堂·乡村之美""四点半课堂""义务墙绘""电商直播"等一批志愿服务品牌活动。2022 年 7 月，玉林师范学院受助学生在兴业县龙安镇牟村开展"电商直播"助力乡村振兴志愿服务活动，如图 1-12 所示。2023 年 7 月，玉林师范学院受助学生在兴业县葵阳镇龙口村开展义务支教志愿服务活动，如图 1-13 所示。2022 年，学校评选出 14 项"播种阳光"志愿服务活动品牌项目，给予经费支持。其中重点项目 5 项，支持经费为 0.5 万元/项；一般项目 9 项，支持经费为 0.3 万元/项。项目在 2 年建设周期内，已发表科研论文 10 篇，获得市厅级以上新闻媒体报道 12 次。近年来，学校乡村"智"理"N+1"志愿服务团、"百年青春绘程·乡村振兴新画卷"蒲公英美育志愿服务团荣获全区社会实践调研优秀团队；儿童红色主题教育志愿服务活动入选团中央的"镜头中的三下乡"活动。

图 1-12　2022 年 7 月，玉林师范学院受助学生在兴业县龙安镇牟村开展"电商直播"助力乡村振兴志愿服务活动

图1-13　2023年7月，玉林师范学院受助学生在兴业县葵阳镇龙口村开展义务支教志愿服务活动

（三）科学规范管理，提升实施质效

学校自主开发了"播种阳光"志愿服务管理系统，同时依托"桂志愿"系统，在志愿服务活动的申请、报名、审批、评价鉴定等环节实现了信息化管理，活动组织实施更加便捷高效。

（四）坚持服务地方，社会反响良好

项目紧密围绕学校"地方性"办学定位，坚持以"服务地方、服务群众"为导向，引导组织学生走出校门、走向社会、深入群众，开展形式多样、内容丰富的志愿服务和公益活动，受到群众的热烈欢迎和高度评价，学校多次收到服务对象的感谢信。《南国早报》《玉林日报》、中国青年网等新闻媒体曾多次对学校志愿服务活动进行报道，社会反响良好，已具备较高的社会认可度。

> **点评**：该项目依托"桂志愿""播种阳光"志愿服务管理系统，通过组织受助学生参加志愿服务和社会公益活动，教育引导广大受助学生积极培育和践行社会主义核心价值观，强化感恩、责任和奉献意识，怀诚信之心，知感恩之重，在回馈社会的生动实践中受教育、做奉献、长才干。项目持续时间长，效果好，形成了自己的特色和品牌，具有可复制性。

案例七

培养双健合璧、德技并修的"擎力青年"
——"擎力筑梦·技能报国"发展型资助育人项目

广西交通职业技术学院

"擎力筑梦·技能报国"发展型资助育人项目以"为党育人,为国育才"为引领,立足于汽车强国和区域人才培育需求,发挥汽车引擎力量,深化校企融合协同育人,实施"校—社—企"合作化运营和项目化管理方式,聚焦家庭经济困难大学生学业发展、技能提升、兴趣培养、视野开阔四个维度,旨在培育双健合璧、德技并修的"擎力青年"。

一、项目背景

广西交通职业技术学院坚持立德树人根本任务,立足于广西新一轮高水平高职学校和专业建设项目A类建设单位、全区职业教育"三全育人"典型学校,构建了体系主导、机制引导、成才人导的"三导融合"资助育人实践机制。学校成立了由主要领导担任组长的学校资助工作领导小组,由学生工作部牵头,各二级学院资助工作站组成的工作团队,从"奖、助、勤、贷、补、减、免、偿"的"保障型"精准资助工作模式,向"思想引领、实践育人、奖助文化"的"发展型"思政与资助协同育人工作转变,搭建"政府、学校、社会、家庭"四位一体的资助育人体系;紧密结合"扶困""扶智""扶志"的机制引导,形成了国家奖助学金等保障性"直线式链条"、学校奖学金等多项目激励性"串联式链条"和企业奖助金等多元化"并联式链条"的资助模式;优化"奖助文化"主题实践活动,打造"多维度"资助育人育心项目,多层次、多渠道、多途径、全覆盖地开展系列主题活动。

学校作为广西交通运输职业教育教学指导委员会秘书处,充分发挥自身职能,整合政府部门、社会、企业的多重资源,深化产教融合校企协同育人,积极搭建以学生全面发展为导向的资助育人实践平台。2020年9月,学校联合深圳联赢激光股份有限公司(以下简称联赢)、通力电梯有限公司(以下简称通力)、丰田汽车(中国)投资有限公司(以下简称丰田)、中国宋庆龄基金会,以汽车工程学院为示范院系启动"擎力筑梦·技能报国"发展型资助育人项目。

二、项目内容

(一)项目设计

"擎力筑梦·技能报国"发展型资助育人项目,始终围绕企业资助项目的优势条件,依托擎力青年"思"、擎力青年"说"、擎力青年"行"、擎力青年"创"工作载体,开展"资助+学业发展""资助+兴趣培养""资助+技能提升""资助+视野开阔"四维核心项目设计。

1."资助+学业发展"激励导向,助力学业发展

项目依托丰田、联赢、通力、中国宋庆龄基金会等资源,每年按比例奖励品学兼优的

家庭经济困难大学生，引导学生以国家各类奖学金及企业专项奖学金为指引，树立学习目标，扎实学习专业理论。同时，充分利用企业优势资源和平台，持续关注和帮助受助学生学习发展，如采取企业导师+校内教师的双导师培养体系，不间断企业短期实习活动等，实现校内课堂与校外课堂的有机统一，促进受助学生学业全面发展。

2. "资助+兴趣培养"校企交融，厚植专业信心

项目在设立企业专项奖学金的基础上，配套资金，支持受助学生参与校企专业技能竞赛、校企文体比赛、职业生涯发展讲座以及企业年会等，结合学院擎力青年"思""说""行""创"系列活动，在活动中厚植爱国情怀，激发学生专业学习兴趣，更加充分了解专业、行业、就业的信息，坚定在职业教育道路发展的信心、决心。

3. "资助+技能提升"工匠示范，促进技能提升

项目搭建名师技能分享交流平台，发挥擎力大师工作室、擎力工匠大讲堂等学院交流平台，邀请大国工匠郑志明、技能大师王业嵩、企业精英等定期开展讲座，培养学生热爱专业崇尚技能；直接或间接帮扶受助学生参加全国职业院校技能比赛、中国国际"互联网+"大学生创新创业大赛[①]、挑战杯、职业规划大赛、创新创业比赛等活动，帮助学生不断挖掘潜能，明确职业方向；组织"丰田维修技艺交流""擎力杯钣喷技能大赛"等校企技术技能交流活动，促进校企合作以及受助学生技能提升。

4. "资助+视野开阔"访学交流，丰富人生经历

项目每年在受助学生中选拔学生代表赴北京参加丰田合作院校交流会、赴日本爱知县参观丰田DNA会馆等交流访学活动；选派受助学生前往学校定点扶贫东兰县信河村、深洞村等村庄开展"三下乡"社会实践活动；定期选派受助学生参与"情满旅途""擎力青年志愿服务千里行"等各类志愿者服务活动；搭建平台，选送受助学生参加亚运会、全国学生（青年）运动会交通服务工作，丰富学生经历，开阔学生视野。

（二）实施情况

1. 项目具体做法

项目紧紧围绕"资助+学业发展""资助+兴趣培养""资助+技能提升""资助+视野开阔"四维核心模式开展项目实施；以企业奖学金、校企联合培育为指引，引导学生树立学业发展信心；结合擎力青年"思""说""行""创"系列活动，在活动中激发专业学习兴趣；搭建擎力大师工作室和工匠大讲堂、组织校企技能交流活动等帮助学生技能提升；开展国内国际访学交流、志愿者服务等活动丰富学生经历，开阔学生视野。

2. 项目管理措施

项目运营由联赢、通力、丰田公司主要负责资金投入、项目过程监督，广西交通职业技术学院学工部（处）负责项目指导，财务处负责项目资金管理，汽车工程学院组建擎力资助育人办公室负责专项奖学金的评选，育人活动的组织、策划、实施。

---

① 中国国际"互联网+"大学生创新创业大赛在2024年已更名为中国国际大学生创新大赛。

三、项目成效

"擎力筑梦·技能报国"发展型资助育人项目自创立以来，始终贯彻双健合璧、德技并修的育人理念，在增智、强技以及感恩教育上下功夫，培育学生健康体魄、健全学生健康人格，培养出一批德技并行的"擎力青年"。

（一）资助增智，助力学生成长成才

在校企社合作协同育人的资助育人模式下，不断完善学生评奖评优制度，构建多类奖学金激励体系。每年评选出 50 名学生获得丰田、联赢、通力等专项奖学金，在解决学生经济困难外，启智润心，促进受助学生的学业发展，助力学生成长成才。2023 年 5 月 10 日，"擎力青年"在北京交通职业技术学院参加丰田职业教育专项基金优秀学生来京活动，如图 1-14 所示。2023 年 11 月 29 日，"擎力青年"在日本参加交流访学活动，如图 1-15 所示。

图 1-14　2023 年 5 月 10 日，"擎力青年"在北京交通职业技术学院参加丰田职业教育专项基金优秀学生来京活动

图 1-15　2023 年 11 月 29 日，"擎力青年"在日本参加交流访学活动

(二)资助强技,培养技能成长型"擎力青年"

在技能成才上,通过全国职业院校技能比赛、中国国际"互联网+"大学生创新创业大赛、挑战杯等提升学生专业技能,培养技能成长型交通人才,同时为学生今后实习就业奠定良好的基础。

(三)资助反哺,"擎力青年"回馈学校与社会

将"助困"与"扶志"相结合,引导学生感恩报国,坚定理想信念,逐步实现家庭经济困难大学生"从受助到自助,再到助人"的转变。许多受助学子在毕业后,或通过自身行动在日常生活中帮助他人,或直接投身于行业一线工作,实现爱薪火相传。例如,受助学生池杨剑,2022年在长沙房屋倒塌事故中用生命守护人民安全,荣立个人一等功;获得"广西优秀共青团员"称号的雷杰、蒋金明同学,积极参加各类志愿服务活动,用实际行动帮助同学、回馈社会;2008级学生梁湘,连续两年获百色高速公路运营有限公司"先进工作者"荣誉称号,获广西交通投资集团"优秀共产党员"荣誉称号等,在行业一线发光发热,用实际行动践行擎力精神,回馈社会。

> **点评**:该项目立足于汽车强国和区域人才培育需求,发挥汽车引擎力量,深化校企融合协同育人,实施"校—社—企"合作化运营和项目化管理方式,聚焦家庭经济困难大学生学业发展、技能提升、兴趣培养、视野开阔四个维度,在培育双健合璧、德技并修的"擎力青年"方面取得了良好效果。采取的"校—社—企"合作化运营和项目化管理方式,具有可推广性。

案例八

培养复合型技术技能型"卓越工匠"
——"匠心育训·为你赋能"创新创业资助育人计划

柳州职业技术大学[①]

"匠心育训·为你赋能"创新创业资助育人计划(以下简称"双创资助育人计划")通过"精心设计、潜心教学、真心服务、诚心合作"的"匠心育训"工作路径,面向贫困学生实施创新创业"岗课赛奖"资助育人常态化工作机制和金种子项目运营模式,努力培养"素养·管理·创新"复合型技术技能型"卓越工匠",实现从扶生活之困到扶能力之困、扶技能之贫,进而促进学生、家庭、企业和社会发展。

一、项目背景

近年来,党和政府对家庭经济困难家庭学生制定了许多资助政策,柳州职业技术大学认真贯彻落实,已建成以奖学金、助学贷款、勤工助学、困难补助、学费减免为主体的多元化的资助体系,基本解决了家庭经济困难大学生的生活问题。其中,近三年,年均办理

[①] 2024年5月底,中华人民共和国教育部同意以柳州职业技术学院为基础设立柳州职业技术大学,同时撤销柳州职业技术学院的建制。

各项奖、助、减免、贷款等资助累计近 2 万人次,年均发放资助金额总计近 8 300 万元。这些资助措施 100%覆盖到家庭经济困难大学生,较好地落实了国家政策,有效缓解了学生经济和生活上的困难,为他们顺利完成学业提供强有力的经济支持。但是,如何构建公平、高效、操作性强的"助困"与"育人"相结合的资助体系,促进经济困难大学生在逆境磨砺中健康成长?为此,学校不懈地努力探索发展型资助育人方式。

双创资助育人计划是学校探索实践项目之一,由学校勤工助学中心于 2018 年 3 月发起,依托学校创新创业学院、KAB 创业社团等平台,基于"用创新创业塑造家庭经济困难大学生可持续发展能力,赋能未来,服务社会"的建设使命,以"岗课赛奖"资助育人常态化工作机制和精准项目化运营模式,为来自家庭经济困难大学生提供创新创业能力帮扶,将资助育人的内涵从发展的视角无限拓宽,赋予学生看见远方、抵达远方的可持续发展能力,驶向更美好的未来,让学生、家庭、企业和社会多方受益。

二、项目内容

学校 70%以上的学生来自农村,虽然来自不同的地域,具有不同的家庭背景,但是普遍具有同样的教育困境,如信息获取渠道单薄、职业发展指导缺失、社会资源与实践机会贫乏等,这些要素导致学生自信心不足、就业视野狭窄,制约其长远发展。为突破困境,学校不仅授人以鱼,更授人以渔,以温暖和创新的常态化工作机制和精准项目化运营模式,将人才培养转化为地方区域经济可持续发展的内生动力。

(一)项目设计

1. "岗":设置技能型助学岗位,建立双创常态化资助育人平台保障机制

根据企业转型升级对创新型人才的需求,学校与企业共建创新能力"三层次"育人平台:成立创新创业学院,建设大学生科技园、研创工坊等创新通识教育第一层次平台;建设大学生创新工作室、大师工作室等专创融合第二层次平台;建设协同创新研究院、众创空间、创新示范基地、项目孵化基地等第三层次平台。学校专门设置 100 余个技能型勤工助学岗位,将岗位培养定位于解决生产一线问题以及服务家乡和社会发展需求的创新能力。

2. "课":构建"通识类+专业类+专题讲座"课程体系,建立双创常态化资助育人课程保障机制

面向家庭经济困难大学生,学校实施"课程双创"和"新技术课程"行动计划。坚持打造"通识类创新课程+专业类创新课程+专题讲座"课程体系,整合校内资源、校友资源、企业资源,目前开设"云物大智基础""精益生产管理"等通识类创新课程,"'互联网+'创新创业应用与实践""机电一体化概念设计与装调"等专业类创新课程,以及劳模工匠进校园、"听优秀校友对我说"等博雅·素质大讲堂专题讲座,目前已形成具有创新创业理念的 408 门新技术课程。学校还积极吸纳政府、企业、产业界的管理人员、技术人员、企业家及创业经验丰富的实践者为学生双创课程导师,共同参与课程设计、师资培训、学生创业实践活动,及时将新技术、新工艺、新思想纳入教学和实践内容。

3. "赛":组织师生"匠心杯"竞赛,建立双创常态化资助育人实践训练保障机制

一是抓比赛,以赛促创、专创融合。专业课程与双创融通,学校策划开展师生创新(意)设计竞赛、创业大赛,专门设置汽车主题赛道、螺蛳粉主题赛道和乡村振兴主题赛

道，与广西汽车集团有限公司联合举办汽车主题青年创新创业大赛、与螺蛳粉企业联合举办"匠心杯"创新创业大赛等。2023年柳州职业技术大学第三届"匠心杯"创新创业大赛颁奖仪式，如图1-16所示。二是抓关键，加强双创教师队伍建设。加强创新创业高水平"双师型"教师队伍建设，持续实施校内青年教师双创能力提升计划，全体青年教师参加学校"匠心杯"创新创业大赛比赛，以赛提升青年教师双创意识和能力。

图1-16　2023年柳州职业技术学院第三届"匠心杯"创新创业大赛颁奖仪式

4."奖"：开展励志奖学金和典型人物评比，充分发挥榜样引领作用

学校设立"匠心"励志奖学金，激励家庭经济困难大学生认真学习、奋发图强，对参加专业技能重点赛项以及"互联网+"等创新创业大赛的学生，优先资助与奖励。开展"创新之星"励志典型人物评选活动，表彰在科技创新、大学生创新创业等方面表现突出的学生，以榜样的力量感染、激励、引导全体贫困学生增强创新创业意识。柳州职业技术大学创新创业师生团队2021年开展特色节日"三月三"庆祝活动，如图1-17所示。

图1-17　柳州职业技术学院创新创业师生团队2021年开展特色节日"三月三"庆祝活动

5. 实施精准项目化运营模式，培育金种子项目

基于创新能力"三层次"育人平台，引导学生精准孵化三大类项目：聚焦解决生产一线问题的技术突破类项目、弘扬家乡传统文化和推进农业发展的乡村振兴类项目，以及回馈社会的公益类项目。经过岗位锻炼、课程教学和竞赛指导等环节的训练，精准孵化项目逐渐成熟，应通过遴选纳入金种子项目范畴，学校则提供专项经费支持，推荐参加各级大学生创新创业大赛，鼓励学生积极申报国家发明专利。通过开展"解决生产小问题""服务家乡和社会发展"的创新项目，树立学生技能报国、技能回馈家乡的"大志向"。

（二）项目管理措施

1. 思想引领，树立育人理念

学校坚持落实立德树人的根本任务，坚持创新创业教育面向全体家庭经济困难大学生、全体教师参与、融入人才培养全过程，积极开展"岗课赛奖"各种形式活动，树立正确的创新创业与资助育人相结合的教育理念。

2. 制度保障，强化资金支持

一是成立由学校领导、相关职能部门和二级学院负责人构成的创新创业资助育人领导小组；成立创新创业学院，建设大学生创业园，设立专职人员负责运行；建立教务处、学生工作处、团委、就业处等部门协同工作机制，完善教学管理、学生管理、经费管理、实践基地运行管理等各类管理制度，确保创新创业教育与资助育人的顺利实施。二是建立学生就业创业指导服务中心，做到"机构、人员、场地、经费"四到位，对自主创业学生实行持续帮扶、全程指导、一站式服务。三是设置创新创业教育专项经费，设立创业基金，支持学生创新创业项目，积极争取国家、自治区专项资金支持，做好创新创业实践基地建设。

3. 加强督导，营造良好氛围

学校将创新创业资助育人纳入"三全育人"建设考核、部门绩效考核，对于创新创业工作突出者予以奖励。及时总结推广创新创业资助育人教育的好做法、好经验，树立成功典型，丰富宣传形式，营造来自生产、生活的创客文化和敢为人先的创客氛围。

三、项目成效

（一）学生双创竞赛成绩突出

近五年，精准孵化项目已有200余项，其中解决生产一线问题类210项，乡村振兴类50余项，公益类10余项。学生主参加"双创"大赛累计37 015人次，共计9 705项，国家级竞赛获奖162项，包括中国国际"互联网+"大学生创新创业大赛和"挑战杯"等大赛特等奖、金奖、一等奖的项目15项。

（二）毕业生就业创业成绩优秀

近五年，毕业生平均就业率逾90%，用人单位对毕业生就业工作满意度达96%；连续23年获得"广西高校毕业生就业创业工作先进单位"（广西高职院校中唯一获奖单位）；家庭经济困难毕业生创业353人，创造经济效益4.89亿元，累计带动就业超2 000人，为区域产业升级转型发展提供了强大的人才支撑。其中，毕业生文连军2018年和校友肖杰夫联合投资1 000万元成立生态农业科技公司，重点研究解决传统香蕉产业中的种苗、种植及销售等痛点，目前公司旗下有香蕉种植基地12个，分布于广西、云南、海南等地总

面积 5 238 亩（1 亩≈666.67 平方米），年产销量 1.62 万吨，直接带动 375 人就业创业，间接带动 2 000 余人就业。2020 级新疆学生谢普凯提江·艾热提经过在校学习，成立新疆和田艾特莱斯丝织科技公司，把家乡传统艾特莱斯绸做成现代潮流服装，走向世界。

（三）学校影响力不断提升

学校获中国新闻网、新华网、中国高职高专教育网等 10 余家主流媒体报道累计 82 次，学校跻身全国创新创业示范校 50 强，并获国家级协同研究创新中心、广西深化创新创业教育改革示范高校等称号。

> **点评**：该项目通过"精心设计、潜心教学、真心服务、诚心合作"的"匠心育训"工作路径，高度重视跨界合作，注重资源整合和校企深度合作，面向贫困学生实施创新创业"岗课赛奖"资助育人常态化工作机制和金种子项目运营模式，不仅授人以鱼，更授人以渔，从扶生活之困到扶能力之困、扶技能之贫，进而促进学生、家庭、企业和社会发展。该项目运营模式和重视跨界合作的做法，具有广泛推广性。

案例九

辅导员工作室赋能资助育人
——"以美育人，浸润心灵"计划

南宁理工学院

资助育人工作一直是党和政府高度关注的重要问题。当前，高校资助工作主要由资助中心对接各院系辅导员"单线作战"，在一定程度上存在重资助轻育人、育人方式单一、育人合力尚未形成等情况，亟待构建全员参与、各部门配合、教育教学各环节协调联动的资助育人机制。

"美育绘心"辅导员工作室助力资助育人的模式，坚持以学生为中心，围绕立德树人根本任务，以家庭经济困难大学生身心健康发展为核心，在保障经费和物质资助基础上，同步开展资助育人工作，并重点针对面临身心发展困境的学生，资助与心理健康教育并重，提供更加精准有效的教育服务，确保家庭经济困难大学生能够顺利入学，安心学习，圆满完成学业，励志成才。

一、项目背景

受助学生由于家庭经济困难，往往承受着巨大的心理压力。他们可能因为无法支付学费、生活费等而感到焦虑和不安。此外，受助学生还可能因为与同学之间的经济差异而感到自卑和孤独。这些心理问题可能导致受助学生在学习和社交方面出现困难。

（一）学习压力过大

受助学生往往对自己的学习寄予很高的期望，希望通过努力学习获得好的成绩，获得奖学金。然而，过大的学习压力可能导致焦虑、失眠、身体不适等问题。

（二）人际关系紧张

受助学生在人际交往中也可能出现一些问题。他们可能因与同学之间的经济差异导致共同话题较少，难以融入集体。

（三）社交障碍

他们可能害怕与他人接触，避免参加集体活动，导致人际关系紧张。社交障碍可能导致受助学生在学习和生活中感到孤独和无助。

基于以上可能导致受助学生在学习和社交方面出现困难的种种情况，南宁理工学院辅导员工作室开展"以美育人，浸润心灵"计划，将重点关注对象数据库与受资助数据库相匹配，有针对性地对学生进行了解；从心理分级低星的、情况相对较为简单的学生开始着手，建立帮扶的个人数据库，确立目标，制订计划，设定监测指标，定期评估计划的实施效果，并根据情况进行调整，让这部分学生通过"以美育人，浸润心灵"计划，走出"重点关注的数据库"，浸润心灵，从而在思想上起到"扶困"与"扶智"，"扶困"与"扶志"的双重效果。

二、项目内容

项目采取辅导员工作室+资助育人的方式，根据学生不同的情况，根据不同年龄段学生的心理特点和心理需求，广泛开展针对性强、吸引力大、参与面广、互动性高的教育活动，努力增强工作吸引力和感染力。

（一）项目设计

1. 坚持思想引领，打造专业化工作室队伍

依托"美育绘心工作室"，组建发展型资助指导教师队伍，为学生提供专业的学业指导、职业规划、心理咨询等方面支持。

2. 践行资助育人理念，搭建资助育人全方位宣传阵地

以 O2O 模式（Online To Offline，"线上到线下"商业模式）为基础，积极开展线下"以美育人，浸润心灵"计划相关活动。此外，利用新媒体平台发布相关宣传推送，扩大项目影响力。

3. 推广"以美育人"，着力"三个融入"工作模式

一是与学生专业相融合。不定期开展绘画课、手工课等艺术相关课程，通过多样化的活动形式将艺术与心理治疗相结合。

二是与学生社会实践相融合。为学生搭建校外实践平台，主要与社区等开展系列感恩活动，引导受助学生在实践中感党恩、跟党走，激励同学们踔厉奋发、砥砺前行。

三是与学生心理健康教育相融合。学校始终坚持把促进受助学生的心理健康放在首位，结合"心理健康月"、新生入学教育等，开展心理健康主题教育讲座，助力学生健康成长。

（二）实施情况

1. 夯实了工作团队成员的专业化水平

"美育绘心"辅导员工作室成员人数较多，下设四个组别，分别是活动策划组、心理咨询组、宣传组、美术组，成员共 16 人，学历层次涵盖了博士研究生、硕士研究生和本科生，所学专业包括心理学、教育学、社会学、美术学等相关专业。工作室成员通过不定期开展心理知识方面专业培训的方式，提升自身实践能力。

2. 丰富了心理健康教育活动和宣传

工作室积极组织并参与各类心理健康教育活动，积极推行井盖绘画活动、共创巨幅画与心灵便签活动、"民族一家亲，你我心连心"心理团体辅导活动、大学新生心理健康教育活动、国风盛典活动等，通过活动的形式将绘画与心理治疗相结合，吸引学生参与，面向全体大学生提供发展性心理教育。2022年5月，南宁理工学院学生前往东盟经开区上平社区开展大学生心理健康月井盖涂鸦活动，如图1-18所示。2022年5月，南宁理工学院学生前往东盟经开区开展"民族一家亲，你我心连心"团体辅导活动，如图1-19所示。

图1-18　2022年5月，南宁理工学院学生前往东盟经开区上平社区开展大学生心理健康月井盖涂鸦活动

图1-19　2022年5月，南宁理工学院学生前往东盟经开区开展"民族一家亲，你我心连心"团体辅导活动

3. 搭建了绘画治疗线上宣传平台

对于"00后"学生，手机已成为不可或缺的工具，因此，工作室运用微信公众号这一线上平台，开设美育绘心专栏，将所开展的活动通过推文的形式发送，面向全校师生，

并且精心挑选有高度、接地气的美育及心理相关的知网文章，不定期发布心理解压小技巧，让广大师生受益。

4. 打开了绘画治疗服务更广大同学的局面

"美育绘心项目"开展一年多以来，工作室共服务了有心理困扰的学生近100人，在辅导员谈心谈话的过程中，运用美术绘画的形式来让学生进行感情宣泄，以此解决学生的心理困扰和心理问题。

5. 探索了绘画治疗与大学生心理健康的理论与研究

通过长时间的实践总结，并将实践成果进行理论总结，成功发表一篇相关领域科研论文以及专项课题。

6. 开展了各项感恩活动

组织受助学生开展"雷锋月""心理健康月""团体心理健康活动"等感恩实践活动，前往社区开展公益服务，引导受助学生用自己的实际行动回馈社会。

全面了解高校贫困生的多元化、差异性特征，深入研究其心理特点，才能真正做到育人育心。家庭经济困难大学生普遍存在焦虑、人际关系不和谐、学习压力大等困扰，多渠道普及心理健康知识，注重心理体验，开展团体心理辅导活动，才能对"双重贫困"学生实现真正帮扶。

三、项目成效

（一）项目成果

以"美育"为抓手，帮助学生消除心理困惑，利用多元化育人手段，坚持"辅导员工作室+资助育人"的双轮驱动发展型育人模式，帮助学生树立积极心理品质，提高学生的抗压抗挫折能力，培养学生的全面素养，从而成为一名高素质人才，让学生在温情资助和思想引领下，心怀感恩之心、砥砺奋斗之志、永葆爱国之情。

（1）提高学生的心理健康水平。通过专业的心理健康辅导服务，让受助学生在心理健康方面取得显著进展，增强应对挑战的能力，降低心理健康问题的发生率。

（2）拓展学生艺术素养。通过艺术教育和专业的艺术指导，发展学生的艺术创造力和技能，提升他们在艺术领域的素养和表现力。

（3）全面素养培养。项目通过综合的培训和活动，促进学生的全面发展，培养学生的领导力、团队协作、创新思维等，提升学生的综合素养。

（二）社会影响

资助育人是促进教育公平和社会公正，构建社会主义和谐社会的重要举措，辅导员工作室+资助育人创新了资助育人体系，有助于强化资助政策的教育功能，同时，为构建可持续发展社会注入了新活力。

（1）社会责任感培养。通过心理+资助的引导，培养学生对社会的责任感和关爱意识，鼓励他们主动参与社会服务和公益活动。

（2）推动社会公平。通过心理+资助育人的模式，既为资助育人工作提供了新思路、新路径，也为家庭经济困难大学生提供了更多机会，促进了社会的公平与包容。

（3）提升教育质量。通过整合心理健康教育和艺术教育，项目提升了教育质量，培养了更具创造力和社会责任感的学生。

"不让一个学生因家庭经济困难而失学"是我国政府做出的庄严承诺。学校将通过挖掘"美育绘心"辅导员工作室助力资助育人的路径，持续加力、持久用劲，不断提高资助育人水平，确保家庭经济困难大学生能够顺利入学、安心学习、圆满就业、成人成才，努力解决和回答好资助育人这一生动的实践课题和深刻的理论课题。

> **点评**：该项目的开展融合了专业课、社会实践、心理健康教育。运用美术绘画的形式让学生进行感情宣泄，以此解决学生的心理问题，可帮助学生树立积极的心理品质，提高学生的抗压抗挫折能力。"以美育人，浸润心灵"计划，使在学习和社交方面出现困难的贫困生有效摆脱了困境。

案例十

探索资助育人新载体　搭建学生赋能新平台
——"医·美结合　素养提升"计划

广西医科大学

"医·美结合 素养提升"计划秉承"多元助力，全面发展"的理念，以提升学校家庭经济困难大学生综合能力为目标，不断创新资助政策、拓宽资助渠道，开展学生关注、学生需要、学生喜爱的系列活动，进一步提高家庭经济困难大学生的综合素养，提升资助育人实效。

一、项目背景

为全面推进学校发展型资助育人工作，着力培养受助学生自立自强、知恩感恩、勇于担当的良好品质，广西医科大学学生工作部（处）与多部门联合打造了"医·美结合 素养提升"计划。经过四年的品牌打造，素养提升计划已经成为师生一致认可的学生赋能平台品牌项目。

在我国，虽然贫困地区艺术环境有一定先天特点和优势，但由于理念、经济、师资等原因，审美教育依然存在理论水平相对落后、美育重视程度不足、家庭教育薄弱以及专业教育人才短缺等问题。大多数家庭经济困难大学生在进入大学前，缺乏或者根本没有接受艺术教育的环境和条件，因此，他们接受审美教育的机会较少。加之家庭经济困难大学生大多来自老少边穷地区和贫困乡镇地区，由于经济、交通发展水平不高，中学时期的教育资源相对不足，教育质量相对落后，加上很多家庭经济困难大学生过早承担家庭的重担，将时间过多投入在农事操作等方面，考入大学后由于缺少锻炼平台，自我"造血"功能欠缺，缺乏自我锤炼的机会，导致家庭经济困难大学生在面对科技竞赛、社会实践、就业创业等机会时难以抉择和把握。

基于以上问题，学校从2019年起，从三个层面对学生进行支持：一是通过开展系列素养提升活动，提高家庭经济困难大学生的美育素养、职业规划能力和创新意识；二是通过项目的运营提升学生（以家庭经济困难大学生为主）的领导力及其他综合素养，为参与项目的学生提供发展性支持；三是发挥该群体榜样示范力量，影响及辐射学校其他学生尤其是家庭经济困难大学生，为更多学生的自我成长给予支持。

二、项目内容

(一) 项目设计

1. 通过"请进来",整合美育资源,提高人文素养,挖掘美育资助融合的育人载体

通过邀请名师、专家培训,组织学生前往剧院观看现场演出等方式,让学生亲身体验传统书法、国画、多彩油画、彩铅、芭蕾舞剧、音乐会、读书会、插花、阳光素拓等活动,为学生的个性化发展需求提供多维支持,引导学生树立正确的人生观和价值观,提升内心修养,增强个人自信,实现自我价值,勇担新时代大学生的使命。

2. 通过"比着学",强化校友资源,提升行业竞争力,发挥榜样引领作用

通过邀请曾在学校就读且在校期间受过资助,毕业后在工作岗位上尤其是医疗领域或生活中努力进取,以实际行动报效国家、服务社会并取得突出成绩的优秀学长回母校开展报告会、座谈会、主题沙龙等形式与在校生交流,旨在引导广大学生见贤思齐,吸取榜样的力量,感悟奋斗的精神,向行业精英学习,与先进学长同奋进、共成长,遇见更优秀的自己。

3. 通过"走出去",以名校交流为契机,开阔个人视野,唤醒创新意识

通过组织学生前往北京、武汉、广州、上海等地的多所名校,以校园参观体验、学生品牌活动分享、校友沙龙座谈、朋辈互动交流等形式展开,涵盖了爱国主义教育、校友面对面、医学生培养与成长、医学生人文素养提升等多项内容,开阔家庭经济困难大学生眼界,丰富家庭经济困难大学生学习阅历、提升家庭经济困难大学生综合素质和家国情怀,用榜样的奋斗历程和成就故事激发家庭经济困难大学生创新意识,全面推动保障型资助向发展型资助转变。2024年1月21—28日,广西医科大学组织40名学生前往新加坡开展境外名校交流活动,如图1-20所示。

图1-20 2024年1月21—28日,广西医科大学组织40名学生前往新加坡开展境外名校交流活动

(二) 实施情况

1. "医·美"结合美育素养提升系列活动

学校历年家庭经济困难大学生均可报名参加活动，为保证活动质量，每期活动人数限制在50~100人。通过邀请书法名师到学校开展书法和国画培训，体验传统文化的博大精深；结合医学专业特色开展医学生绘画大赛，在解剖学绘画作品中，"医"笔生花，让医学与美学相遇，广西医科大学学生参加第十期素养提升计划之感受魅力国画实践活动，如图1-21所示。广西医科大学学生参加医学生绘画大赛的作品，如图1-22所示；组织学生前往现场观看经典舞剧、音乐会，现场感受舞台艺术的魅力；组织学生开展各类户外素质拓展活动，鼓励学生增强体质训练的意识，培养团队合作能力，提升学生综合实力。

图1-21 广西医科大学学生参加第十期素养提升计划之感受魅力国画实践活动

图1-22 广西医科大学学生参加医学生绘画大赛的作品

2. 学长与你话成长项目

学校分别邀请了北流市人民医院党委副书记、院长陆晓生，北海市人民医院副院长王柏磊博士，南宁市人力资源和社会保障局副局长吴新华，百色市人民政府副秘书长麻华闪，广西屹牙集团董事长黄峥嵘，上海复旦大学公共卫生学院教授、博士生导师傅华等人担任嘉宾学长。学长们结合自身多年的学习和工作经验向同学们提出宝贵建议，鼓励学弟学妹们积极深造，找到适合自己的发展方向。

3. 名校交流项目

通过开展以下"8+1"项活动，为参加本次活动的家庭经济困难大学生播下梦想的种子。

（1）参观1次名校校园。参观名校校园，目的是通过走进名校，接受名校浓厚校园文化积淀的洗礼，感受其育人环境和学习氛围，激发成长自觉性和斗志。

（2）参与1次精英朋辈的思维碰撞。与名校师生交流分享，目的是充分发挥精英朋辈的榜样示范作用，启发家庭经济困难大学生积极地做好自我成长规划。

（3）旁听1堂名家授课。提前预约名校名师课堂旁听席位，目的是通过旁听，让学生感受课堂的魅力，充分调动学生的学习积极性和主动性，引导学生主动探索知识的奥秘。

（4）聆听1场名师讲座。提前预约名校名师讲座旁听席位，目的是借助名师讲座资源，帮助学生了解领域前沿和行业动态，启发科研思路或提高鉴赏能力，甚至重新评估自我，提升自我。

（5）参加1次名校学生品牌活动。通过参与名校学生品牌活动，与名校学生深入交流，让学生进一步感受名校校园文化氛围，陶冶情操，同时为学生提供一次锻炼和展示自我的机会，促进学生的全面发展。

（6）共享1次名校友的"下午茶"。与目前在名校工作的知名校友聊医学生成长，以及参观学校、实验室/或邀请在名校深造的学长学姐交流。目的是借助校友的标杆示范力量，启迪及激励医学生抓住青年阶段培养过硬的专业技能，提高内在素质，使自己的思维视野、思想观念、认识水平跟上时代发展。

（7）感受1次爱国主义教育。通过组织学生参观当地具有医学特色的红色教育基地，例如博物馆、生物标本馆等，感受自然生命演化的漫长历程，启发医学青年思考生命的价值与真谛，结合医学生的专业背景，思考自己将医学生的理想落到实处，从而更好实现人生价值、升华人生境界。

（8）观看1场高雅艺术展。近距离接触高雅艺术，让鲜少有机会感受高雅艺术的家庭经济困难大学生零距离欣赏艺术作品、陶冶情操、提高修养，感受和谐美好。该环节的目的是促进教育公平，提升家庭经济困难大学生的艺术修养。

（9）细读1组奋进数据。读1组数据（回程途中向学生宣传全国资助中心的资助数据），施行爱国主义、感恩教育，目的是启迪家庭经济困难大学生饮水思源，爱国荣校，砥砺奋斗，回报社会。

三、项目成效

学校已连续四年开展素养提升计划系列活动，引导学生树立正确的人生观和价值观，注重提升内心修养，增加个人自信。因秉承"多元助力，全面发展"的理念，受惠学生总计近五万人次，在同学们中拥有较好的口碑。

截至2023年12月，素养提升计划之美育活动已开展43期，线下培训学生人数逾两千人，线上六千余人；"学生与你话成长"系列活动，共开展了6期，线上线下参与人数累计高达4万余人；国（境）内外名校交流活动已开展6期，覆盖131人次（其中国外2期42人次、国内4期89人次），交流高校涵盖新加坡国立大学、南洋理工大学、日本熊本大学、北京大学、上海交通大学、武汉大学、中山大学等19所知名高校。以上活动深受学生喜爱，受众面广。

素养提升计划，多元助力全面发展
——部分参与活动学生感言

1. 基础医学院谢同学：素养提升计划之感受国画的魅力

很荣幸也很激动能够获得这次体验国画魅力的机会，让从未接触过国画的我也能切身感受一次。柳娜老师用一种风趣幽默的方式给我们讲解了国画的趣事，为我们打开了国画之窗，带着懵懂的我们踏进了国画的世界。虽然画画不是我所擅长的东西，对国画更是一知半解，但是在柳老师不断鼓励和帮助下，手执画笔，蘸上五颜六色的染料，尽情地、肆意地在画纸上一笔一笔描绘出花儿们的姿态,我也作出了一幅属于自己的画作。短短两三个小时的体验过程,虽不能让我们完全揭开国画的面纱,却使得国画与我们的距离更近了些。作出的画作自然不能与柳老师的画作相比,但作画过程给予了我们心灵上的平静,让我们沉下心,弃掉躁,享受作画的过程,徜徉在国画的海洋。

2. 口腔医学院李同学:素养提升计划之国内名校交流

非常感谢学校提供的交流学习机会,在参观交流中我领略到了名校卓越的教学质量、先进的教育理念、丰富的校园文化和名校学子的责任担当,其中令我印象最深刻的是上海交通大学的座谈会,我深深地感受到他们真的在以实际行动诠释上海交通大学"饮水思源,爱国荣校"的校训。经过这次交流学习,我更坚定了自己向上的决心,更明确了自己的未来方向,我将努力弘扬校训"厚德励志,博学弘医"的精神,笃志前行。

3. 第一临床医学院黄同学:素养提升计划之国境外名校交流

非常感谢学校提供本次前往新加坡访学的宝贵机会,感谢老师和同学们的信任,让我有幸在本次研学中担任团长。五场精彩纷呈的名师大讲座中,教授们或博学谦逊,或幽默风趣,让我打开了世界格局与国际视野;在医疗模拟培训中心的真实演练,让我切实体会到"Team Work"(团队合作)的重要性;独具一格的校园文化与异域风光,也让我感受到开放包容的多元文化。未来,我将谨记"健康所系,性命相托"的誓言,牢记初心使命,继续知行合一,万里行路。

> **点评**:该项目秉承"多元助力,全面发展"的理念,以提升学校家庭经济困难大学生综合能力为目标,不断创新资助政策、拓宽资助渠道,开展各类学生关注、学生需要、学生喜爱的系列活动,受惠学生众多,提高了家庭经济困难大学生综合素养,提升了资助育人实效。项目实施效果好,影响大,具有可推广性。

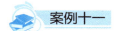

案例十一

构建融专业、融素质提升的"双融"资助育人模式
——"家庭经济困难大学生专业考证奖学金"项目

广西建设职业技术学院

"家庭经济困难大学生专业考证奖学金"项目坚持"以资助为抓手,以育人为导向"的工作思路,以"资助+实践"为理念,激励家庭经济困难大学生努力学习专业知识,积极进取,考取与专业相关的技能证书,提升就业竞争力,构建融学生专业、融学生素质提升的"双融"资助育人模式,在扶困中凸显扶志。

一、项目背景

近年来,广西建设职业技术学院认真学习贯彻习近平总书记关于教育的重要论述,落实立德树人根本任务,依托建筑行业特色,结合学生资助工作和创新创业教育的需要,整合资源、搭建多元新平台,适应就业需求,不断激发学生学习知识、钻研技能和踏实工作的热情,弘扬技能宝贵、创造伟大的主旋律。"家庭经济困难大学生专业考证奖学金"从

2017年1月启动，并制定了《广西建设职业技术学院家庭经济困难大学生专业考证奖学金工作实施办法》（桂建院学〔2017〕57号），它是根据学校专业建设特色，为提高家庭经济困难大学生就业竞争力，适应就业需求，鼓励家庭经济困难大学生积极考取学校组织的建设领域现场专业人员岗位（包括施工员、预算员、资料员、安全员、质量员等）及其他与本专业相关的资格证书，对积极考取与专业相关的技能证书并顺利通过考试的家庭经济困难大学生进行奖励，所需经费从学校4%助困资助经费中列支。

二、项目内容

（一）项目设计

（1）提出申请。顺利通过专业考证考试的家庭经济困难大学生填写《广西建设职业技术学院家庭经济困难大学生专业考证奖学金申请表》，并向辅导员提交合格证书复印件。

（2）资格审核。经辅导员对学生材料进行初审，二级学院学生资助管理工作领导小组再进行审核后，报学校学生资助管理工作领导小组审批。

（3）奖金发放。资助办根据审批通过的名单，按照财务管理相关要求和程序，将学生家庭经济困难大学生专业考证奖学金资助金转到家庭经济困难大学生个人银行卡账户中。2023年11月修订的《广西建设职业技术学院家庭经济困难大学生专业考证奖学金工作实施办法》（桂建院学〔2023〕237号），将考证奖学金标准统一为500元/人，优化了考证奖学金的审核发放流程。

（二）实施情况

家庭经济困难大学生专业考证奖学金每学期开展一次认定申请，2017年1月至今，共奖励2 321名家庭经济困难大学生，发放奖学金近100万元。为把"扶困"与"扶志"结合，根据学校实际和资助工作要求，由学校资助办统筹组织获奖学生开展志愿服务，发挥专业特长，服务学校发展和乡村振兴，回馈社会，形成"解困—育人—成才—回馈"的良性循环。

一是专业深度结合，创新设置助学岗。学校认真学习领会、全面贯彻落实习近平总书记关于劳动教育的重要指示批示精神，坚持把劳动教育纳入资助育人全过程，开发校内外勤工助学岗位和实践基地，结合学生专业背景实施改革，按工作内容将勤工助学岗位分为专业实训岗、技能赋能岗、朋辈帮扶岗、综合服务岗四大类，并从劳动特点出发，对所有岗位按劳务型（15%）、助管型（15%）和技术型（70%）进行分配，设置勤工助学岗位764个，覆盖家庭经济困难大学生2.3万人次，占全校家庭经济困难大学生的100%。从而使家庭经济困难大学生在获得经济帮扶的同时，有效提升了劳动技能，提高了综合素养，培养了劳动精神，锤炼了意志品质，强化了家庭经济困难大学生的自身"造血"功能。

二是搭建实践平台，参与学校建设。依托云沫工作室功能，打造党建"红"引领园林"绿"志愿服务系列活动，发挥风景园林设计、园林工程技术等专业优势，组织持证家庭经济困难大学生参与园林绿化改造设计、施工以及养护全过程，涵育劳动最光荣、劳动最崇高、劳动最伟大、劳动最美丽的正确观念，培育敬业爱业、精益求精、专注创新的工匠精神，先后参与完成学花境设计、植物养护、园林工程建设项目等，活动得到了广大师生的好评，也得到了《光明日报》等主流媒体的报道。

三是展现青春担当,服务和回馈社会。组织持证家庭经济困难大学生广泛开展社会志愿服务活动,引导学生在反哺社会的活动中增强自信,担当有为。先后深入都安等贫困山区开展"打工课堂"和饮用水净化项目,为贫困群众免费开展技能培训,积极为贫困群众解决饮水安全问题,"打工课堂"扶贫项目成功入选国务院扶贫办"全国志愿者扶贫典型50佳"。2018年,广西建设职业技术学院受助学生参与"打工课堂"培训,如图1-23所示。组织来自给排水、消防、建筑电气等专业组成的"创智联"青年志愿者服务分队,定期前往南宁市水质净化厂常规开展"全国城市节约用水宣传周"公众开放日、"节水爱邕,水利先行"节水宣传等志愿服务活动,获《广西新闻》等媒体报道。

图1-23　2018年,广西建设职业技术学院受助学生参与"打工课堂"培训

三、项目成效

在专业考证奖学金的激励下,在学校党委的坚强领导和师生的共同努力下,近年来,学校资助育人工作成绩喜人。

一是学生专业和素质得到双提升。受助学生获得"挑战杯"创新创业大赛国赛金奖1项、中国国际"互联网+"大学生创新创业大赛国赛金奖2项,有大学生暑期"三下乡"社会实践团队全国重点团队2个。

二是营造了良好的创业氛围。考证奖学金提升了学生的就业和创业能力,近年来孵化创业项目76个,其中24个项目完成工商营业执照注册;学生参与创业515人次,直接间接带动就业2 252人次,其中家庭经济困难大学生1 156人次,有效促进了复合型、创新型、应用型人才的培养。

三是服务社会效果良好。受助学生在服务学校和乡村振兴等志愿者活动中,受到了广大师生的好评和社会认可,并得到了《光明日报》《广西日报》等媒体的报道,学校与桂林建昌建设有限公司协同推行"订单式"人才培养，实施"工匠班"计划，共同培养高素质技能人才。2022年，《广西日报》报道广西建设职业技术学院师生志愿服务活动，如图1-24所示。

图1-24　2022年，《广西日报》报道广西建设职业技术学院师生志愿服务活动

> **点评**：项目通过设置考证奖学金或开展有助于专业技能提升的专项资助，将"资助育人"和"实践育人"相融合，充分挖掘了校内资源潜力，发展、创设了为"资助+实践"育人共同体服务的勤工助学岗位，进一步深化了育人路径，使学生专业和素质得到双提升，服务社会效果良好。

 **案例十二**

培养德高、能强、技精、尚劳、心韧的"电力工匠"
——"电亮梦想·五心护航"成才计划
广西电力职业技术学院

"电亮梦想·五心护航"成才计划围绕资助育人"人"的核心、"资"的方法和"育"的根本，搭建学生能力提升平台，完善"治理之光"资助保障机制，实施"初心铸魂""暖心关爱""知心服务""健心成长""倾心圆梦"五心护航工程，将理想信念教育融入资助各个环节，教育引导家庭经济困难大学生践行社会主义核心价值观，努力培养德高、能强、技精、尚劳、心韧的"电力工匠",实现家庭经济困难大学生全面成长成才。

一、项目背景

广西电力职业技术学院认真学习贯彻习近平总书记关于教育的重要论述,落实立德树人根本任务,将育人作为资助工作出发点和落脚点,以受助学生全面成才为宗旨,拓展资助育人的内涵和外延,实现资助工作从"济困型、保障型"向"发展型、成才型"的转换升级;学校培育出中国大学生自强之星、广西大学生年度人物、广西"自强之星"学生励志典型人物等一批优秀家庭经济困难大学生,荣获广西"最美资助人"典型人物,广西生源地信用助学贷款突出贡献个人、全区资助征文比赛优秀组织奖、全国暑期"三下乡"社会实践重点团队、全国志愿服务示范团队、全国高校"活力团支部"、区"铸牢中华民族共同体意识中华优秀传统文化"学生社团,资助政策宣传《追光》视频一等奖等国家、区级重点荣誉。

"电亮梦想·五心护航"成才计划自2019年9月开展至今,以学生成长成才为中心,着眼于家庭经济困难大学生"理想信念塑造+综合素质培育+发展能力提升"立体推进,实施"初心铸魂""暖心关爱""知心服务""健心成长""倾心圆梦"五心护航工程,将"精准"与"精心"育人理念融入资助工作全过程,提供多样化、个性化的能力提升项目和锻炼机会,坚持"扶智赋能",达成植匠心、炼匠技、传匠魂的育人效果,培育家庭经济困难大学生自尊自信、理性平和、积极向上的心态,实现学生德智体美劳全面发展,积极培育资助育人典型成果,推动建设发展型资助育人体系;以建强发展平台为抓手,实施数字驱动赋能管理服务,提供校内近千个勤工助学岗位,实现近20项服务学生资助项目"线上线下一门办",投资约100万元建设研讨室、自习室、智慧学习室等31间共计约1300平方米的活动室服务家庭经济困难大学生。与东亚糖业集团、扶绥新奥能源发展有限公司、中核检修公司共建助学实践基地,探索建设集"实习实训、就业创业、实践锻炼、能力提高"校企资助育人体,在实践中培养学生能力,为学生的学业发展、综合能力提升和职业发展提供全过程、全方位、全天候的支持与保障,增强学生职业认同感、使命感和归属感。

二、项目内容

(一)项目设计

1. 完善"治理之光"资助机制,建强"电亮全人"资助体系

一是完善发展型资助育人制度。近年来,不断完善家庭经济困难大学生认定办法、国家奖学金管理实施办法、国家助学金管理实施办法、中等职业学校毕业生升入学校就读的家庭经济困难大学生学费补助资金实施办法等10余项规章制度,明确资助育人的组织实施、主要内容、保障措施,为发展型资助提供了重要制度保障。制定学生综合素质测评管理办法、创先评优管理办法、学生干部考核管理规定、"第二课堂成绩单"制度实施办法等,构筑发展型资助制度体系,以制度化引领资助育人治理,筑牢顶层设计的长效性。

二是优化资助育人实践服务机制。坚持"电亮梦想"主线，设计系列贴近实际、贴近生活、贴近学生的育人活动，使受助学生在活动中增本领、长才干，践行社会主义核心价值观，深入推进理想信念教育、爱国主义教育、诚信感恩和社会责任感教育，优化"红色传承、素质提升、社区帮扶、企业实训、志愿服务、创新创业"等资助服务机制。

三是健全资助育人信息数据平台。运用大数据技术对家庭经济困难大学生受助资金的去向、消费情况等进行追踪，实现即时资助育人；整合受助信息、资助标准、使用情况与使用效益等，对消费情况进行精准画像，健全资助信息，提高资助效度。

2. 实施"五心护航"工程，共享"电亮梦想"资助模式

积极发挥自治区"三全育人"典型学校的带动和辐射效应，实施"初心铸魂""暖心关爱""知心服务""健心成长""倾心圆梦"五心护航工程，将理想信念融入资助各个环节，教育引导家庭经济困难大学生积极践行社会主义核心价值观，培育德高、能强、技精、尚劳、心韧的"电力工匠"，打造"电亮梦想·五心护航"资助育人品牌，不断强化资助工作育人属性。

3. 加强"智慧之光"资助交流，构建"电亮八桂"资助体

经常举办资助育人实践研讨会，邀请相关专家、同人共同探讨理论前沿和实践策略，通过研讨、交流、培训、现场会等形式，挖掘和整理学校典型经验和突出做法，展示成果。整合各方资源，搭建校企、校地资助育人联合渠道，实现资助育人工作目标共同、机制共建、资源共享、协同发展，构建"电亮八桂"协同资助育人共同体。

（二）实施情况

1. 坚持"初心铸魂"电亮初心教育

坚持用习近平新时代中国特色社会主义思想铸魂育人，搭建"课堂教学+校园文化+品牌活动"三位一体的学生思想政治教育平台，厚植受助学生的家国情怀和使命担当。发挥思想政治理论课教学主渠道作用，落实"三进"，组织学生开展"家乡红色故事，听我讲述"分享活动，观看红色经典影视剧《觉醒年代》，定期开展"读经典、悟思想"读书会；依托学生资助宣传大使，"受助学生讲党史"宣讲团，深入实施"6310"学生思想文化素养培育，开展"我为资助代言""我与诚信有个约定"主题演讲等活动，广西电力职业技术学院举办2023年"我为资助代言"学生资助宣传大使宣讲比赛，如图1-25所示。将社会主义核心价值观教育实践教育融入生活环境、融入行为规范、融入交流谈心、融入党团班建设、融入社会实践的"五融"路径；发挥好"电力书苑""新时代文明实践所"等场馆的作用，让学生在"电院大讲坛""厚德讲坛"等讲座中接受文化浸润，全面推进习近平新时代中国特色社会主义思想入脑入心，进一步引导受助学生深刻领悟"两个确立"的决定性意义，增强"四个意识"（政治意识、大局意识、核心意识、看齐意识）、坚定"四个自信"（中国特色社会主义道路自信、理论自信、制度自信、文化自信）、做到"两个维护"（坚决维护习近平总书记党中央的核心、全党的核心地位，坚决维护党中央权威和集中统一领导）。

图 1-25　广西电力职业技术学院举办 2023 年"我为资助代言"学生资助宣传大使宣讲比赛

2. 开展"暖心关爱"电亮知心十项目

学校每年开展一次"爱心大礼包"送温暖活动、设立一项特殊困难补助专项资金，每学期至少开展一次特殊困难群体学生座谈会，每年开展一次资助育人表彰活动，每年组织家庭经济困难大学生家访活动，每年发放一次"寒假路费补贴"，每年举行一次"勤工助学双选会"、举办一次校企合作诚信宣传育人活动周，每年开展一次资助育人研学活动；辅导员每月与受助学生深谈一次话，确保学生家庭经济困难情况和资助需求有保障，学生自强有榜样，实践锻炼有平台，品格塑造有温度，就业发展有方向，鼓励受助学生自强自立、学有所成、报效祖国。广西电力职业技术学院举办 2023 年"助学·筑梦·铸人"学生资助暨"两优一先"表彰大会，如图 1-26 所示。

图 1-26　广西电力职业技术学院举办 2023 年"助学·筑梦·铸人"学生资助暨"两优一先"表彰大会

3. 践行"知心服务"电亮爱心成绩单

完善"思想成长+社会实践+志愿公益+文体活动+其他类别"第二课堂成绩单，建立"制度+项目+品牌活动"的受助学生感恩教育实践机制。制定学校第二课堂成绩单制度，引导受助学生开展志愿服务和公益活动，每年不少于 10%受助学生参与累计不低于 15 天的公益志愿服务活动；聚焦社区帮扶和志愿奉献，打造"感恩回馈工程"，让受助学生以"爱心成绩单"培育知恩感恩、勇于担当、互助共享的优秀品质，在实践中感恩奉献，传递温暖，回馈社会。

4. 实施"健心成长"电亮信心主题活动

针对家庭经济困难大学生特点，制定以新生适应、人际交往、合作竞争、自我成长、创新实践、意志责任、学习管理、心灵成长等内容的八大主题团体辅导项目，创新"八个主题"团体辅导，增强家庭经济困难大学生心理帮扶精准度，引导学生健康成长成才。开展"新生起跑""毕业生助跑""优秀领跑"的"三跑"活动，以及"妙语心声"心理知识科普、"朋辈心电"心理故事分享、"心语树洞"线上心理答疑、"每周心语"答题、"心语相约"读书会"五项"主题活动，培育阳光健康大学生。

5. 组织"倾心圆梦"电亮匠心拓展方案

首先，围绕人才培养目标，紧贴社会人才需求，以职业素养提升为目标，实行"8+X"倾心圆梦方案，围绕自信演讲、有效沟通、社交能力、Office 办公软件应用、时间管理、社会关系管理、职场形象与求职礼仪、简历制作与面试训练 8 个模块内容，开展课程、讲座、实践活动。其次，与企业共同建立"一站式"学生社区勤工助学基地、学生社区日常生活劳动教育中心，探索"企业出题、校企解题、学生做题"的新型"企业项目式实习"，以"创新引领+项目驱动+平台搭建"的方式，夯实学生专业技能基础，资助家庭经济困难大学生考取光伏电站运维职业技能等级、茶艺师等职业资格证书，组织丰富的校园、社会实践活动以及见习、岗位实习，开发固定兼职岗位等，全面提高家庭经济困难大学生的综合能力和社会竞争力，提升职业素养，赋能学生职业成长路径，电亮匠心促发展。

三、项目成效

（一）项目培养人数多

学校实施"暖心关爱"电亮知心 10 项目，使家庭经济困难大学生全部参加了项目培养计划，并辐射校内其他学生，有效保障了学校建档立卡学生就业率100%，近 3 年毕业生就业率始终保持在 95%以上。全校毕业生在南方电网、中国大唐等中国 500 强企业就业占比为 32%，用人单位满意度高达 98%，连续 16 年获"广西普通高校毕业生就业工作突出单位"。

（二）学生素质提升强

学校加深校企合作育人，深耕电力能源领域，大力推动毕业生服务"一带一路"建设，优化创新创业人才培养模式，以高质量的创新创业成果，全面提升学生综合素质。近三年获中国国际"互联网+"大学生创新创业大赛国家级铜奖 2 项，区级金奖 18 项、银奖

34 项、铜奖 169 项，获评全国电力企业院校创新创业十大案例和优秀案例、广西大众创业万众创新示范基地、广西高校大学生创新创业典型示范基地、自治区创新创业学院建设单位等荣誉，96%学生通过项目培养计划在岗位实习期间找到工作。

（三）品牌建设成效广

近 3 年，全校家庭经济困难大学生全部参加了项目培养计划，就业率达到 100%；家庭经济困难大学生全方面成长成才，荣获中国大学生自强之星、广西大学生年度人物、广西"自强之星"学生励志典型人物、国家级职业技能竞赛二等奖、广西"最美资助人"典型人物等荣誉，广西生源地信用助学贷款突出贡献个人、全区资助征文比赛优秀组织奖、全国暑期"三下乡"社会实践重点团队、全国志愿服务示范团队、全国高校"活力团支部"、区"铸牢中华民族共同体意识中华优秀传统文化"学生社团，资助政策宣传视频《追光》一等奖微视频等国家、区级重点荣誉，多个媒体平台对学校学生资助育人项目进行了深入报道。

> **点评：** 该项目以学生成长成才为中心，着眼于立体推进家庭经济困难大学生"理想信念塑造+综合素质培育+发展能力提升"，实施"初心铸魂""暖心关爱""知心服务""健心成长""倾心圆梦"五心护航工程，将"精准"与"精心"育人理念融入资助工作全过程，让学生素质得到有效提升，育人效果好，培育了具有电力职教符号的"电亮梦想"资助育人品牌。

培养政治行素质高专业强的艺术人才
——广西艺术学院青年马克思主义者培养工程"苔花"培训班

广西艺术学院

广西艺术学院青年马克思主义者培养工程"苔花"培训班深入学习贯彻习近平新时代中国特色社会主义思想和对广西重大方略要求，坚持立德树人，融合发展型资助和一站式学生社区建设，培养政治行素质高专业强的艺术人才。

一、项目背景

广西艺术学院青年马克思主义者培养工程"苔花"培训班（以下简称"苔花班"）是学校发展型资助育人实践的深刻体现，初建于 2020 年，发展于 2022 年，壮大于 2023 年，在"青马工程"（全称为青年马克思主义者培养工程）的基础上，依托"亲爱精诚"一站式学生社区—资助育人实践基地建设，持续在坚定理想、励志增信、提升能力、感恩回馈等方面创新发力。目前已形成"线上理论主题课程""线下红色研学""艺术名师一对一""我为学校做件事"等精品项目，并持续增加各项资金和人力场地的支持投入。

二、项目内容

（一）项目设计

1. 夯实基础阶段：人员稳定、规划清晰、科学管理、推广性强

广西艺术学院在深入调研分析受助学生学习生活中面临的诸多普遍突出难题，并结合学校发展方向和资助育人实际总结凝练特色品牌后，形成了由学校党委常委、分管学生工作的副校长统筹，党委学生工作部、学生资助管理中心牵头、各教学单位负责资助工作的专职辅导员等协作，并联动组织部、武装部、保卫处、教务处、研究生处、财务处等多个职能部门及教学单位，为受助学生提供全方位、全过程、全员参与的资助育人服务运作团队和运营体系。团队成熟，核心模式行之有效。

2. 提升能力阶段：数字赋能、精准画像、朋辈引领、示范性强

苔花班依托信息化手段，通过智慧学工平台的资助管理系统，与全国、自治区多级学生资助信息管理系统联动，持续为受助学子"精准画像""精准资助"。依托班级成员在学校和教学单位党团组织和学生社团的"领头羊"作用，发挥朋辈示范效应。围绕"艺术"和"榜样"关键词，发挥优秀朋辈的示范和影响作用，进而覆盖全体受助学生。

3. 优化前进阶段：立足广西、面向全国、挖掘特色、实践性强

苔花班作为学校开展发展型资助育人的积极探索，立足艺术特色，着力于红色文化育人和能力提升育人，为发展型资助育人模式提供了更丰富的理论支撑、实践支持和经验总结，特色鲜明、实操性强，对广西加快建设铸牢民族共同体意识示范区方面有积极借鉴和推广意义。

（二）实施情况

（1）助困资金使用精确，物质扶持保障性强。学校助困资助经费在发展型资助育人品牌建设上的投入力度不断增大，不仅注重苔花班"软实力"的充实丰富，更为资助育人实践基地拓展升级有力夯实物质基础。

（2）校友力量发动到位，行业区域联动性强。苔花班与校友工作结合效果好。学校已组织培训班学生前往桂林、柳州、北海和钦州等地进行红色文化主题研学教育，为校友联络和校企合作打下良好基础。

三、项目成效

（一）苔花班覆盖辐射学校受奖助困难学生多

目前已完成"苔花计划"系列培训及2个校级层面"苔花"培训班的组建和孵化工作，覆盖受奖助困难学生数百名，辐射全校受助学生。2024年，广西艺术学院青年马克思主义者培养工程"苔花"培训班理论课，如图1-27所示。广西艺术学院2023年青年马克思主义者培养工程"苔花"培训班研学活动，如图1-28所示。

图 1-27 2024 年，广西艺术学院青年马克思主义者培养工程"苔花"培训班理论课

图 1-28 广西艺术学院 2023 年青年马克思主义者培养工程"苔花"培训班研学活动

（二）学生能力素质提升较高

在"艺术名师一对一专业辅导"项目实施中，培训班多名学生获得国家级、自治区级奖学金和荣誉，在校内外各级各类比赛中获得佳绩。同时，学生们积极担任班级、学院、学校各级学生社团和组织负责人，踊跃参与志愿服务和社会实践。

案例十四

点亮梦想
——家庭经济困难大学生能力提升工程

桂林电子科技大学

为贯彻中共教育部党组《高校思想政治工作质量提升工程实施纲要》精神，不断提升资助育人质量，学校秉承"致力资助育人工程，助力学生梦想绽放"的工作理念，在做好物质资助的同时，注重受助学生能力提升，大力创新资助育人形式，积极拓展受助学生能力提升实践平台，实施了"点亮梦想——家庭经济困难大学生能力提升工程"。

一、项目背景

桂林电子科技大学资助常规工作基础牢、质量高。近三年来，学校本专科生国家奖学金、国家励志奖学金、自治区人民政府奖学金获奖金额及人数均位列全区高校第一，仍做到了资助工作零差错，顺利通过上级部门的各项审计。近三年来发放生源地助学贷款金额超3.87亿元，涉及4.06万余人极大地缓解了困难学生的经济压力。

学校资助宣传工作形式多、成果丰。学校开展了形式多样、学生喜闻乐见的活动，做好资助政策宣传与资助育人工作。除组织开展资助征文活动、资助演讲比赛、受助学生讲党史、学生资助宣传标语比赛等教育厅要求的必选项目外，还组织开展了资助短视频比赛、"自强之星"评选、"自强之星"系列宣传、"青羽计划"感恩实践项目评选活动、受助学生"爱与梦想同在·心与希望飞翔"心理行为训练活动等校内特色活动，积极营造浓郁的资助育人校园文化氛围。

在做好物质资助与资助政策宣传的基础上，学校注重困难学生能力提升，大力创新资助育人形式，积极拓展困难学生能力提升实践平台。自2019年3月起，学校实施了"点亮梦想——家庭经济困难大学生能力提升工程"，工程旨在通过理想信念教育、能力提升项目、诚信感恩体验式教育、志愿服务项目提升家庭经济困难大学生综合素质能力，着力培养受助学生自立自强、诚实守信、知恩感恩、勇于担当的良好品质，真正实现"解困、育人、成才、回馈"的良性循环。

二、项目内容

（一）项目设计

"点亮梦想——家庭经济困难大学生能力提升工程"注重对家庭经济困难大学生进行理想信念教育，针对学校困难学生目前面临的能力亟须提升，实践平台匮乏，感恩诚信教育"传播难、接受难、理解难"等问题，从以下几个方面入手解决。

（1）开展"点亮梦想，培根铸魂"家庭经济困难大学生理想信念教育，提高家庭经济困难大学生品德修养。

（2）实施"点亮梦想，助力飞翔"家庭经济困难大学生能力提升培训，解决家庭经济困难大学生能力亟须提升的问题。提升家庭经济困难大学生就业择业技能、口头表达能力、心理健康水平、救生能力、基础公文写作技能等。

（3）搭建"点亮梦想，共同成长"资助育人平台，解决家庭经济困难大学生实践平台匮乏的问题。

（4）创新大学生感恩诚信教育载体，摆脱说教式教育模式，解决感恩诚信教育"传播难、接受难、理解难"问题。实施体验式教育，帮助家庭经济困难大学生逐步走上"受助—自助—助人"的良性循环轨道，实现对学生的思想教育和价值引领。

（二）实施情况

1. 开展"点亮梦想，培根铸魂"家庭经济困难大学生理想信念教育

一是面向困难学生实施"培根铸魂"工程，提高家庭经济困难大学生品德修养。学校深入实施了青春向党、爱我国防、梦想启航、榜样引领、文化浸润五个方面的"培根铸魂"工程，着力培养家庭经济困难大学生的道德品质和行为习惯。二是涵养烈士精神，传承红色基因。在校园建设了校友杨科璋烈士（第六届全国道德模范）雕像，开展"别样的思政课"，宣传弘扬"挡刀女孩"崔译文（第八届全国道德模范）英勇事迹和精神，建成一个家庭经济困难大学生理想信念教育基地。

2. 实施"点亮梦想，助力飞翔"家庭经济困难大学生能力提升培训

连续四年，每年投入约20万元面向家庭经济困难毕业生开展办公软件核心技能培训班，在提升学生办公软件运用技能的同时全额资助学生考取微软办公软件证书，提升家庭经济困难大学生的就业竞争力；针对工科学生语言表达能力有待提升的问题，多次邀请校外专家入校开设演讲与口才讲座，缓解家庭经济困难大学生口头表达能力弱的问题；邀请专业技术人员面向家庭经济困难大学生开展基础新闻写作与摄影培训，提升家庭经济困难大学生的写作水平；开设家庭经济困难大学生红十字救生员培训班，提高学生的急救能力；开设公益瑜伽培训班，提升家庭经济困难大学生的自信；实施家庭经济困难大学生心理健康水平提升专项行动，面向家庭经济困难大学生开展主题团体心理辅导、心理沙龙、心理行为训练，提升家庭经济困难大学生心理健康水平。2023年，桂林电子科技大学开展家庭经济困难大学生心理行为训练活动，如图1-29所示。

图1-29　2023年，桂林电子科技大学开展家庭经济困难大学生心理行为训练活动

3. 搭建"点亮梦想，共同成长"资助育人平台

一是重点建设了一批100%由勤工助学学生自主管理的，功能齐全、设备完善、温馨舒适的育人阵地群。阵地群涵盖了思想引领场、就业加油站、艺术体验坊、舒展心灵地、乐学成长吧、乐享服务所六类功能室，包括党团之家、就业服务和生涯规划室、美育中心、传统文化交流室、社团文化服务站、瑜伽室、心理咨询室、博智微图、一站式服务中心、电脑维修站、共享厨房等80间功能室，总使用面积达9 000多平方米，让受助学生足不出户也能得到锻炼。二是搭建校友导师与困难学生帮扶平台，实施职业生涯校友导师计划。为每个困难学生配备一名校友导师，对困难学生就业实施一对一职业生涯规划、精准就业指导。举办生涯规划和就业讲座，开展困难学生简历大赛，助力提升困难学生就业择业能力。实施家庭经济特别困难学生就业服务"一生一手册"，全过程、全方位记录、了解、服务家庭经济特别困难学生就业需求与过程，做到有就业意向的家庭经济特别困难学生100%就业。2022年，人民网报道桂林电子科技大学资助育人融入一站式社区建设，如图1-30所示。2019年3月至今，桂林电子科技大学搭建的家庭经济困难大学生实践育人平台，如图1-31所示。

图1-30　2022年，人民网报道桂林电子科技大学资助育人融入一站式社区建设

图 1-31 2019 年 3 月至今，桂林电子科技大学搭建的家庭经济困难大学生实践育人平台

4. 设立"点亮梦想，实践成才"家庭经济困难大学生实践项目

一是每年专项面向家庭经济困难大学生群体设立"青羽计划——感恩实践活动项目"重点项目 10 项（重点项目每项资助 5 000 元），一般项目 20 项（一般项目每项资助 2 000 元），项目内容涵盖校园文明行为养成、校园秩序和环境卫生治理、公寓社区服务、弱势群体关怀、义务支教、后进生帮扶等领域，激励困难学生通过以实际行动回报社会，不断践行社会主义核心价值观，促进学生健康成长和全面发展，努力成为有责任的行动者和感恩文化的倡导者。二是组织家庭经济困难大学生开展暑期社会实践、西部支教、科技助农、红色教育等实践活动，让学生在社会课堂中"受教育、长才干、做贡献"，近三年，组建 1 500 支团队开展社会实践活动。

三、项目成效

（一）影响力大

大力开展校园公益活动，年度参与学生达 3 500 余人次，在受助学生中掀起了开展公益活动的热潮。学生走出校园，开展志愿服务活动，多次获得灵川县、七星区、秀峰区及桂林市相关单位好评与来信来电表扬。在校园网推出"自强之星""奖学金光荣榜"等专题，点击率超过 50 000 次，引起师生、家长、社会的广泛关注。

（二）有标志性成果

近三年来，项目直接资助金额达 100 万余元，项目建设经费超 500 万元，参与培训与实践学生达 40 000 余人次，项目成果如下。

（1）孵化了校级资助育人品牌 10 个。孵化了 10 个以家庭经济困难大学生为主体的助人自助的资助育人品牌项目。例如：强"师"来袭资助育人团队通过招募、培训高等数学、大学物理、大学英语等基础学科中学有余力的大学生组成讲师团，每周开展线下辅导与答疑；灵田支教队每周周末到灵田初中支教，为村镇学校送去知识与科技；大学生义工队定期到社区、敬老院、企事业单位开展义工活动；受助学生服务乡村振兴，前往学校结对帮扶扶贫地全州县金屏村开展志愿活动，打通农产品销售"最后一千米"……

（2）发表资助育人和思想政治教育方面论文二十余篇，形成资助育人成果集2册。近三年来，学校资助工作队伍对资助育人进行了深入的研究，共5名老师获得广西教育科学规划学生资助专项课题，发表资助育人和思想政治教育方面论文二十余篇，形成资助育人成果集2册。

（3）培育校级"自强之星"30名。学校每年开展"自强之星"评选活动，挖掘资助育人典型，树立自立自强榜样。近三年来，培育校级"自强之星"30名，推出国家奖学金获奖学生、"自强之星"系列宣传推文20余篇。

（4）组建1 500支团队开展社会实践活动。形成调查报告5 000余篇，孵化全国重点团队7支，学校连续三年获全国大中专学生暑期"三下乡"社会实践优秀单位。

（5）在自治区教育厅组织的各项资助育人活动中屡获佳绩。在2023年全区高校"我与诚信有个约定"资助演讲比赛中获得一等奖第一名；2020—2022年连续3年获得高校资助征文比赛一等奖；在2021年资助书法比赛中荣获一等奖；在2020年全区资助微视频比赛获得一等奖；近三年来，在自治区教育厅组织的各项资助育人活动中获得二等奖和三等奖十余次。学校曾获高校资助征文比赛"优秀组织奖"，资助政策网络知识竞赛"优秀组织奖"等奖项，并多次作为资助工作先进单位在全区资助工作会议上做经验介绍。

（6）同行评价与认可度高。学校资助育人项目开展以来取得了良好成效，共接待区内外30批次单位和学校前来参观、交流，获得同行的高度认可。

（7）媒体宣传报道多。学校的资助育人项目及优秀校友杨科璋烈士、崔译文同学的事迹被《光明日报》、新华社、人民网、中国教育在线、广西卫视、《广西日报》、《桂林日报》等多家媒体报道二十余次。

> **点评：** 点亮梦想——家庭经济困难大学生能力提升工程通过理想信念教育、能力提升项目、诚信感恩体验式教育、志愿服务项目提升了家庭经济困难大学生综合素质能力，使受助学生在自立自强、诚实守信、知恩感恩、勇于担当的良好品质方面得到了有效提升。构建的育人阵地群和"青羽计划——感恩实践活动项目"非常有特色。项目覆盖面广，影响力较大，效果好。

案例十五

"助困　育心　自助　助人"
——艺术疗法融入家庭经济困难大学生积极心理品质培育的创新实践

广西民族大学

广西民族大学以习近平新时代中国特色社会主义思想为指引，坚定不移落实党和国家的各项资助政策，把好事办好、实事办实，创新性地将艺术疗法应用于家庭经济困难大学生心理健康教育全过程，充分发挥艺术疗法注重体验性、参与性、行动化、创造性等优势，塑造家庭经济困难大学生（以下简称"困难学生"）的积极心理品质，促进该群体成长成才，切实提升资助育人实效。

一、项目背景

广西民族大学始终坚持"助困 育心 自助 助人"的资助育人理念，深化资助内涵，拓展资助育人路径，构建起奖、助、贷、勤、减、补六位一体的发展型资助育人体系，逐渐形成"解困—育人—成长—回馈"的良性循环，着力培养有理想、敢担当、能吃苦、肯奋斗的时代新人。近年来创新性地应用整合性艺术治疗理论与技术于困难学生心理健康教育全过程。项目的实施旨在有针对性地提升困难学生的心理健康水平，增强学生自我表达能力和创造力，提供一种释放压力、处理情绪的安全渠道，促进学生的社会适应能力和人际关系发展，积极奉献社会。项目自2018年9月实施以来，有效地激发了困难学生的学习兴趣和参与度，增强了积极情绪体验，提升了积极心理品质。

二、项目内容

（一）项目具体内容

1. 困难学生的"测评量表+房树人"专项心理评估

开展家庭经济困难大学生专项心理评估，首先通过春季全校心理普查和秋季新生心理普查来筛选出存在心理问题的困难学生，其次采用"房树人绘画测试"来对他们存在的具体心理问题进行评估。如我校2023级家庭经济困难大学生有3 071人，占2023级学生总人数的29.1%。在2023年新生心理普查中，160名家庭经济困难大学生被检出抑郁情绪，86名家庭经济困难大学生被检出焦虑情绪，其抑郁焦虑检出率显著高于学校非家庭经济困难大学生。

2. 开展"积极心理品质，幸福手牵手"系列团体活动

为营造轻松和谐的校园环境，培养困难学生的团队合作意识，锻就积极心理品质，广西民族大学每年面向全校困难学生开展以"积极心理品质，幸福手牵手"为主题的艺术治疗团体辅导活动。针对困难学生的心理特点，精心设计了破冰环节、书法展示、"音"你所动、情绪曼陀罗、解开千千结等团体辅导活动，活动内容结合了先进的表达性艺术治疗理念，采用了绘画治疗、音乐治疗、书写治疗、正念冥想等媒介技术，将个体抽象的认知通过具象化、具身化形式呈现的手段，带领困难学生进行积极情绪体验。广西民族大学将团体活动作为开展资助育人的重要方式，寓教于乐，让大家在活动中感悟生活、思考人生。活动的开展，不仅让同学们了解了相关心理学知识，更让他们在活动中体会与人相处的愉快，在活动中体会自身成长的快乐，对困难学生的心理健康发展起到了积极的导向作用。

3. 感恩拜访家校共育：艺术疗法运用于困难学生家庭沟通模式

广西民族大学创新地将萨提亚的五种家庭沟通模式融入困难学生的家庭辅导过程中，

让家长、学生去觉察家庭成员间的沟通模式，掌握和习得一致性沟通的方式。在困难学生的家校共育工作中，探索使用感恩拜访的沟通方式，帮助学生表达对父母的感激之情，融洽家庭关系。在学生习得感恩拜访的教育中，通过学生情意相连的"道谢亲恩"，不仅可以融洽家庭关系，也可以提升学生的自我价值感。因为在这个过程中，学生会意识到自己的价值，知道自己的存在对于父母来说是重要的。此外，感恩拜访可以促进学生和父母的沟通，改善他们的关系。在这个过程中，学生可以了解到父母的付出，父母也可以了解到学生的感受，有利于改善亲子关系，增进正向沟通。通过感恩拜访，学生可以释放自己的情绪，减少心理压力，从而有助于他们的心理健康。2023年，广西民族大学将艺术疗法运用于广西河池市东兰县资助感恩拜访的家校共育和家风剧目成果固化，如图1-32所示。

图1-32　2023年，广西民族大学将艺术疗法运用于广西河池市东兰县资助感恩拜访的家校共育和家风剧目成果固化

4. 组织以困难学生为主体的"爱的传递"广场感恩活动

为了鼓励困难学生将受助感恩知行合一地正向表达，增强困难学生感恩意识，促进校园和谐稳定，广西民族大学每年会举办各类以"爱的传递"为主题的艺术治疗心理健康特色广场活动。在新生入学季、"5·25"心理健康日、世界精神卫生日（10月10日）等重要节点，面向困难学生开展形式多样的艺术治疗普及活动，例如《我爱民大》《关注困难学生心理健康，共同守护美好未来》《健康你我他，幸福靠大家》等。在活动中，通过心理健康知识普及、奇妙橡皮泥、曼陀罗绘画、民族陶艺制作等活动，重点培养感恩意识、责任意识，在思想上、能力上实现"从受助到自助，再到助人"的转变，勉励困难学生知恩感恩、成才回报、反哺社会，构建"解困—育人—成才—回馈"良性循环；积极引导学

生将个人人格完善和社会公益服务助人自助相结合，让青春绽放绚丽之花。2023年，广西民族大学在相思湖校区和思源湖校区组织以困难学生为主体的"爱的传递"广场感恩活动，如图1-33所示。

图1-33　2023年，广西民族大学在相思湖校区和思源湖校区组织以困难学生为主体的"爱的传递"广场感恩活动

（二）实施情况

1. 人力方面

充分发挥心理健康、公共卫生和艺术治疗类专业特长，以资助中心和心理中心教师为骨干成员，辅导员、专任教师、管理干部、驻村第一书记等担任指导教师，形成全员育人的教育格局。

2. 技术方面

基于积极心理学和整合性艺术治疗理论，聚焦困难学生育人目标体系构建与创新，梳理出整合性艺术治疗应用于教育公平育心扶智的全过程的目标、内涵及本质特征，将艺术治疗中舞蹈、美术、音乐、心理剧等理论与技术应用于困难学生。

3. 能力方面

项目不仅能够达到受助学生的预期培养目标，在教育公平和经济困难大学生的基本素养上，以美润心，提升积极心理品质和积极情绪体验，降低其自卑和焦虑水平。

4. 受众方面

项目经过5年常态化的实施，惠及众多受助学生和学生家庭，获得感强烈。

三、项目成效

（一）项目成果丰富

2018年至今，广西民族大学针对家庭经济困难大学生开展以"培养积极品质，感恩生命高峰"为主题的新生团体辅导活动，活动中融入丰富的艺术治疗元素，例如心理剧、舞蹈、音乐、绘画、陶艺等。2023年，广西民族大学报送的"开启艺术与内心的交流——艺术疗法融入学生积极心理品质培育的创新实践"项目荣获教育部2023年度高校思想政治工作精品项目。2020年以来，广西民族大学专兼职教师获得心理健康教育相关国家级和省级课题17项，发表艺术治疗相关论文和咨询报告10余篇。

（二）社会影响良好

把艺术治疗引入资助育人实践，路线设计上融入了绘画和萨提亚家庭治疗等丰富的艺术治疗元素，让经济困难大学生启智润心，能够在艺术熏陶的课堂上获得心灵的滋养和成长。2018年学校入选广西高校心理健康教育示范中心，2022年入选了广西第一批心理健康教育标准化A类高校，2023年广西民族大学申报的《"言语+艺术"心理咨询体系构建工作室》获得了广西第一批高校心理健康教育教师高水平工作室培育建设项目。

（三）项目受到广泛认可

2022年，自治区副主席到广西民族大学调研，观摩学校艺术治疗示范案例，并调研了艺术治疗活动开展的情况和实效，对广西民族大学的资助工作融合艺术心理育人的元素和路径给予了充分肯定。此外，学校艺术育心的立德树人实践还得到了广西电视台专题报道。

> **点评：** 该项目将艺术疗法应用于家庭经济困难大学生心理健康教育全过程，有效提升了困难学生的心理健康水平，增强了困难学生的自我表达能力和创造力，为学生提供了一种释放压力、处理情绪的安全渠道，具有一定创新性，是一套可复制、可推广的资助+心理工作体系。

案例十六

培养全方位发展型人才　铸造"粮·商"梦
——"七彩人生发展导航工程"资助育人计划
广西工商职业技术学院

广西工商职业技术学院积极贯彻落实立德树人的根本任务，致力于多元化、多维度的资助育人体系建设，确保资助育人取得实效，致力为党和国家培育全面发展的社会主义建设者和接班人。"七彩人生发展导航工作"资助育人计划旨在帮助学校家庭经济困难大学生阳光成长，全方位建立"资助""育人"结合的长效机制，实现"扶贫""扶智""扶志"联动，综合理想信念、志愿服务、职业规划、学术科创、文体娱乐、社会实践、感恩回馈七个主题实现更高层次的育人水平，发挥"粮·商"专业优势，保障育人实效。

一、项目背景

近年来，广西工商职业技术学院认真贯彻落实党和国家对家庭经济困难家庭学生制定的资助政策，建立了以奖勤助贷补为主体的多元化的资助体系，基本解决了全日制在校家庭经济困难大学生的生活问题。学校不断更新资助育人理念和育人模式，更新工作理念、工作机制与工作方式，从注重物质帮扶的"保障型"资助向注重成长帮扶的"发展型"资助延伸，助力学生成长与成才，切实发挥资助育人功效。

结合党和国家的资助体系，发挥自身"粮·商"办学特色，发挥"粮·商"专业优势。促进经济困难大学生在逆境磨砺中健康成长，广西工商职业技术学院以"七彩人生"与活动功能近似的红、橙、黄、绿、青、蓝、紫七种彩虹颜色为载体，分别构建了理想信念、志愿服务、职业规划、学术科创、文体娱乐、社会实践、感恩回馈七个教育主题，强化"粮·商"校园文化品牌建设，形成特色文化育人体系，以丰富的内容和新颖的形式构建职业生涯指导体系，培养家庭经济困难大学生全面成长成才。

二、项目内容

广西工商职业技术学院约有三分之二的学生来自广西农村，普遍存在单薄的信息获取渠道、缺失的职业发展指导、贫乏的社会资源与实践机会等教育困境，这些要素导致学生升入高职院校后自信心不足、就业视野狭窄，制约其长远发展。"七彩人生发展导航工程"以"三全育人"理念为指导，通过全员、全过程、全方位资助育人，实现受助学生在经济层面受助、在思想层面接受正确引领、在职业生涯规划层面得到正确引导，精准资助育人，满足不同受困学生的多元化需求，进而全方位铸就"七彩人生"。目前在学校家庭经济困难大学生培养上已运作11年，其间，学校连续获得全区就业先进工作单位称号。坚持"七彩人生"和"快乐公益幸福生活"的理念，坚持以家庭经济困难大学生为受众群体，坚持"得到爱，更应去传递爱——资助政策让家庭经济困难大学生踏上成才报国之路"相结合，追求人的全面发展。

（一）项目设计

红色——理想信念：通过红色革命传统教育、红色文化讲座等活动，引导家庭经济困难大学生坚定理想信念，增强爱党爱国爱校意识。仅2022年，学院扎实做好团员"推优入党"工作，2023年接收入党积极分子1 515名，发展学生党员193名、学生预备党员转正240名，28岁以下新发展党员经团支部推荐比例达100%。参与集中学习12次，到红色教育基地参观学习1次。

橙色——志愿服务：组织青年大学生参与志愿服务活动，结合"粮·商"专业特色，如帮扶困难群体、爱粮节粮、环保活动等，培养青年大学生作为"粮食人"的社会责任感和奉献精神。仅2023年，学院团委书记、党委学生工作部（学院学生工作处）组织党员、团员到社区开展志愿服务工作，帮扶陆川县100名留守儿童，帮助那若小学、水亭小学建设阅览室。

黄色——职业规划：提供职业规划指导和培训，帮助青年大学生制定职业发展规划，提高职业素质和竞争力。学校经贸学院、财金学院、管理学院等曾多次举办职业生涯规划与就业指导活动，多次邀请优秀校友、优秀毕业生等回校开展职业生涯讲座；多次举办

"粮·商"杯系列活动，如以"规划未来，成就梦想"为主题的就业生涯规划大赛，为家庭经济困难大学生提供多元化生涯规划及就业指导。广西工商职业技术学院2005级校友开展双创背景下高职院校大学生职业生涯规划与就业方向探讨讲座，如图1-34所示。

图1-34　广西工商职业技术学院2005级校友开展双创背景下高职院校大学生职业生涯规划与就业方向探讨讲座

绿色——学术科创：鼓励青年大学生参与学术研究和技术创新活动，提高青年大学生的专业水平和创新能力。2023年全区职业院校"技能成才 强国有我"系列教育活动评选结果公布，学校荣获高职组优秀组织奖，师生作品共计124件获奖。2023年12月，学校荣获第三届广西—台湾高校大学生创新创业大赛三等奖。学校项目在第十八届"挑战杯"全国大学生课外学术科技竞赛中斩获一等奖。此外，学校积极开展"怎样写好学术论文"等相关专题讲座，多次举办大数据开发应用比赛、网络系统管理赛项比赛、应用软件系统开发赛项比赛等竞赛活动。

青色——文体娱乐：组织丰富多彩的文体娱乐活动，如文艺比赛、体育比赛等，培养家庭经济困难大学生的团队精神和个人兴趣爱好。学校多次成功举办学校70周年校庆Logo艺术设计大赛、茶艺比赛、数字艺术设计比赛、春季校运会、秋季校运会等多项比赛和活动，进一步丰富家庭经济困难大学生文娱生活。

蓝色——社会实践：安排家庭经济困难大学生参加社会实践活动，如走访企业、"三下乡"、红色研学、访问交流等，拓宽青年大学生的视野和增强实践经验。2023年，学校共组建"行红色足迹筑青春梦想"资助育人研学活动队伍10支，其中党史教育活动研学队伍7支，社会实践活动研学队伍3支。通过资助解学生经济之困，开展多种育人活动，解学生心理之忧，帮助学生树立自立自强、感恩诚信的品格，将立德树人的目标贯穿整个资助过程。

紫色——感恩回馈：倡导受助学生感恩回馈社会和学校，组织受助参与感恩活动，增强受助学生的归属感和感恩情怀。学校组织各二级学院不定期召开"感恩资助 自立自强"受助学生座谈会，广泛听取受助学生意见建议，动态追踪学生受助体验，切实把学生关心、社会关注的民生实事办实办好。

(二)项目实施

1. 守正创新,加强资助工作体系合理规范管理

在学校党委的正确领导和上级部门的关心支持下,广西工商职业技术学院学生资助工作聚焦国家脱贫攻坚和乡村振兴事业,贯彻落实党的教育方针,秉持"精准资助、资助育人、规范管理"的理念,成立了广西工商职业技术学院资助管理中心;建立健全四级资助认定工作机制,不断完善修订各类规章制度;精准认定城乡低保、孤残学生等特殊家庭学生,构建资助对象、资助标准、资金分配、资金发放、资助回馈协调联动的精准资助工作体系;每年发放各类资助金额超千万元。

2. 机制保障,开展资助育人活动培养时代新人

学校加强资助工作顶层设计,把"扶贫"与"扶智""扶志"结合起来,每年进行各类奖助学金评选及发放、国家助学贷款申请及还款仪式、勤工助学活动等,同时举行"资助文化节""四暖行动""大学生阳光成长团队"等资助育人活动达10余场。组织学生工作队伍进行家庭经济困难学生家庭走访;聘任获得国家奖学金、国家励志奖学金学生、部分扶贫驻村干部及西部志愿者为"学生资助宣传大使",组织他们利用寒暑假时间或工作之余开展国家奖学金典型人物优秀事迹巡回报告会、回到中学母校、走村入户宣传国家及学校学生资助政策。广西工商职业技术学院开展"我为资助代言"——国家奖学金典型人物优秀事迹巡回报告会,如图1-35所示。构建物质帮助、道德浸润能力拓展、精神激励有效融合的资助育人长效机制,着力培养受助学生自立自强、诚实守信、知恩感恩、勇于担当的良好品质,培养学生创新创业的进取精神和爱党爱国爱社会主义意识、感恩意识、责任意识。

图1-35 广西工商职业技术学院开展"我为资助代言"——国家奖学金典型人物优秀事迹巡回报告会

3. 多措并举,扩大资助覆盖面,促进学生全面发展

近年来,广西工商职业技术学院积极开展家庭经济困难大学生资助工作,将其作为教育扶贫、教育脱贫的主攻方向,建立健全"奖、助、贷、勤、补、免、减"资助体系,把

精准资助和资助育人作为"扶贫""扶智""扶志"的工作重点,作为学生工作的重要引擎,努力构筑学生资助与提升学生道德素养相结合、与加强人文关怀相结合、与提升学生心理素养相结合、与加强家校沟通相结合、与提升学生实践能力相结合的资助帮扶体系,多方发力,多措并举,让资助政策从"点"覆盖到"面",做到多元化、多维度的开展资助育人活动,确保资助育人取得实效,致力为党和国家培育全面发展的社会主义建设者和接班人。

三、项目成效

(1) 在项目品牌化建设上,2013年"七彩人生"项目创立,并持续开展11年。该项目不断丰富内涵,提升影响力,已成为学校资助育人品牌项目,帮助学校家庭经济困难大学生阳光成长。

(2) 在受助学生人才培养机制上,全方位建立了"资助""育人"结合的长效机制,实现"扶贫""扶智""扶志"联动,通过综合理想信念、志愿服务、职业规划、学术科创、文体娱乐、社会实践、感恩回馈七个主题实现更高层次的育人水平,保障育人实效。部分学生成功到新加坡、北京、上海、武汉等发达地区和国家工作,部分学生投身祖国西部建设,深耕西部地区,扎根基层,为人民服务。学校"校园资源回收助力儿童关爱模式先行者——'纸'望'童'行项目"在第六届全国志愿服务项目大赛中荣获银奖,蓝满奇同学于2021年登上《人民日报》"国家奖学金优秀学生代表名录"、唐成林同学在新疆扎根基层,何华兰同学在贺州昭平担任副镇长,肖莲花获得全区五一劳动奖章……一批批受助学生成为学生榜样,在家庭经济困难大学生中起到了很好的榜样示范作用。

(3) 在媒体报道和社会影响上,《人民日报》、中国教育在线、广西新闻网、《广西日报》、《南国早报》、广西电视台、南宁电视台、新华网、中新网、学习强国、武鸣新闻等20多家媒体进行了报道,在广西产生了比较大的影响。

> **点评**:该项目坚持"七彩人生"和"快乐公益幸福生活"的理念,坚持"得到爱,更应去传递爱——资助政策让家庭经济困难大学生踏上成才报国之路"相结合,结合学校"粮·商"办学特色,追求人的全面发展,在资助育人品牌建设和协同创新上探索出了成功的路径,具有创新和可推广之处。

案例十七

培育和践行社会主义核心价值观
——"勤恳朴诚"资助育人模式的探索与实践
广西大学

"勤恳朴诚"作为广西大学的校训精神,引领学生勤奋上进,奋发有为;扎实坚韧,矢志不移;朴实真挚,俭约自律;忠诚醇厚,报效家国。学校基于培育和践行社会主义核心价值观,不断探索"勤恳朴诚"资助育人模式,为家庭经济困难大学生的健康成长保驾护航。

一、项目背景

高校资助育人是大学生思想政治教育的重要组成部分,广西大学坚持党的教育方针和立德树人根本任务，贯彻落实习近平总书记关于教育的重要论述，弘扬"创新创造、奋勇争先、全面一流"的广西大学"双一流"精神，深入推进时代新人铸魂工程。自2019年起，学校基于培育和践行社会主义核心价值观，将育人作为资助工作的出发点和落脚点，按照"资助与教育并举、助学与育人并重"的工作思路，将广西大学首任校长马君武先生提出的"勤恳朴诚"校训精神融入资助育人工作中，积极探索和优化个性化的育人路径，使资助育人工作开展得更有高度、深度和温度。

学校秉持经济资助与扶贫扶困相结合、成长资助与道德浸润相结合、发展资助与能力拓展相结合的"三结合"资助育人理念，构建以"勤恳朴诚"为特色的"保障型—教育型—发展型—成才型"四位一体的资助育人体系，着力建立完善资助育人长效机制，助力学生全面发展、全面成才。在宏观设计上，建立起涵盖校级层面、部门层面、学院层面、学生层面的多级资助育人体系，着力构建思想引领、课程教学、实践教育、平台保障的育人格局，为资助育人提供制度和组织保障；在中观运行上，主动与社会多方主体建立起合作关系，积极推动校地企协同的资助育人共同体建设，为学生提供锻炼成长的平台；在微观实践上，组织协调各级育人力量，开展覆盖全体受助学生的资助育人活动，让受助学生在丰富多彩的主题教育活动中得到锻炼与提升。

二、项目内容

（一）项目设计

1. 以"勤"为资助育人出发点

"勤"就是聚焦学业，勤学苦练长才干。学校传承"三拼"精神（教师拼命教、员工拼命干、学生拼命学），加强学风建设，为受助学生构建"自助、互助、助人"的资助育人格局，增强受助学生吃苦耐劳、努力进取、自立自强的品质。

2. 以"恳"为资助育人着力点

"恳"就是付出真情，扎实肯干。学校秉承马君武校长推行的"锄头主义"精神，引领学生扎实、务实、踏实，反对自视清高和形式主义，拒绝等靠要和虚张声势。

3. 以"朴"为资助育人关键点

"朴"就是培根铸魂，厚植自强奋发之心、感恩回报之情。学校始终坚持思想引领、道德浸润，围绕社会主义核心价值观营造"诚信、感恩、自强、担当"的资助育人氛围。

4. 以"诚"为资助育人落脚点

"诚"就是传承广西大学校歌提出的"保卫中华，发达广西""为国奉献，为民工作"的高尚情怀，引领学生忠诚醇厚，忠于党、忠于祖国和人民，着力培养堪当民族复兴大任的时代新人。

（二）实施情况

1. 着力教育引导学生敬重学业

（1）加强学风素质建设。不断丰富资助内涵，为受助学生提供多样化、个性化的能力提升项目和锻炼机会。学校建立新生晚自习制度，开展"三走三勤"（走出宿舍勤读书、走下网络勤实践，走向操场勤锻炼）促学风专项行动，帮助家庭经济困难大学生提高自我学习、自我管理的能力。面向家庭经济困难本科学生实施"专业能力发展资助计划",鼓励学生静心读书、专注科研。建设升级"广西大学自强服务与学习中心",为家庭经济困难大学生打造"素质与能力提升"培训平台,根据学生需求开设程序设计、外语训练、礼仪、演讲等课程,帮助受助学生全面提升综合素质。

(2)建立朋辈帮扶机制。学校从2019年开始建立互助式学业困难朋辈帮扶机制。各学院制定本学院的朋辈帮扶工作实施细则,选拔品学兼优的学生组建"朋辈帮扶团队",确定"一对一"学业帮扶对子,做好过程考勤与成效考核,着重帮有挂课或学业预警的家庭经济困难大学生破解学习困境。深入挖掘、大力宣传受助学生先进典型,充分展现优秀受助学生的奋斗历程与精神风貌,积极发挥育人作用。

(3)发展创新创业教育。学校健全"教育—大赛—实践"+"创业苗圃—众创空间—孵化器—加速器—产业园"的双创生态链条,在校内外建立校院两级双创教育实践基地67个,投资1.2亿元新建成1.69万亩广西亚热带农科新城综合实践教育基地,建设双创教育系统、实践教学综合管理平台。

2. 协力在服务中渗透励志教育

(1)健全精准资助系统。学校加大"智慧学工"信息系统开发力度,实现资助业务"一网通办",利用服务"工具包"为家庭经济困难大学生提供优质便捷服务。学校建立线上线下资助问题反馈渠道,定期开展学生资助工作满意度调研,提高资助服务精准度。

(2)完善勤工助学体系。学校为家庭经济困难大学生提供一站式学生服务中心助理、学生社区助理、学院实验室助理等勤工助学岗位1 853个。其中,一站式学生服务中心设置资助服务、学生证办理、学籍咨询、研究生业务、就业服务等14个窗口,各窗口业务均由勤工助学岗位学生负责办理。受助学生既在勤工助学岗位锻炼中获得报酬,也增强了社会责任感和奉献意识。

(3)建立学生社区平台。学校通过14个辅导员工作室在学生社区打造"学习社区""先锋社区""书香社区""文化社区"等系列活动,使受助学生可根据自身需求在社区里学知识、上党课、读好书、多运动等,延展资助育人在学生社区的新空间。

3. 大力强化学生感恩诚信意识

(1)打造思政协同育人。坚持将思政元素融入资助育人各环节,构建"思政+课程+实践+平台"培养模式,把培育和践行社会主义核心价值观融入资助育人全过程,着力构建思想引领、课程教学、实践教育、平台保障的育人格局。开设"诚信与感恩""文明与礼仪"等校级公共选修课,出版《诚信人感恩心》《青春校园话礼仪》2本教材,推进资助育人工作的课程化建设。印发《致贷款毕业生的一封信》等系列举措引导学生"以诚修身,以信立业"。

(2)搭建主题活动育人。利用学校融媒体中心开辟"辅导员说""逐梦星光"等思想政治教育品牌栏目,围绕"说理论""讲诚信""谈感恩""学榜样"等不同主题开展资助育人宣传。聘任优秀受助学生代表担任资助宣传大使和学生资助专员,组织资助政策宣传月,开展"资助主题征文比赛""学生资助宣传大使评选"等系列活动,用文字书写感恩,感受资助正能量。组织受助学生开展"行红色足迹 筑青春梦想"资助育人研学活动,培养学生爱党爱国爱社会主义意识。2023年7月,"行红色足迹 筑青春梦想"广西大学受助学生资助育人研学活动如图1-36所示。

图 1-36　2023 年 7 月，"行红色足迹 筑青春梦想"广西大学受助学生资助育人研学活动

4. 努力在实践中涵养家国情怀

（1）拓展专业训练的校外资助资源。依托与行业、企业共建的 673 个校内外实践教育基地，搭建"学校—企业—社区"三位一体的协同参与式育人平台，引导家庭经济困难大学生积极参与毕业实习、企业实践、志愿服务，让家庭经济困难大学生主动融入社会的大舞台，增强学生的爱国情怀与民族自信心，强化学生努力学习报效祖国的动力，促使他们成长为社会有益人才。2024 年 1 月，广西大学受助学生参加资助育人企业行活动，如图 1-37 所示。

图 1-37　2024 年 1 月，广西大学受助学生参加资助育人企业行活动

（2）强化家国情怀的实践锻炼。学校组织受助学生利用课余及寒暑假时间开展"三下乡""返家乡"等社会实践活动，深入农村开展理论政策宣讲、发展成就观察、普法和科普宣传、科技支农帮扶等社会实践活动。组织家庭经济困难大学生积极参与历届中国—东盟博览会、首届全国学生（青年）运动会等重大活动志愿者服务工作，让学生在实践锻炼中践行社会主义核心价值观，增强社会责任感，涵养家国情怀。

三、项目成效

（1）有效推动"扶困"保障型资助向"扶志""扶智"的发展型资助转型发展。学校把培育和践行社会主义核心价值观作为立德树人的基础工程，将资助与育人有机结合，构建以"勤恳朴诚"为特色的"保障型—教育型—发展型—成才型"四位一体的资助育人体系，全方位为学生提供思想关怀、经济资助、心理辅导、学习帮扶、就业指导等成长发展服务，推动资助工作内涵式高质量发展。

（2）初步构建起"三全育人""五育并举"的资助育人新格局。学校积极推动校地企协同的资助育人共同体建设，推动学校全员参与、各部门配合、各教育教学环节统筹协调，协同政府部门、社会、企业多重资源，以校内校外结合、线上线下结合、内驱外驱结合等形式开展丰富的资助育人实践活动。探索推动资助育人与五育并举融合发展，构建以"资助德育""资助智育""资助体育""资助美育""资助劳育"为载体的育人体系。

（3）形成以社会主义核心价值观为引领的具有学校特色的"勤恳朴诚"资助育人模式。学校秉承"发达广西，复兴中华"的办学宗旨和"勤恳朴诚"的校训精神，把培育和践行社会主义核心价值观作为凝魂聚气、强基固本的基础工程，紧密结合学校领军型、创新型、复合型的人才培养目标，通过教育引导、制度保障、实践养成，使社会主义核心价值观在"勤恳朴诚"的校训精神上落细、落小、落实，在学生中内化于心、外化于行。

> **点评**：该项目构建以校训"勤恳朴诚"为特色的"保障型—教育型—发展型—成才型"四位一体的资助育人体系，建立完善资助育人长效机制，有效推动"扶困"保障型资助向"扶志""扶智"的发展型资助转型发展，形成了以社会主义核心价值观为引领的具有学校特色的"勤恳朴诚"资助育人模式。

案例十八

培养德智体美劳全面发展的应用型高级专门人才
——"情暖科师"资助育人工程
广西科技师范学院

广西科技师范学院围绕"突出'四得'①，做实'五基本'②，实现'六满意'③，培养

---

① "四得"：下得去基层、留得住岗位、干得好工作、出得了成果。
② "五基本"：基本的思想道德自觉和法治思维能力、基本的专业技能和自学能力、基本的体育锻炼习惯和适合自身的运动项目、基本的社交礼仪和审美素养、基本的生活技能和劳动习惯。
③ "六满意"：党和国家满意的建设者和接班人、社会满意的优秀公民、用人单位满意的价值创造者、家庭满意的感恩回馈者、个人满意的幸福人生奋斗者、学校满意的办学品牌推广者。

思想道德素质好、专业理论基础实、实践动手能力强,具有创新创业意识的德智体美劳全面发展的应用型高级专门人才"的人才培养目标,将"扶困""扶志"和"扶智"有机结合起来,精心打造"情暖科师"资助育人文化品牌工程,探索构建"德、智、体、美、劳"有效融合的发展型资助育人体系,让资助育人更有温度、更有智慧、更有内涵,助力学生成长成才。

一、项目背景

为全面贯彻落实中共教育部党组颁布的《高校思想政治工作质量提升工程实施纲要》文件精神,切实提高学校思想政治工作质量,根据学校实际,广西科技师范学院于2019年出台"三全育人"综合改革方案,结合教育厅开展"资助政策宣传月""诚信教育主题月"等活动,为推进学校资助育人成效,打造"情暖科师"资助育人文化品牌工程。该项目以"德、智、体、美、劳"五位一体为出发点,通过开展资助政策及育人成效展、受助学生先进事迹分享会、励志典型人物风采展、主题报告讲座、素质能力培训、志愿者活动等方式,营造浓厚的资助育人文化氛围,构建物质帮助、道德浸润、能力拓展、精神激励有效融合的资助育人长效机制,实现无偿资助与有偿资助、显性资助与隐性资助的有机融合,形成"解困—育人—成才—回馈"的良性循环,着力培养受助学生自立自强、诚实守信、知恩感恩、勇于担当的良好品质。

二、项目内容

(一)项目设计

1. 以德育为引领,把握前进方向

广西科技师范学院始终坚持以社会主义核心价值观为引领,按照《广西科技师范学院德育教育实施方案(修订)》,对不同年级的学生进行定向性强、目标集中的主题教育实践活动,以理想信念教育为核心,以爱国主义教育为重点,以心理健康和人格教育为基础,以综合素质提升为目标,关注家庭经济困难大学生普遍在思想、心理、人文素养等方面出现或潜在的问题,全面加强和改进大学生日常思想政治教育。同时,将家庭经济困难大学生个人成长的重要时间节点作为契机,将新生入学教育、专业培养、资助申报、社会实践、创业就业等重要阶段作为开展资助育人的重要节点,通过开展资助政策宣传月、诚信教育宣传月、国家奖学金座谈会,树立优秀学子育人典型等活动,在解决现实困难、满足学生成才多维诉求的同时,有针对性地引导学生完成成长过程中的思想转变,把握住前进方向,深化育人效果。

2. 以智育为导向,完善朋辈教育

遵循高等教育发展规律和学生成长成才规律,按照《广西科技师范学院智育教育实施方案(修订)》,通过入学教育、专业教育、主题班会、学习交流、专题讲座等,进一步加强对学生的理想信念教育、职业生涯规划教育、专业思想教育和学业指导,引导学生树立远大理想,帮助学生认识学习的意义,科学进行学习规划、职业生涯规划,树立学习信心、决心。引导学生自我教育、自我管理、自我服务,提高学生学习的主动性、自制力。在学校相关职能部门指导下,由二级学院招募成绩优秀学生,组建困难学生帮扶专门团队,通过学霸讲堂、学霸在线、学霸答疑等线上线下相结合的形式,发挥朋辈帮扶与辅导

工作的特殊优势，助力家庭经济困难大学生在求学路上少走弯路，多有收获，促进学生德智体美劳全面发展。

3. 以体育为平台，促进身心健康

学校作为广西少数民族传统体育项目训练基地，通过《广西科技师范学院体育教育实施方案（修订）》，探索将学校特色、专业特色融入资助育人实践，并以体育为平台，开设一些广西少数民族传统体育项目，让学生体验广西少数民族传统体育项目，感受少数民族传统体育的魅力，激发学生对体育的兴趣，有利于身心的健康发展。学生参加中国大学生田径锦标赛、中国大学生舞龙舞狮锦标赛等全国性赛事，获团体冠军6项、个人冠军1项。

4. 以美育为载体，丰富人文活动

学校为落实《教育部关于切实加强新时代高等学校美育工作的意见》（教体艺〔2019〕2号）文件的要求，将培育和践行社会主义核心价值观融入学校美育全过程，制定了《广西科技师范学院美育教育实施方案（修订）》。学校举办校园音乐节、礼宾礼仪大赛等活动，坚持"出精品、树品牌"，逐步形成"美在科师""科师有礼""书香科师"等系列校园文化活动品牌，营造良好的美育氛围。组织学生参加广西大学生艺术展演等活动，鼓励原创作品走出校门，展现大学生风采。落实美育实践，与敬老院、社区、中小学联合，推动优秀艺术作品下基层、进学校，基本形成校地美育协同育人机制。与此同时，学校充分挖掘地方民族特色文化艺术资源，将金秀瑶族礼仪山歌、忻城壮锦等融入课堂，融入教学，让学生感受美、体验美、创造美，促进了身心健康和谐发展，增强了人文情怀。

5. 以劳动教育为抓手，磨炼意志品质

学校通过《劳动教育实施方案》，加强大学生劳动教育。以劳动教育课程为主要依托，以第二课堂、实践锻炼及"三下乡"为基本途径，引导学生树立正确的劳动观，锤炼坚强的意志品格。以服务性劳动教育、日常生活劳动教育和专业性劳动教育为内容开展劳动教育。以理论教学与实践教学为教学形式，将劳动教育体系作为正式教学环节纳入专业培养方案和课程教学大纲。通过劳动教育，积极引导学生掌握必要的家务技能和生活技能、必备的劳动技能、积极的劳动精神和良好的劳动习惯，培养坚强的意志品质。学校体育学院志愿服务团队以颜秉文（家庭经济困难大学生）为领队在2023年"推普助力乡村振兴"大学生志愿者暑期"三下乡"社会实践活动中做出的突出贡献，而收到教育部语言文字应用管理司和共青团中央青年发展部的联合表扬信。学校"七彩四点半"课后辅导志愿服务项目共向来宾市兴宾区的河西小学、镇西小学、学院社区、翠屏社区等11所小学和社区派出1 200余名课后辅导志愿者，为孩子们提供作业辅导、心理健康辅导、折纸剪纸、艺术绘画、篮球基础、健美体操等课后辅导志愿服务，并受邀与相关小学建立了常态化的节庆联谊会演活动机制，取得良好成效，得到广泛关注和称赞。

（二）实施情况

学校通过制定和推行德、智、体、美、劳"五育"实施方案，基于三全育人示范中心和"一站式"学生社区等场地，根据学生成长特点和性格特征，把"扶困""扶志"和"扶智"有机结合起来，构建物质帮助、道德浸润、能力拓展、精神激励有效融合资助育人长效机制。举办勤工助学和受助学生技能竞赛、自强之星评选、"助学·筑梦·铸人"

主题征文、"诚信校园行"、"资助宣传大使"、红色研学、志愿者活动等活动，培养学生励志、感恩、诚信意识。2023年5月，广西科技师范学院受助学生到桂林全州红军长征湘江战役纪念馆开展红色研学活动，如图1-38所示。通过学校三全育人示范中心革命展馆（虚拟仿真），学生可以身临其境参观和了解嘉兴南湖革命纪念馆、井冈山革命博物馆、湘江战役纪念馆、百色起义纪念馆、遵义会议纪念馆等展地，培养学生的爱国情怀。实施"能力拓展计划"，通过培训课程、讲座等方式，提升学生的语言表达、公文写作、信息检索、计算机使用、英语听说读写等通用技能。开展诚信教育和金融常识教育，注重培养学生的诚信意识、法律意识和风险防范意识。实施"牵手计划"，建立"一对一"帮扶措施，加强对家庭经济困难毕业生的就业指导，帮助他们顺利、成功就业和创业。

图1-38　2023年5月，广西科技师范学院受助学生到桂林全州红军长征湘江战役纪念馆开展红色研学活动

三、项目成效

（一）完善制度建设，落实资助政策

学校持续完善"奖、助、贷、勤、补、免"多元资助体系及新生绿色通道等，先后出台《广西科技师范学院学生勤工助学管理办法》《广西科技师范学院家庭经济困难大学生认定实施办法》《广西科技师范学院国家助学金实施办法》等文件，并制定学生资助工作办事流程，如《家庭经济困难认定工作流程》《国家奖助学金工作流程》《服兵役学生申请学费补偿贷款代偿流程》《学生勤工助学工作流程》《学生绿色通道工作流程》等，逐步建立和完善学校资助规章制度体系，使学生资助拥有一套科学公正、系统完备、操作性强的制度与程序，形成学校依规章制度资助、学院依规章制度评选、学生依规章制度受助的权利和义务对等统一的健康发展格局。推进资助制度建设，明确学校、学院、学生等主体的相应法律责任，明确学生资助经费保障责任，提高办事效率，提升全校师生的满意度。

（二）强化宣传引导，发挥育人功能

学校每年将资助政策简介统一放到新生的录取通知书里，不断提升学生对资助政策的

知晓度。拓宽资助政策宣传渠道，充分利用学生工作处网站、广西科技师范学院学工在线微信公众号、易班等新媒体平台，不断加强政策宣传力度，提升宣传实效。组织开展"助学·筑梦·铸人"演讲比赛、"我为资助代言"学生资助宣传大使竞赛、"一站到底"知校史校情及资助政策暨金融征信知识竞赛、勤工助学和受助学生计算机技能竞赛、优秀学子座谈会、红色研学活动和志愿者活动等。2023年5月，广西科技师范学院在学校计算机基础实验室举办勤工助学和受助学生计算机技能竞赛，如图1-39所示。学生积极参与献血活动，学校以不到来宾市1%的人口，提供了全市20%的献血量，荣获全国无偿献血促进奖单位奖，涌现一批热衷志愿服务的先进集体和个人。李成杰同学是来宾第36例造血干细胞捐献者，因考试时间与捐献时间冲突，喊出了"考试不及格可以重考，生命不可以重来"的铿锵心声。苏韦权、刘浩然两位同学荣获2022年度"中国大学生自强之星"荣誉称号，陈雨同学荣获2021年广西"自强之星"学生励志典型人物荣誉称号，成为学生认真学习的先进典型。这一系列的活动，加强了学生的诚信教育、感恩教育、励志教育，引导他们珍爱信用、理性消费，提高贷款学生的征信意识、风险意识和感恩意识，引导他们树立正确的消费观和价值观，增强他们的社会责任感，促进家庭经济困难大学生成长成才。

图1-39　2023年5月，广西科技师范学院在学校计算机基础实验室举办勤工助学和受助学生计算机技能竞赛

（三）关切学生需求，践行服务育人。

资助工作的服务育人，需要把解决学生的实际问题与思想问题结合起来，关注家庭经济困难大学生在工作学习中的合理诉求，在关心人、帮助人、服务人中教育人、引导人。学校坚持以学生为中心的教育理念，想学生所想，急学生所急，解学生之忧，进一步强化精准资助，将资助服务做深、做细、做扎实。

点评：该项目围绕"德、智、体、美、劳"五位一体开展工作，加强制度建设，落实资助政策，根据学生成长特点和性格特征，把"扶困""扶志"和"扶智"有机结合起来。加强宣传引导，资助育人文化氛围浓厚，受助学生自立自强、诚实守信、知恩感恩、勇于担当的品质不断得到提升。

案例十九

国家资助润桃李，光辉榜样育新葵
——"力耕成长学堂"
广西农业职业技术大学

"力耕成长学堂"是坚持立德树人和五育并举视域下发展型资助在农业职教领域的实践。广西农业职业技术大学（简称农职大）的农村学生占比达76%，而该项目在服务"三农"理念的指导下，保证农业职教资助"向农而行"，在建立家庭经济困难大学生的立体画像、实现精准资助的基础上，通过"力耕解困计划""力耕修德计划""力耕强能计划""力耕回馈计划"，构建物质帮助、道德浸润、能力拓展、精神激励有效融合的资助育人长效机制，从德智体美劳五个维度设计资助育人活动，形成"解困—育人—成才—回馈"的良性循环，助力家庭经济困难大学生实现全面发展，以"资助一人，成长一人"的方式，发挥阻断贫困代际传递的作用。

一、项目背景

近年来，各项学生资助项目不断推进、资助金额与受资助学生人数不断上升，除国家助学贷款、国家奖助学金外，各地方政府、学校也多有配套的奖助学金体系，有效缓解了学生经济和生活上的困难。随着资金投入的不断增加，资助项目的不断丰富，如何形成"解困—育人—成才—回馈"的良性循环，提高学生资助的价值引领作用，成为学校探索发展型资助育人体系的重要任务。

《2022年中国学生资助发展报告》显示，2022年普通高等教育学生资助资金来源中社会资金仅占高等教育资助资金总额的1.19%。目前高校学生资助的政策支持与资金拨付以中央及地方财政为主，学校家庭社会共同加强资助育人工作迫在眉睫。"力耕成长学堂"协同企业、社区和家庭的力量，将资助工作延伸到社会层面，提高资助工作的协同性，多渠道助力学生成长成才。

我国高等教育法中对获得奖助学金的学生明确要求其应积极履行相应的义务。目前高校的大部分资助项目实际上为"无偿"资助，这在一定程度上导致了受助学生权利与义务不对等。"力耕成长学堂"一方面在观念引导上注重感恩教育，尤其注重资助育人活动与乡村人才振兴工作相结合，培育更多知农爱农新型人才；另一方面对受助学生应履行的义务进行细化，通过公益劳动、宣传大使等活动，畅通受助学生的回馈渠道，使感恩教育和诚信教育落地生根，培养责任担当意识。

二、项目内容

（一）项目设计

1. 聚力精准资助，实现解困助学

"力耕解困计划"项目不断完善"奖、贷、助、勤、补、减（免）"全方位学生资助体系，形成了以《广西农业职业技术大学学生资助资金管理办法（试行）》为主，《广西农业职业技术大学学生困难补助管理办法（试行）》《广西农业职业技术大学学生公益劳动管理办法》等七项制度为辅的政策体系。项目还设有"涉农专业奖学金"和"考级考证奖学金"，实现资助对象有"优先"，教育资源有"倾斜"，以激励困难学生好学力耕，学农爱农。各项资助工作严格按照工作流程，施行"五级评选流程""三级公示程序""三公开制度"，在保证评选环节公开、公平、公正的同时，充分合理运用大数据，整合受助情况、学业成绩、日常表现、获奖情况、心理健康状况等信息，构建家庭经济困难大学生的"立体画像"，提高学生资助工作精准化水平。

2. 聚力道德浸润，坚持铸魂育人

"力耕修德计划"项目通过厚植爱国情怀、传承红色基因、讲好农职大故事等方式推动道德浸润育人。依托爱国电影进校园、红色研学等活动，引导受助学子感党恩、跟党走，培育和践行社会主义核心价值观，广西农业职业技术大学"行红色足迹 筑青春梦想"资助育人研学活动，如图1-40所示，以资助征文、诚信标语征集、诚信专题讲座等系列活动，提升学生诚信意识；通过勤工助学积极分子先进事迹推文、资助微视频比赛等多种途径讲好农职大困难学子励志故事，助力农耕文化建设，以此涵养青年学生的价值观念，有效实现发展型资助的德育功能。

图1-40 广西农业职业技术大学"行红色足迹 筑青春梦想"资助育人研学活动

3. 聚力全面发展，助力能力提升

"力耕强能计划"项目通过丰富资助内涵，为受助学生提供多样化、个性化的能力提

升项目和锻炼机会。设立诗书画大赛、诚信演讲比赛、资助微视频比赛、职业生涯体验周等多个子项目，着力满足学生在能力提升、兴趣培养、就业创业等方面的需求，为受助学生智育、美育的发展提供有力支持。

4. 聚力志愿奉献，践行感恩回馈

"力耕回馈计划"项目充分挖掘农职大的历史底蕴，打造"十佳自强大学生"、力耕榜样人物讲堂、资助宣传大使等品牌项目，强化榜样引领，将资助育人与就业创业、乡村振兴相结合，培养受助学生的感恩意识；定期组织受助学生团队参加困难学生家访、"三下乡"等活动，组织受助学生深入田间地头劳作耕耘，举学校、家庭和社会三方之力培养学生志愿服务意识和强农兴农本领，"力耕回馈计划"——受助学生走入田间地头插秧，如图1-41所示。将公益劳动时长纳入奖学金评选细则，结合劳动教育引导受助学生履行义务，进一步畅通受助学生的回馈渠道。

图1-41 "力耕回馈计划"——受助学生走入田间地头插秧

（二）实施情况

1. 加强组织领导，队伍建设驱动项目发展

项目团队由学校资助工作负责人、学生资助管理中心老师、辅导员、心理咨询师、职业生涯规划导师及思政教师组成，项目团队人员稳固、结构合理，在思想政治教育、学业辅导、心理健康、就业帮扶等方面有丰富的经验，为项目的运营和专业化发展提供了人力保障。经过4年的运营，项目得到学校和社会广泛认可和支持。一方面，项目与红色教育基地、电影放映公司、广西人才市场等多个机构形成了资助育人协同创新的联合体；另一方面，项目成员具备较高的教育能力和科研水平，团队中有副高级职称4人，研究生及以上学历6人，团队成员曾获得"广西最美资助人"荣誉称号、"全区安全教育精彩一课"二等奖，入选"广西学生资助专家库"，具备了系统化开展资助育人活动、资助政策宣传和教育科学研究的能力。

2. 发挥农业特色，厚植"三农"情怀

项目整合教学科研的优势资源向乡村倾斜，在资助育人活动中注重融入农业元素、发

扬农业特色，以八桂田园"大思政课"实践教学基地为载体，培养造就德智体美劳全面发展且懂农业、爱农村、爱农民的人才队伍，坚持每年组织受助学生团队赴广西桂林、柳州等多地开展"三下乡"暑期社会实践；坚持每年拍摄农业推广相关的资助微视频，讲好农业职教的资助故事。

3. 深耕育人活动，精品项目提振育人效果

项目坚持从德智体美劳五个维度探索、设计资助育人活动，形成了力耕榜样人物讲堂、资助微视频比赛、爱国电影进校园、红色研学等精品活动。经过4年的运营，对1.6万余名学生开展过政策宣传，组织过1.6万余人次学生参加过资助育人活动，累计引导2.5万余名学生参加公益劳动，服务时长共达155.95万小时。项目在校内已形成良好的品牌效应，有很好的受众基础。

三、项目成效

（一）政策宣传方兴未艾

2020年以来，项目累计发放资助宣传手册2.68万册，拍摄资助政策宣传视频6个，播放爱国电影57场；在微信公众号、抖音等线上和线下平台组织资助政策宣传大使宣传4人次，累计点击量达6 300余次。

（二）育人成效显著，成绩斐然

2020年以来，学校共组织16名学生参加全区高校资助主题征文、演讲、书法、微视频等比赛，分别获得一等奖2人，二等奖4人，三等奖6人，优秀奖2人；14名教师获"优秀指导老师"称号。1名学生入选2021年广西"自强之星"学生励志典型人物；1名学生荣获2023年优秀资助宣传大使称号；项目相关实践团队获广西大中专学生志愿者暑期文化科技卫生"三下乡"社会实践活动重点团队荣誉称号1次。

（三）志愿服务硕果累累

2020年以来，项目累计引导25 000余名学生参加公益劳动，服务时长共达155.95万小时；累计组织4支受助学生团队赴广西桂林、柳州等多地开展"三下乡"暑期社会实践；每年组织师生开展困难学生家访工作。

（四）新闻报道及科研工作百花齐放

2020年以来，团队活动在中青校园报道"三下乡"新闻2篇、短视频2个，在人民网（广西频道）报道新闻1篇，在广西云客户端报道新闻1篇，在《广西工人报》获得报道1篇，在广西八桂职教网报道1篇，在柳城县融媒体中心报道1篇。科研方面，项目成员参与完成并结题"十三五"广西教育科学规划课题2个，发表有关资助工作论文8篇。

四、推广之处

该项目是在五育并举视域下的高校发展型资助在农业职教领域的实践，通过物质帮助、道德浸润、能力拓展、精神激励有效融合，形成了具有农业职教特色的资助育人长效机制，解决现有发展型资助多停留在经验论证层面的问题。项目已在学校、家庭及社会多领域融合，合力探索高校学生发展型资助体系的构建，推动学生资助向发展型资助拓展，对形成全员参与、各部门配合、各教育环节统筹协调的资助育人机制有良好的示范作用。

点评："力耕成长学堂"是坚持立德树人和五育并举视域下发展型资助在农业职教领域的实践。该项目发挥农业特色，厚植"三农"情怀，通过物质帮助、道德浸润、能力拓展、精神激励有效融合，形成了具有农业职教特色的资助育人长效机制，解决现有发展型资助多停留在经验论证层面的问题，具有一定参考推广价值。

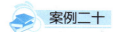

铸就非遗文化传承"技艺"大师
——"非遗技艺研习社"资助育人项目
广西经贸职业技术学院

"非遗技艺研习社"资助育人项目致力于以公益之心，搭建非遗技艺传承与资助育人的桥梁；通过"非遗技艺教育引导+技艺传承+社会参与+回馈家乡"育人模式，实现了资助与反哺的双赢循环。学生在此不仅学习非遗技艺，更将其带回家乡，助力地方民族文化振兴，让非遗技艺在传承中焕发新光彩。

一、项目背景

广西经贸职业技术学院高度重视资助工作，建立了"奖、勤、助、贷、减、免、补"为一体的资助体系，以精准资助为抓手，以全面育人为目标，坚持"精准资助育新机，铸人铸梦伴成长"的工作理念，建立资助育人新模式，着力构建物质帮扶、道德沁润、能力拓展、精神激励有效融合的资助育人长效机制，多措并举开展一系列资助育人活动。近年来，取得了显著成绩，学生参加全区高校资助演讲、征文、微视频等比赛，获单项奖20余项，有资助科研成果10余项，资助育人项目曾获全区高校资助育人项目优秀奖、特色奖、品牌奖。

为全面深入贯彻落实党的二十大精神，筑牢中华民族共同体意识，落实立德树人根本任务，非遗文化作为传承中华文明的重要载体，是人类伟大文明的结晶和全人类的共同财富，是文化多样性的生动展示，是人类文化整体内涵和意义的重要组成部分，对促进经济和社会可持续发展具有重大的历史意义和现实意义。然而，当前非遗文化传承面临着人才匮乏和技艺失传的挑战。在此背景下，学校以"非遗技艺研习社"为平台，打造特色资助育人项目。该项目通过资助育人，为家庭经济困难大学生提供了学习和传承非遗技艺的机会。学生们在非遗技艺研习社中，不仅能学到传统技艺，更能深刻感受到中华民族文化的魅力和内涵。

学校将资助与育人紧密结合，设立专项资助资金，为研习社成员提供必要支持。同时，邀请广西非遗文化传承人担任指导老师，为非遗技艺研习社成员提供专业指导和培训。此外，非遗技艺研习社还组织开展多样活动，如非遗文化展、技艺交流赛、非遗美食制作等，为成员提供展示和学习的平台。通过这些活动，学生们的技艺水平得到了显著提升，同时也增强了文化自信和民族自豪感。

"非遗技艺研习社"资助育人项目，让家庭经济困难大学生掌握了实用技能，为非遗文化的传承和发展注入新活力。该项目的实施，体现了学校对非遗文化的重视，展示了学校在资助育人工作中的创新与实践。

二、项目内容

(一) 项目设计

1. 实践锻炼：亲身参与非遗技艺制作

本项目成立以来，学校尤为注重实践环节的重要性。依托"大师工作室"、民族饮食（桂菜）示范性民族文化传承创新职业教育基地、烹饪实训室等硬件设施，为项目活动提供了丰富的实践场所。学校通过与非遗工坊和资深传承人的紧密协作，为学生争取到了多样化的实习机会，使学生得以亲身投入非遗技艺的制作之中，深刻领略其精髓与魅力。在专业导师的悉心指导下，学生们通过亲身实践，不断磨砺技艺，为日后在非遗传承领域发光发热奠定了坚实的基础。

2. 开设课程：系统传授非遗知识与技艺

学校精心构建了完善的教学体系，专门开设了广西非遗美食制作与鉴赏、非遗美学等系列课程，出版《舌尖上的非遗》教材，全面系统地传授非遗知识和技艺。通过课程的设置，学生能够深入了解非遗概论、历史文化背景等核心知识，构建对非遗文化的整体认知。学校还着重安排实践操作课程，通过培训技艺技法、指导作品创作等，提升学生的实践操作和创新思维能力。此外，学校每学期都邀请非遗专家和传承人举办专题讲座，分享经验和见解，进一步激发学生的学习热情和兴趣。

3. 技能比赛：激发学生竞争与创新意识

为了激发学生的竞争与创新意识，学校举办了丰富多彩的竞赛活动。自2021年开始，非遗技艺研习社每年都举办"逐梦杯"非遗手工制作大赛，这一平台为学生们提供了展示自己独特创作才华的绝佳机会，2022年，在广西电视台举办的《超能职教》节目中，非遗技艺研习社的作品《壮乡五色百香果海鲜京南米粉》一举夺魁，如图1-42所示。三年来，非遗技艺研习社同学发挥创造力，在创新创业比赛中大展身手，获得区赛金奖1项、银奖3项、铜奖6项的好成绩。学生们在比赛中相互学习、相互启发，不断提升自己的技艺水平。技艺表演赛则鼓励学生们展示自己的技艺才华，通过评选优秀技艺表演者，进一步激发他们的学习动力和创新精神。

图1-42 非遗技艺研习社的作品《壮乡五色百香果海鲜京南米粉》在广西电视台《超能职教》节目中一举夺魁

4. 激励机制：奖励优异表现与创业创新

为了激励学生们更好地投入非遗传承工作中，学校建立了完善的激励机制。学校与企业合作，通过设立非遗奖学金、授予荣誉称号等方式，表彰在学习和实践中表现优秀的学生，肯定学生的努力和成就。同时，在企业的帮助下，学校还提供非遗创业基金，支持学生将所学技艺应用于创业项目中，鼓励他们发挥创新精神和创业能力，推动非遗文化的传承与发展。

5. 项目孵化：培养学生创新与实践能力

学校将项目孵化视作"非遗技艺研习社"特色资助育人项目的关键环节。学校激励学生积极参与非遗项目孵化，通过深入探究非遗产品的创新研发，精心策划和开展非遗推广活动，持续锻炼他们的创新思维和实践技能。现今，已经有经济困难大学生成功创立"桂膳工厨""一面之交"等以非遗美食为核心产品的企业。在项目运营期间，学生们需要直接面对各种实际挑战，而这些挑战的应对和问题的解决，让他们的创新思维和实践能力有了更为明显的提高。

6. 传承创新：推动非遗文化与时俱进

在"非遗技艺研习社"资助育人项目中，学校推动非遗文化创新发展，组织非遗文化传承活动，将非遗文化带入校园和社区。2023年，广西文化和旅游厅主办的非遗进校园活动在学校隆重举行，非遗技艺研习社的同学们现场展示了油茶、麽乜和五色糯米饭等非遗技艺的制作过程，赢得了广泛赞誉，并受到中新网、广西新闻网等多家媒体的关注与报道。非遗技艺研习社同学学做麽乜如图1-43所示。

图1-43　非遗技艺研习社同学学做麽乜

7. 师资培养：提升教学与合作水平

学校重视师资培养与合作机制，着力打造既传承非遗技艺，又擅长教学的"双师型"教师团队。通过提升教师非遗技艺和教学素养，为学生提供优质教育资源。学校与非遗企业、行业协会等深度合作，邀请非遗大师如潘红华、余富等担任导师，提升教师实践经验和专业水平。此举保障了教学质量，为非遗文化传承注入新活力。

8. 服务反馈：将非遗技艺应用于社会实践

学校积极将非遗技艺融入社会实践，发挥其在社会发展中的积极作用。组织学生参与社会公益活动，运用所学技艺为社会做贡献。自 2021 年起，学校与南宁市蒲津社区合作开展的"非遗润童心，文化共传承"及"育苗树人筑梦想，非遗传承润童心"等活动，深受社会好评，并连续四年获广西壮族自治区重点团队殊荣。与南宁市青秀区秀山社区联合开展"学雷锋，文明实践我活动"非遗文化进社区志愿服务活动。学校根据需求和期望调整育人项目，确保服务非遗文化传承与发展。这一系列努力旨在推动非遗技艺在社会实践中发挥更大价值，为文化传承与创新贡献力量。

（二）项目管理措施

1. 思想引领，树立育人理念

学校坚持落实立德树人的根本任务，坚持推动"非遗"传承领域高质量人才培养，面向全体家庭经济困难大学生、非遗大师参与、融入资助育人培养全过程，积极开展各种形式的非遗活动，让学校真正成为培养"非遗"传承人的沃土。

2. 资金支持，强化制度保障

一是指引非遗文化教育专业化发展。学校充分结合当地非遗资源，深入挖掘地方非遗文化，推进非遗基地的建设与发展。

二是推动企业深度参与职业教育，与文化部门、非遗保护协会、民间艺术团体开展合作，积极吸纳非遗代表性传承人担任外聘教师或实习导师，建设相关专业实训基地和大师工作室，提供专业指导和支持。

三是通过邀请企业和商家赞助非遗技艺社团的活动，扩大品牌影响，比如提供物资、资金支持等。

3. 建立机制，提升可持续性

学校建立健全评估机制，创新评估方式，如定期评估、第三方评估等，提高项目的可持续性和社会效益。

三、项目成效

（一）实践锻炼成效显著，助力家庭经济困难大学生深入领略非遗魅力

学校依托"大师工作室"和民族饮食示范性职业教育基地等硬件设施，为经济困难大学生提供了实践锻炼的宝贵机会。通过与非遗工坊及传承人的紧密合作，学生亲身参与非遗制作，累计实践时长达 160 小时。这些实践活动不仅让学生深入了解了非遗文化的魅力，还提升了他们的实践操作能力和创新思维。

学校已成功举办 47 场非遗主题实践活动，如非遗技艺体验营、非遗文化展示周、非遗进校园、非遗文化进社区等。非遗技艺研习社累计让 712 名家庭经济困难大学生受益。

这些实践活动得到了社会各界的广泛关注和好评。中国新闻网、广西新闻网、广西电视台、《中国旅游报》等多家主流媒体进行了报道，进一步扩大了非遗文化的影响力。据统计，相关报道数量达到 41 篇，有效提升了非遗文化在社会中的知名度和认可度。

（二）完善教学体系，让家庭经济困难大学生非遗知识与技艺全面提升

学校高度重视非遗教学体系的完善，通过设置针对性强、内容丰富的课程和出版专业

教材，全面传授非遗知识和技艺。同时，学校注重实践操作课程的安排，让学生在亲自动手的过程中提高技艺水平，培养创新思维。

为了增强学生的实践能力和创新思维，学校还定期邀请非遗领域的专家和传承人举办讲座和工作坊。这些活动为学生提供了与专家面对面交流的机会，使学生能够及时了解最新的非遗知识和技艺。

据统计，经济困难大学生的参与人数从 2021 年的 35 人增加到 2024 年的 218 人，学生对非遗知识的掌握程度和技艺水平都有了显著提高。这些成绩的取得，得益于学校完善的教学体系和精心设计的课程。

（三）文化传承与社会服务成效显著，非遗魅力焕发新光彩

学校始终致力于非遗文化的传承和发展，通过举办一系列非遗文化活动，让更多人感受非遗文化的独特魅力。这些活动不仅吸引了大量参与者，还使非遗文化的传播范围持续扩大。

同时，学校注重非遗技艺与社会实践的结合，组织经济困难大学生参与社会公益活动，将非遗技艺应用到实际生活中，为社会贡献力量。数据显示，学校已举办 47 场非遗文化传承活动，吸引 4 000 余人参与。这些活动不仅提升了非遗技艺在社会公益活动中的应用价值，还产生了积极的社会影响。

此外，学校还与企业、行业协会等深入合作，共同推动非遗文化传承发展。通过与企业的合作，学校将非遗技艺与市场需求相结合，为非遗文化的发展注入了新的活力和机遇。这些合作项目的成功实施，进一步提升了非遗文化在社会中的影响力和认可度。

> **点评：**"非遗技艺研习社"资助育人项目搭建了非遗技艺传承与资助育人的桥梁；通过"非遗技艺教育引导+技艺传承+社会参与+回馈家乡"育人模式，实现了资助与反哺的双赢循环；让社团活动"亮起来"，让非遗文化"传开来"，通过举办校内外义卖和公益活动提高学生的参与度。活动推广性强，育人效果好，受到社会的广泛关注。

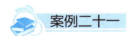

案例二十一

以德育人，以美润心
——打造传承中华优秀传统文化资助育人体系
广西工业职业技术学院

中华优秀传统文化是中华文明的智慧结晶和精华所在，是中华民族的"根"和"魂"，蕴含着丰富的道德资源。在资助育人的过程中与传承中华优秀传统文化创新融合，有利于积极实践立德树人根本任务，有利于帮助学生形成正确的价值观念，有利于促进学生承担起传统文化传承传播责任，有利于培养学生成为德智体美劳全面发展的社会主义建设者和接班人。

一、项目背景

广西是个多民族聚居的自治区，我们的学生有的来自不同民族，具有不同语言和不同

文化，困难学生更多来自经济相对落后的偏远山村，焦虑、自卑，身心都承受着巨大的压力。他们需要得到更多的人文关怀、文体娱乐、心理疏导和学习辅导等帮扶支持。目前国家资助政策体系基本上实现了"入学前不用愁、入学时不用愁、入学后不用愁"的目标，并由保障型、救济型向发展型、内涵型转变。广西工业职业技术学院建筑工程学院自2021年3月起将资助育人与传承中华优秀传统文化创新融合，以铸牢中华民族共同体意识为主线，坚持育人为本、德育为先的原则，将专业特色与鲁班文化、古建筑文化等相结合，打造了"以德育人，以美润心"传承中华优秀传统文化资助育人体系，让困难学生从中华优秀传统文化中汲取养分，孕育不屈不挠、团结奋进、勇往直前的意志和品质，提高思想认识，帮助困难学生走出困境，提高综合素质能力和就业竞争力。

二、项目内容

（一）项目设计

1. 工作目标

项目预期目标是帮助家庭经济困难大学生及家庭属于偏远山村的学生，通过传承中华优秀传统文化增长阅历、建立自信；在志愿服务与社会实践过程中，帮助学生锤炼意志、砥砺品质；在专业学习上，培养学生的创新力、协作力、领导力等职业通用素质。最终实现资助工作"扶志"和"扶智"，助力学生成长成才的目标。

2. 工作思路

将资助育人与传承中华优秀传统文化创新融合，坚持育人为本、德育为先的原则，将中华优秀传统文化的"根"和"魂"铸入学生心中，帮助困难学生形成正确的思想价值观念，将专业特色与中华优秀传统文化相结合，搭建广阔的学习实践平台，让学生从中汲取养分，使其在实践过程中不断创新，在向前发展中不断兼收并蓄，最终成为德智体美劳全面发展的社会主义建设者和接班人。

（二）实施情况

根据广西工业职业技术学院建筑工程学院专业特色，将资助育人与中华优秀传统文化的智慧结晶和道德精神相结合，以鲁班文化、古建筑文化的美学底蕴为依托，采用启发式、探究式、参与式、体验式等多种方式将德育与专业学习相融合，实现育人效果，促进学生综合素质的全面发展。

1. 以德育人，强化思想信念涵养，高尚道德情操

（1）中华优秀传统文化主题教育。利用周课、主题班会及易班优课、微信公众号等，线上线下相结合，将建筑工匠、鲁班精神等中华优秀传统文化融入校园、引进课堂。培养学生的文化底蕴，增强学生的爱国主义情怀，激发学生的民族创造力，引导困难学生自我教育、自我服务、自我提升。

（2）组建志愿服务队。组织优秀困难学生成立志愿服务队，多次到武鸣标营小学、马山县五弄小学、弄娥小学等多所学校开展"大美建筑"美育教育活动、民俗特色活动等，引导学生深入社会、服务社会。2022年11月25日，广西工业职业技术学院建筑工程学院走进马山县中小学开展主题活动获得人民网报道，如图1-44所示。

图1-44　2022年11月25日，广西工业职业技术学院建筑工程学院走进马山县中小学开展主题活动获得人民网报道

（3）开展民俗特色活动。在中华传统节日里向困难学生发放粽子、月饼等慰问品，给他们送去温暖、关怀和老师的关心。在节日中开展民俗特色活动，例如，开展三月三民俗特色素质拓展、端午传统文化赏析、中秋市集、元旦游园等活动，设敲竹竿、抛绣球、猜灯谜、拼古建等二十余项环节，让师生在玩中学、在玩中悟，了解、体验中华优秀传统文化的魅力，培养积极健康向上心态，增进民族文化认同感、增强民族自信心。

2. 以美润心，激发学习激情，提升专业素养

（1）翻转课堂。寒暑假时间给困难学生布置假期作业，到家乡当地博物馆、纪念馆、红色教育基地、故居旧址及节日民俗文化等进行打卡，充分感受中国优秀传统文化和民族特色，接受文化的熏陶。开学回到学校，与专任教师互动沟通、交流探讨，开展"家乡故事大家说""民俗民风我来讲"专题分享会，将自己家乡的风土人情、家乡事与同学们分享，在传承优秀传统文化的同时提高学生语言表达、逻辑思维等职业通用素质。

（2）开展校外劳动实践教育活动。结合建筑专业特色，以劳动教育和文化传承为主体，与南宁古建筑营造技艺工作室、南国香村农房建筑科技博物馆等搭建校外实践教育平台，让学生近距离感受古建筑，亲身体验非遗技艺，提升学生对理论学习、专业实践及力行劳动相结合的认识，使学生进一步增强文化自信。

（3）开展"大美建筑"主题研学活动。通过实地考察的方式让学生学习古建筑文化，深入了解古建筑的独特魅力，激发学生的专业学习兴趣和学习动力。到美丽南方、三街两巷、靖江王府、东漓古村、兴安灵渠等地研学，让古建筑文化的传承与专业知识相融合，提升学生就业能力、拓展就业方向。2023年12月15日，广西工业职业技术学院建筑工程学院到桂林靖江王府开展古建筑文化资助育人研学活动，如图1-45所示。

图1-45　2023年12月15日，广西工业职业技术学院建筑工程学院学生到桂林靖江王府开展古建筑文化资助育人研学活动

三、项目成效

（1）实现辅导员、学生双成长双发展。广西工业职业技术学院建筑工程学院将资助工作与以"传承建筑文化，践行立德树人"为宗旨的"建华筑魂"辅导员工作室相结合，共同打造了传承中华优秀传统文化资助育人体系，实现了辅导员、学生双成长双发展，相辅相成、相得益彰，也为辅导员工作室申报自治区优秀工作室打下坚实基础。

（2）学生综合能力显著提高。自项目建设至今，为学生搭建了广阔的学习实践平台，培养了学生的创新力、协作力、领导力等职业通用素质，实现了"扶志"和"扶智"。指导的困难学生中获得国家奖学金4名，国家励志奖学金170名，校三好学生、优秀学生干部206名，毕业生就业率达85%。鼓励学生参加各类比赛，在辅导员工作室成员的指导下，学生积极参与中国国际"互联网+"大学生创新创业大赛，参与率达100%，并获广西赛区选拔赛铜奖两项。

（3）社会关注度高。项目的各类活动得到了人民网、南宁市武鸣区融媒体、马山县政府网站等多家新闻媒体报道，获得南宁市武鸣区文明办、武鸣区志愿服务联合会、武鸣区团委等单位认可，注册为武鸣区志愿服务团体成员，参与武鸣区城市治理、关爱孤寡老人和留守儿童、支教助学、爱护环境等各类志愿服务活动，获武鸣区特殊教育学校所赠送牌匾2块，2名志愿者获西乡塘区优秀青年志愿者荣誉称号，52名志愿者被评为广西结核病防治知识传播活动志愿者等。

> **点评**：该项目将资助解困的重点放在德育上，德育为先、五育并举，把思想信念寓于行动中，把关心关爱蕴含在活动中，帮助困难学生正视困难，积极树立争先进取、自强不息的奋斗精神，同时注重培养学生各项技能和能力，形成了上下同心、部门协作、全民参与的铸牢中华民族共同体意识示范区建设格局，具有一定的参考借鉴价值。

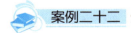

案例二十二

"五位一体"机制，精准化资助育人
百色学院

为落实立德树人根本任务，用好本地本校红色资源，从"认定、资助、立德、树人、效果""五位一体"的举措出发，构建资助育人的精准化机制，实现对家庭经济困难大学生的扶困、扶志与扶智，有效促进学生的身心健康和全面发展。

一、项目背景

在精准化资助及育人工作开展中，出现了一些问题。

一是识别困难，认定不精准。百色学院贫困生比率高，约占40%，一方面，由于申请资助的学生涉及面广、地域复杂，且各居住地生活水平参差不齐，所以，一些指标不好量化，给贫困程度的精准认定带来了困难。另一方面，由于当前贫困生认定体系的指标单一，所以缺少多维度、多准则的综合评价标准方式。

二是经济帮扶不到位，资助不精准。第一，对于家庭经济特别困难的学生而言，虽然奖助学金能够解决学费、生活费等基本费用，但是，如果需要进一步提升技能，资助仍然不足，如学生需要参加各类技能的考级、资格证书、职业培训等。第二，缺少动态管理，没有构成动态管理的数据库，对家庭突发变故、家乡突发灾害的学生开展的临时困难资助不够及时，导致无法及时精准把握学生的实际需求。

三是扶志扶智机制不完善，育人不精准。辅导员将主要精力放在贫困生认定、奖助学金发放等经济资助上，而对受助学生的心理健康、感恩教育、成才教育以及职业能力教育关注却不足。

四是评价机制不完善，评价不精准。在调查资助工作效果时，仅仅了解学生对精准化资助工作的满意度，评价方式单一，不能全面测评受助学生各方面的综合情况。

针对这些问题，学校构建了"五位一体"精准化资助育人机制，进一步促进学生身心健康与全面发展。

二、项目内容

（一）项目设计

1. 构建"五位一体"精准化资助育人机制

（1）认定——精准化识别机制。在深入调查学生具体情况下的基础上，按照等级、家庭经济困难程度、重点扶贫类别、数据更新周期等对学生进行精准化识别，建立有效的数据库。通过个人申报、班级评议、家访、消费情况了解等，运用定性和定量相结合的方式，对家庭经济困难大学生进行精准识别与认定。

（2）资助——精准化扶困机制。对受助学生的经济、物质资助上进行精准化帮扶，并及时更新新增困难生和脱贫学生等数据，动态管理认定困难生资格与等级、分类给予经济帮扶，根据不同类型、不同级别的资助方式对家庭经济困难大学生进行经济及物资的资助。

（3）立德——精准化扶志机制。针对受助学生的思想品德、个人修养、心理品质等进行精准化"扶志"，实现"立德"的目标。通过心理疏导、红色资源教育、文秀精神宣讲等培育受助学生健康的心理、健全的人格和积极进取的精神。

（4）树人——精准化扶智机制。在受助学生的学业成长上进行精准化"扶智"，即"树人"。对学业表现较差的学生，特别是多门专业课重修、综合技能较差的学生，专门开设学业辅导、就业创业指导、考研辅导班、社会实践、素质拓展、技能培训等课程，帮助贫困学生提高个人素养、学业水平和就业创业能力。

（5）效果——精准化评价机制。通过设计老师、朋辈、自我、家庭和用人单位等问卷，构建多元化的评价体系，对学生进行精准的评价，了解学生的需求、个人能力发展的情况，并引导学生认识自己的优势与不足，进一步明确自我发展目标。

2. 突出立德树人的重点工作目标

一是思想政治教育。注重资助工作在学生思想政治教育中的作用，引导受助学生树立正确的人生观、世界观和价值观，增强大学生"四个自信"，为实现中华民族伟大复兴中国梦蓄力奋斗。二是激励创新创造。调动受助学生学习积极性，引导他们端正学习态度，刻苦学习专业知识，以更好的成绩回报母校和社会。鼓励学生进行创新创造，实现自身全面发展。三是情感心理教育。重视特殊群体的心理健康教育，与资助中心联动把握学生心理变化特点和规律，因势利导地做好心理辅导，增强学生自信，培养自强品格。四是品格能力提升。充分结合课程思政引导受助学生练就过硬本领、锤炼品德修为，打牢道德根基，树立责任意识，承担历史使命。五是红色资源教育。把红色文化融入资助育人工作，采用多样化的模式对受助学生进行有针对性的理论和实践教育，引导他们正确认识自身所肩负的社会使命和家庭责任。六是大力开展感恩、诚信教育。让学生在享受国家资助政策帮扶，解决生活困难的同时，爱国爱校，诚实守信，懂得感恩，并把感恩之心转化为学习成长的动力，转化为爱国之情、报国之志。

（二）管理措施

1. 多元化资助经费，保障资助育人工作顺利开展

一是中央奖补资金支持，包括国家助学贷款和国家奖助学金资助；二是校内助困经费支持，包括勤工助学、特困助学金、临时困难补助、物价（节日伙食）补贴、爱心大礼包、路费补贴等一系列校内助学措施；三是校内其他经费支持，包括心理中心咨询经费、一站式社区活动经费、学生教育经费、就业创业指导经费等；四是社会资金支持，包括百色市教育基金会支持，经费用于补贴文秀班学生学杂费、住宿费、课本费、资料费等，以及爱心企业捐助支持，设置资助奖学金、捐助物资等。

2. 多部门协同联动，保障资助育人工作有效实施

一是与心理中心联动。实现数据共享，给予心理特困的受助学生特别的心理疏导和人文关怀。

二是与网络中心联动。学校建立大数据模型动态监测系统，通过校园一卡通分析全体

学生的消费记录，对信息进行加工重组，分析学生的资金流通情况，提高精准识别、动态管理的效率。

三是与招就处联动。设置经济困难大学生考研培训班和各类就业创业培训班，提升学生就业能力，促进学生发展。

四是与百色市教育基金会联动。成立两个文秀班，学生共计 100 人。

3. 人员配备体系完善，保障资助育人有成效

经过三年多的探索与实践，学校资助育人精准化机制已经形成一套比较成熟的人员配备体系。学校资助管理中心作为常设机构，由学工处领导直接负责，统一归口管理国家助学贷款、奖学金、勤工助学、特殊困难补助、学费减免、考研培训班、文秀班等资助管理工作，以及落实学校三全育人、资助育人等百色精神铸红魂等工作。文秀班学生聆听黄文秀事迹，如图 1-46 所示。家庭经济困难大学生 2023 年考研培训班开班典礼如图 1-47 所示。二级学院学生资助工作领导小组配合落实。培养三支能力强、业务精的精准化资助及育人工作的朋辈队伍：第一支是资助工作学生骨干，主要协助辅导员日常开展精准化资助工作；第二支是自强社成员，主要协助资助专干开展资助育人系列实践活动，全方位保障资助育人工作有成效；第三支是资助宣传大使，积极创新宣传方式，把握各个阶段开展资助政策及育人成效的宣传推广。

图 1-46　文秀班学生聆听黄文秀事迹

图 1-47　家庭经济困难大学生 2023 年考研培训班开班典礼

三、项目成效

（一）应助尽助效果好

学校通过精准化识别机制，认定工作做得好。学校充分运用定性和定量相结合的方式，实现家庭经济困难大学生识别认定无遗漏。通过精准化扶困机制，分层资助工作做得好。根据不同类型、不同级别的资助方式对学生进行经济及物质资助，让学生安心就学，对学习生活没有后顾之忧。

（二）学生发展效果好

学校通过"精准化扶志"和"精准化扶智"对受助学生进行价值引领、人文关怀、学业帮扶以及技能培训，100 余名受助学生得到及时的心理疏导，近三年 952 名受助学生得到考研培训辅导，2023 年 3 000 余名家庭经济困难毕业生得到各类就业创业培训帮扶。

1. 学生成长发展效果显著

学校通过举办考研培训班及各类技能培训班，帮助受助学生积极参与考研及考证工作，近三年受助学生考研录取人数共 89 人，录取人数占全体考研录取学生人数的 42%，考取各类技能证书 2 000 余个（次）。1 名学生获得专利发明人荣誉称号。

2. 文秀班特色项目成果突出

两个文秀班学生积极参加学文秀主题知识竞赛、歌咏比赛、征文比赛、演讲比赛、板报比赛、先进评选、祭奠黄文秀等系列活动。其中 2021 级文秀班荣获百色市"学文秀先进班级"称号，荣获歌咏比赛三等奖、学习园地评比三等奖；此外，获百色市"文秀式好学生"1 人，学文秀征文比赛一等奖 1 个、三等奖 2 个。

> **点评**：该项目将资助工作贯穿于立德树人教育的全过程，形成在家庭经济困难大学生身份认定上的"精准化识别"，在经济资助上的"精准化扶困"，在品德意志塑造上的"精准化扶志"，在学业成长上的"精准化扶智"，以及在育人效果上的"精准化评价"的精准化资助及育人模式，有效促进学生身心健康和全面发展。该项目的运营模式具有广泛推广性。

案例二十三

"逐梦青春，打造青年朋辈引领新范式——新时代、新青年、卓越青年说"教育实践项目

南宁学院

"逐梦青春，打造青年朋辈引领新范式——新时代、新青年、卓越青年说"教育实践项目，以青年人的示范榜样引领带动青年大学生在学业成长、专业提升和综合发展等维度，传递正能量，弘扬社会正气、关注关爱青年群体，促进校园和谐发展。

一、项目背景

当代青年易接受新锐声音、新兴理念,是这个时代蓬勃发展的关键力量,今天的青年要勇敢肩负起时代赋予的重任,立鸿鹄之志,务必以"时不我待"的紧迫感,不负青春韶华,在花样的年华里追逐梦想。

"逐梦青春,打造青年朋辈引领新范式——新时代、新青年、卓越青年说"教育实践项目,是在南宁学院党委的领导下,在学工处指导下,以优秀青年学生为主体成立项目。用优秀青年引导学生,为经济困难和需要资助帮扶的学生树立学习榜样、建立学习目标,培养积极、正确的价值观,进一步体现出新时代新青年的精神风貌,为党和国家的建设事业做出积极贡献,力求建立一个完善的资助育人成长关怀帮扶体系,通过多种方式为青年大学生提供全方位的支持和服务,以克服资源和机会的限制,实现个人价值的最大化。同时,项目还倡导感恩、回馈社会的劳动价值观,鼓励学生积极参与公益事业,以青春力量回馈社会。

学校积极创造朋辈引领育人平台,鼓励走出校门多渠道开展资助育人研学活动。结合学生所学专业,组织青年学生到生产型企业、创造型企业开展职业体验以及公司开放日等活动,通过青年视角、青年分享等形式,开阔眼界、增长见识,增强学习热情。到乡村振兴的第一线,让学生感受到广西乡村振兴现状和前景,引发青年学生对推进乡村振兴产生更多思考。此外,结合学校国家一流本科课程开展红色文化学习与实践研学,接受党性教育和红色精神洗礼,激发学生更加努力学习专业知识,积极参加社会实践,用自身实际行动回报社会。

二、项目内容

(一)项目形式

该项目主要以学校建立的"奖、助、贷、勤、补"一体化学生资助体系支持,多渠道、全方位扶持资助贫困学生。通过奖助学金拨款、学费减免优惠、生活补助、特殊困难补助等政策措施为项目提供资金支持;同时通过企业捐赠、投资等形式参与项目;社会组织和个人也可通过捐赠、志愿服务等方式为项目提供支持。

为了更好地整合资源,项目采取多种方式。首先,建立二级学院资助平台,将各方资源集中展示和对接,提高资源利用效率。其次,加强与企业和社会组织的合作,共同推进项目实施。此外,通过开展公益讲座、活动宣传推广等方式吸引更多人关注和参与项目。

该项目每期将邀请学校各级各类优秀青年代表参加,以线下宣讲、会议讨论、心得分享等形式进行,其间对优秀青年代表进行自述采访,以录制、编辑方式收集素材,后期发布于学校官网、微信公众号、抖音等媒体平台。2023年6月23日,优秀青年学生代表戴利伟同学进行宣讲,如图1-48所示。2023年10月14日,朋辈宣讲团成员陈伟同学开讲,如图1-49所示。

(二)项目档期

每月2期。

图1-48　2023年6月23日，优秀青年学生代表戴利伟同学进行宣讲

图1-49　2023年10月14日，朋辈宣讲团成员陈伟同学开讲

（三）实施情况

1. 实施地点

（1）校内地点：根据当期项目内容具体安排，主要为教室和图书馆。

（2）校外地点：企业（公司）。

2. 前期准备

前期要做好活动的整体规划、资源的调配，明确后续实施的效果。以下是关于该项目前期准备的一些关键步骤和要点。

（1）明确目标定位与需求分析。项目团队需要清晰地定义项目的目的和意义，例如，是为了激发青年学生的创新思维、促进校园文化交流，还是为了提供一个青年发声、影响社会的平台。同时要深入了解目标受众的需求和兴趣点，以便更有针对性地设计和策划活动。

（2）组建专业且充满活力的项目团队。团队成员应具备相应的专业技能和热情，包括活动策划、宣传推广、现场执行等方面的人才。通过明确团队成员的职责和分工，确保项目的顺利进行。

（3）进行深入的市场调研与竞品分析。了解同类项目的运作模式和成功经验，分析潜在的风险和挑战，为项目的实施提供有益的参考。

（4）在策划活动内容时，注意紧跟时事热点，结合高校资助特色和学生兴趣，确定活动的主题、形式和内容。例如，可以围绕资助工作创新创业、文化传承、社会责任等热门话题展开讨论，邀请校内外的专家学者、优秀青年代表进行分享和交流。

（5）宣传推广也是前期准备的重要环节。通过校园媒体、社交媒体等多种渠道，提前发布活动信息，吸引更多的学生参与。同时，与校内外相关部门和机构进行合作，争取更多的资源和支持。

（6）制定详细的预算和计划。根据项目的规模和需求，合理估算所需经费和物资，并制定相应的采购和筹备计划。同时，制定详细的活动流程和时间表，确保活动的顺利进行。

项目的前期准备需要充分考虑各种因素，确保项目能顺利实施和取得预期效果。通过精心策划和准备，该项目成为一个展示青年风采、促进校园文化交流的重要平台。

3. 后期处理

后期处理是一个至关重要的环节，它涉及项目的总结、成果的传播以及后续发展的规划。以下是关于该项目后期处理的一些关键步骤和要点。

（1）进行全面的项目总结。在项目结束后，组织团队成员对整个活动进行深入的反思和总结，包括活动的亮点、存在的问题以及改进的方向。通过总结经验教训，为未来的项目提供有益的参考和借鉴。

（2）整理和发布项目成果。将活动期间的精彩瞬间、优秀演讲、深度讨论等内容进行整理，形成文字、图片、视频等多种形式的成果。通过校园媒体、社交媒体等渠道，将这些成果进行广泛的传播，让更多的人了解并参与到高校青年说项目中来。

（3）建立项目的持续影响机制。通过设立固定的活动周期、搭建线上交流平台等方式，使高校青年说成为一个持续的、有影响力的项目。鼓励青年们继续发声、交流思想，为校园文化的繁荣和社会的进步贡献自己的力量。

（4）关注项目的后续发展。根据项目总结中提出的问题和改进方向，制定切实可行的后续发展规划。可以考虑扩大项目规模、拓展活动形式、加强与外部机构的合作等方式，不断提升高校青年说项目的影响力和吸引力。

（5）保持与参与者的联系和互动。通过邮件、社交媒体等方式，定期向参与者发送项目动态、活动信息等内容，让他们持续感受到关注和温暖。同时，鼓励参与者积极反馈意见和建议，为项目的持续改进提供动力和支持。

三、项目成效

1. 形式喜闻乐见

依托节假日在校内开展形式多样的资助育人活动，受助学生乐于参与，在全校大学生中产生了热烈反响，倾听学生心声，鼓励其主动参与学校建设，主动服务师生。它极大地激发了青年学生们的参与热情。通过这个平台，青年们可以自由地表达自己的想法和观点，分享自己的经历和感悟。这种互动和交流不仅让他们感受到了青春的活力和激情，还让他们在思考和表达中得到了成长和提升。

2. 内容贴近生活

活动与青年学生在校生活紧密结合，通过分享沙龙、座谈、午餐会和研学等形式，利用课余时间集中组织开展活动，充实第二课堂，丰富在校生活。在参与各类活动中增强动手能力和实践能力，营造充满创新活力的校园文化氛围，展现青年学生昂扬向上的精神风貌。

3. 成果持久有效

近年来不断探索资助育人模式，创新资助育人研学活动，深入人心，深得师生好评，资助育人效果良好。促进了青年们之间的思想碰撞和观点交流。在这个平台上，来自不同背景、不同专业的青年们可以相互倾听、相互学习，从而拓宽视野、增进了解。这种跨学科的交流不仅有助于培养青年们的综合素质，还有助于推动校园文化的多元化和包容性。

> **点评**：该项目通过"资助育人，筑梦青春——卓越青年说"工作路径，将校内和校外相结合，注重受助学生内在疏导和辅导，促使受助学生身心良好发展、促进健全人格的形成，让受助学生乐观面对生活。同时加强对其实践能力的培养，结合学科专业，校企深度合作，面向受助学生建立资助育人常态化工作机制，强基赋能，促进受助学生、学校和社会联动性，具有一定的社会价值和推广意义。

案例二十四

"问天"启航寻梦，"探天"助航追梦，"飞天"领航筑梦
桂林航天工业学院

桂林航天工业学院探索"扶困问天、扶智探天、扶志飞天"（简称"三天计划"）资助育人品牌项目，在基础性资助、发展性资助、成长性资助等方面突出规范导向、精准导向、需求导向、关怀导向，形成"解困—育人—成才—回馈"的良性循环，在立体式解决学生经济困境的基础上，不断扩大优秀受助学生覆盖面，全方位助力受助学生成长成才。

一、项目背景

桂林航天工业学院紧紧围绕立德树人根本任务，深入学习贯彻习近平新时代中国特色社会主义思想，加强思想政治引领，构建以公平、精准、共享为主要内涵，以红色资源教育优势和航天文化优势为助推，以济困为基础、以强志为支撑、以赋能为核心，以"三天计划"为载体，以德智体美劳全面发展为目标的发展型资助育人工作体系。项目实施四年

来,在实现经济资助应助尽助的基础上,不断探索实施以大数据分析为基础的隐形经济资助,以学生综合能力画像为支撑的隐形能力帮助,以学生全面发展为导向的资助育人体系建设,充分彰显了资助育人工作的五育效能。

二、项目内容

(一)项目设计

1. "问天"启航寻梦

构建以基础资助打底、特色优势强力推进的"一体两翼"体系,激发学生"问天"之心。

(1)锚定主体,优化机制保障。立足精准资助,优化家庭经济信息采集量化指标体系,科学构建家庭经济困难大学生认定模型。引入"i桂航""青果系统"等智能平台,实行数据赋能,助力全员、全程、全方位精准隐形资助。修订《家庭经济困难学生认定办法》等资助制度,完善"奖、贷、助、补、免、勤"全方位资助体系,提升资助育人成效。

(2)红色浸润,厚植爱国情怀。组织营造"浸润式"理论学习氛围,大力推广"马老师来了"沉浸式实景思政课、云课堂,不断创新学习宣传贯彻党的二十大精神的载体。组织困难学生赴红军长征湘江战役纪念园等桂北爱国主义教育基地开展"忆百年征程,行红色之旅"主题实践活动百余次,引导学生厚植爱国爱党情怀,坚定理想信念。

(3)航天文化,培育蓝天梦想。通过"普及航天知识、涵养航天情怀、砥砺航天意志、养成航天行为"等措施,教育引导困难学生德智体美劳全面成长成才。依托航天品质培育中心、航空航天体验馆、航天文化回廊、启航科创园、一站式学生社区等育人场所,培育"问天寻梦"系列实践课程,组织困难学生深度参与、共同交流;依托学校"航天日",开展理论宣讲70余场、航模表演和科普活动100余次,参观体验活动覆盖全校2万余名学生。

2. "探天"助航追梦

强化提能项目建设,搭建发展型资助平台,实现素质培养,让学生具备"探天"之力。

多措并举,绘制出彩"画像"。连续四年打造"梦想蓝天"精品课程品牌,开设学业、心理、创新创业、礼仪、摄影等多个维度专题讲座、培训,年度受益学生5 000人次,较好地实现了精品育人资源的广覆盖,更好地满足困难学生的个性化成长需求。组建"探天朋辈导师团",开展生活"适应帮扶"、学业"课程帮扶"、考级考证"指导帮扶"等6 000余次帮扶活动。开设"燕园考研指导服务站",提供研究生备考指导3 000余次,2023年共145人考取硕士研究生,其中困难学生42人,占比28.96%,升研人数同比增长28.32%,升研率同比增长42.35%。建立"探天双创加油点",选拔32名"金牌导师"指导学生参加中国国际"互联网+"大学生创新创业大赛,获国家级铜奖1项,自治区级金奖14项、银奖21项。开展"饮水思源"义务活动,受助学生每年服务实践时间不少于20小时,2023年实现124 520人次的"义务劳动课时打卡",有效提升受助学生的社会责任感。选派受助学生参加"微光如炬"文化交流项目,前往武汉理工大学、韩国世翰大学等高校进行学习交流,开阔视野,增长见识。积极强化校内校外互惠联动,激活企业朋友圈,与桂林爱尔眼科医院、桂林力源粮油食品集团有限公司合建"梦想蓝天"资助育人实践基地,为学生提供企业研学、实习实训、创业模拟等机会,为资助育人资源的提质扩容提供更大可能。

3. "飞天"领航筑梦

激发助推内生动力,"以点带面"辐射成长型资助效能,助力学生实现"飞天"梦想。

示范引领,集聚反哺"动能"。为进一步发挥榜样作用,学校以"资助育人主题文化节"为平台,开展300余场定制化的"育人套餐"。如开展"学生资助宣传大使""勤工之星"选拔宣讲、"国奖学生面对面""榜样的力量"等分享活动,"励志模范""自强之星"等征集活动,组织优秀受助学子团队开展"梦想蓝天专项社会实践",奔赴母校、家乡进行"现身说法"式资助政策宣传;挖掘资助育人先进典型和感人故事,编制鲜活案例集,展现受助学生自立自强、勇毅前行的奋进精神,辐射影响更大范围的学生群体。

(二)实施情况

1. 提高认识,精心组织实施

学校紧扣《桂林航天工业学院"十四五"事业发展规划》,以高质量发展为目标,着重强调资助育人工作的重要意义。学校领导高度重视,认真组织,精心策划,广泛动员,切实推动项目活动有序开展。"三天计划"项目由学校党委学工部(处)牵头负责,教务处、校团委等部门联合推进。

2. 注重创新,务求工作实效

紧密结合学校发展规划和各部门重点工作,同部署、同推进、同落实,注重内容和形式创新,切实提高学生满意度和获得感。通过打造"资助育人主题文化节",坚持"规定动作"高质量,"自选动作"高标准,向全校发布资助工作"揭榜挂帅"精品项目,推动资助工作在宣传、协调、整合等层面的100%全覆盖。充分发挥学校学科专业优势,打造"一院一品牌",凝聚高质量发展"火热人气"。

3. 系统总结,建立长效机制

学校系统总结活动中的好经验好做法,推动形成具有桂航特色的资助育人工作长效机制。充分利用学校官网、学工官微、各学院网站进行大力宣传报道的同时,在中青校园、《南国早报》、今日头条等媒体报道,大大提高了活动的宣传强度;通过制作学生资助育人成果宣传展板、二级学院走访交流、辅导员沙龙等形式进行经验分享和总结,形成学生资助育人建设优秀案例。

三、项目成效

(一)育人辐射面广

"三天计划"资助工作品牌全面落实自治区"三个100%""两个一致"工作目标。采用"1+1"协同发展模式,通过"校内资助政策全覆盖,资助活动广参与,资助工作展特色"+"校外资助资源深挖掘",在打通"点",串成"链",聚成"片",扩大"面"的同时,资助工作成效不断"提质升级"。"梦想蓝天"精品课程项目年度受益学生达5 000人次,"探天朋辈导师团"每年度开展帮扶活动6 000余次,"资助育人主题文化节"每年开展300余场定制化的"育人套餐","梦想蓝天"资助育人实践基地每年组织研学培训20余次。"三天计划"学生2023年赴红军长征湘江战役纪念馆开展红色教育主题实践资助育人研学活动,如图1-50所示。

图 1-50　"三天计划"学生 2023 年赴红军长征湘江战役纪念馆开展红色教育主题实践资助育人研学活动

（二）社会影响力强

学校资助工作在全区、全国各类评优活动中屡获佳绩，不仅在学校树立了典型，更在社会上引起了广泛关注。学校"饮水思源"义务活动，获得《广西日报》的专题报道。2023 年"桂航探天飞行表演队"受邀参加第一届全国学生（青年）运动会，开幕式的"纸飞机"表演受到一致好评，获得《中国体育报》、国家体育总局官网、广西新闻网等国内各大媒体争相报道，提升了项目的认可度、美誉度和学生获得感。"探天飞行队"参与 2023 年中国第一届学生（青年）运动会开幕式表演，如图 1-51 所示。

图 1-51　"探天飞行队"参与 2023 年中国第一届学生（青年）运动会开幕式表演

(三)成果呈现性丰

依托"我与国奖学生面对面""学生资助宣传大使遴选""勤工助学之星评选"发挥先进典型作用,编制鲜活案例集,展现受助学生自立自强、勇毅前行的奋进精神。德育奖学金获得者2020届财务管理专业困难学生任国峰积极参加社会公益活动,得到来宾市媒体的专题采访;2020届学生李忠昊因热衷公益事业被评为"辽宁省道德小模范";李承东、全文辉同学分别在2021年、2023年获"广西自强之星"称号;李晓慧同学在2023年"我为资助代言"全区资助大使评选活动中获"十佳宣传大使"称号。依托榜样典型打造"学院—学校"两级"三天"品牌代言人,通过主题宣讲、返乡宣传、政策下乡等活动扩大品牌影响力,提升发展型资助育人体系内涵式建设。

> **点评**:"扶困问天、扶智探天、扶志飞天"资助育人品牌项目凭借以济困为基础、以强志为支撑、以赋能为核心,以"三天计划"为载体,以德智体美劳全面发展为目标的发展型资助育人工作体系,突出航天文化,培育蓝天梦想,在立体式解决学生经济困境的基础上,不断扩大优秀受助学生覆盖面,全方位助力受助学生成长成才,具有一定的社会价值和推广意义。

第二章 中职教育篇

立德树人是教育的根本任务，也是学生资助工作的根本任务。在新时代建设教育强国中，学生资助作为教育民生，责任重大，使命光荣。随着脱贫攻坚顺利完成，群众对学生资助工作的期盼正从人人都想有学上向人人都想上好学转变。为推动学生资助实现从有学上、上得起学的保障型向上好学就好业的发展型延伸，更好适应国家人才发展战略的需要，我们要更加积极探索发展型资助，帮助家庭经济困难学生摆脱经济贫困，提升其心理素质、学业基础、综合能力、眼界素养等，让受助学生进一步成长为有理想、敢担当、能吃苦、很奋斗的新时代新人。

第一节 中职教育资助育人的工作要求和特点

2009年教育部等六部委印发了《关于加强和改进中等职业学校学生思想道德教育的意见》，该意见要求开展中等职业学校学生思想道德教育必须坚持以人为本，以学生为主体，遵循中职学生身心发展特点和规律，增强针对性、实效性、时代性和吸引力，努力培育有理想、有道德、有文化、有纪律的，德智体美劳全面发展的中国特色社会主义事业合格建设者和可靠接班人。2020年教育部印发的《中等职业学校学生资助工作指南》中明确提出，中职资助育人工作的主要目的是将资助与育人工作有机结合起来，构建物质帮扶、道德浸润、能力拓展、精神激励有效融合的资助育人机制，形成"解困—育人—成才—回馈"的良性循环，努力把受助学生培养成德智体美劳全面发展的高素质劳动者和技能人才。

中职教育是一种初中后教育，它在转移城乡劳动力、培养职业农民、推动乡村振兴和实现我国现代化战略目标等方面发挥重要作用。近年来，我国不断加大对中职教育资助的投入，始终把"不让一个学生因家庭经济困难而失学"作为首要目标，设立了中职免学费、国家助学金、奖学金等资助制度，充分发挥学生资助的"兜底"保障功能，有效地促进了教育公平。但是随着社会形势的不断变化，中职学生的一些学习和心理特点也逐渐凸显，作为中职教育资助工作者，只有深刻领会中职教育资助育人工作要求和受助对象特点，才能科学有效地开展中职教育资助育人工作。

（一）依赖性和独立性的矛盾

随着青春期的到来和学习环境的变换，中职学生心理的独立性越来越强，他们渴望得到认可，自尊心不断增强，但他们又不可能摆脱学校和家庭的束缚，对未来发展可能也迷茫，导致出现不断增强的独立性和现实的依赖性之间的矛盾。

（二）现实性与理想性的矛盾

由于当前严峻的升学和就业形势，多数人认为上中职学校没有发展前途，基础好的学生都上了高中，中职学校的生源都是被挑选后所剩的学生，其基础知识掌握较为薄弱。中职学生虽然知识基础比普通中学学生要略微差些，但是他们作为青少年也有自己的理想，他们渴望得到别人的认可。但现实情况是整个社会对中职教育的看法，导致学生的理想与社会现实之间产生巨大的矛盾。

（三）闭锁性和交往需要的矛盾

中职生的一个最显著的心理特点就是闭锁性，多缺乏学习兴趣，目标不明确，没有进取心，外在表现就是比较沉闷，看起来缺乏自信。但他们往往具有强烈的交往需求。

第二节 中职教育资助育人工作的现状

广西经过十几年的探索和发展，在国家出台的一系列新资助政策基础上，进一步建立和完善了适应区内资助工作发展需要的政策法规，构建了一整套覆盖各教育阶段的资助政策体系。坚持把促进家庭经济困难学生成长成才作为学生资助工作的出发点和落脚点，全面落实精准资助，深入推进资助育人，将学生资助及资助育人工作推向了一个新的高度，为脱贫攻坚和乡村振兴贡献了力量。

一是完善政策体系，确保应助尽助。在全面落实国家相关资助政策基础上，广西结合实际出台了有针对性的学生资助政策，进一步织密学生资助网。如在国家对原农村建档立卡、农村低保家庭等学生免学前教育保教费和高中学杂费的基础上，广西加大财政投入，将城市低保、城镇特困供养家庭也纳入资助范围，每年额外资助近 1.4 万人，让城镇特困家庭学生和农村特困家庭学生同等享受政策，安心学习生活。每年自治区和各市、县财政共同出资约 8 000 万元对当年考上高校的大学新生给予 500~1 000 元的短期生活补助和路费资助，有力填补国家资助政策在家庭经济困难大学新生从"家门"到"校门"的空白。为吸引优秀人才在基层工作"引得来、留得住"，对在广西乡镇及以下同一基层单位连续工作满三年的毕业生给予一次性最高 3.2 万元的学费或助学贷款补偿，让安心扎根基层的毕业生实实在在享受到政策的红利。

二是健全工作机制，确保精准资助。广西建立了广西学生精准资助管理信息系统，借助与乡村振兴、民政、残联、工会等多部门的数据共享，每学期由系统自动运用大数据技术，精准比对出在校学生的原建档立卡、低保、残疾和困难职工等家庭经济困难身份类型，由学校根据系统信息主动对接学生开展资助，确保一个不漏。同时减少了学生开具贫困证明等环节，简化了程序，提高了效率。

三是强化育人理念，助力学生成长。为落实立德树人根本任务，广西中职教育学生资助工作按照《中等职业学校学生资助工作指南》要求，结合当代中职学生的特点，坚持把社会主义核心价值观融入资助育人活动，广泛搭建平台，创新宣传引导载体，对受助学生进行励志教育、诚信教育、感恩教育和社会责任感教育，开展心理帮扶、学业帮扶、技能帮扶和就业帮扶，培养学生的实践能力、创新精神、工匠精神和劳模精神。各地各校结合当地实际和中职学生特点，开展了丰富多彩的资助育人系列主题活动、爱党爱国主题教育活动、传统文化教育活动、爱心传递志愿服务等社会公益活动；开展了诚信之星、励志之星、技能之星等典型评选及征文演讲；组织开展了心理健康讲座及心理咨询与疏导；搭建勤工助学平台，帮助家庭经济困难学生制定职业规划，提供实习就业机会和就业指导等，助力学生成长。

第三节　中职教育资助育人存在的问题及对策

广西中职教育资助育人工作虽然取得了明显的成效，但在实践中依然存在一些普遍性的问题亟待解决。

一、存在的问题

（一）资助政策重物质轻精神，对"立德树人"的育人理念不够重视

脱贫攻坚收官之后，我国从消除绝对贫困，转向相对贫困的治理。学生资助对象，也由绝对困难为主、困难程度分明，转向相对困难居多、困难特征虚化的对象。广西中职教育资助育人工作的定位也从服务绝对贫困学生转向服务相对困难学生，对于已脱贫的建档立卡、低保等特殊困难学生，持续做到"一对一"精准资助；但是对于其他的相对困难学生，还未建立科学有效的精准识别机制。现阶段，大部分中职教育资助工作者还停留在被动式资助的层面，只关注完成资助项目和任务，不重视资助的育人功能；有的资助管理员对资助政策和资助理念不坚定，没有掌握学生实际家庭情况，忽视真正家庭贫困学生的受助需求；有些学校不关注精神资助，忽视受助学生的心理健康和信念教育，没有树立"立德树人"的根本育人理念，尚未构建起物质帮助、道德浸润、精神激励有效融合的资助育人长效机制。

（二）资助育人实践形式较为单一，资助育人模式不够健全

当前，我国资助育人理论体系的建构滞后于资助育人的实践，广西资助育人的理论体系还没有建立起来，既缺乏对过往历史经验的总结，又缺少对现实发展的指导，更缺乏对未来学生资助发展方向的科学预测，出现了实践层面的快速发展和理论研究层面的滞后的矛盾。各地各校对资助育人的理论体系不了解，工作实践缺乏理论的指导，资助育人成效不高。目前在中职教育阶段，开展资助业务的队伍主要由德育处资助管理员和各年级班主任构成，其他老师对资助项目关注度不够，资助宣传的力度有限，对受助学生的道德信念培养、成绩跟踪和生活关注度也不够。从精准育人的角度来说，学校将资助育人的理念贯穿到资助工作过程的实践形式还较为单一，资助育人模式不健全；从学生发展的角度来说，不同时期受助学生的心理状况和需求也不一样，需要及时调整关怀和激励机制，开展有针对性的精准资助和育人实践活动。

（三）资助育人模式缺乏创新，没有建立大数据精准育人模式

进入新时期，通过国家资助政策的贯彻落实，精准扶贫政策不断完善，资助成果显效

稳步提升，这为实现资助育人奠定了现实基础。在当代社会中，贫困家庭学生往往会因为家庭经济压力比较自卑敏感，对自身能力不自信，对未来悲观，生活积极性不高，出现各种心理问题。有些学生养成了"等、靠、要"的依赖思想，把国家资助当成理所当然，失去了奋斗的意志和信心，消极等待外界给予的关注和帮助，还有些学生感恩意识和诚信意识亟待加强。有些学校缺乏对学生心理和生涯规划的需求，资助育人模式缺乏创新，也没有建立受助学生信息大数据库，没有及时跟踪学生的成绩和了解学生的心理情况，造成资助育人效果不佳。

二、对策

为了解决存在的问题，进一步做好中职教育资助育人工作，在此提出一些对策供参考。

（一）加强顶层设计

资助育人是一项长期、系统、复杂的工程。中职教育资助育人要在坚持立德树人，坚守为党育人、为国育才的大框架下整体谋划，创新渠道，形成全员参与、部门协同的资助育人合力；要充分发挥奖励政策及榜样的激励作用；要结合困难学生的需求特点，结合资助工作的各个环节系统设计，切实提高资助育人的针对性；要建立制度、组织、经费、评价等多方面的管理保障，让资助育人有章可循、有人负责、有绩可评，真正打造"资助一个、培养一个、成才一个"的发展型资助育人体系，实现资助育人从"点"上突破到"面"上整体推进的转变。

（二）创新多种渠道

资助育人没有固定的模式，没有统一的格式，要广开渠道、创新渠道。要充分利用好现有的活动平台，如利用好成长成才主题征文、演讲、微电影、志愿者服务等活动，通过勤工助学、社会实践、技能培训、创新创业等实践载体，诚信教育、励志教育、感恩教育等辅导体系，打造"志愿服务+社会实践"资助育人模式；借助大数据、云计算等现代化互联网技术提高家庭经济困难学生识别精准度，通过线上和线下相结合的方式为学生提供一体化资助服务，打造"互联网+"网络资助有人平台；通过校企合作、就业帮扶等方式，对标受助学生的成长成才宗旨因材施教，量身打造多元化、个性化、差异化的"资助+N"育人模式。结合青年学生的需求，结合教育信息化的进程，结合新媒体的特点，不断创新，搭建新平台，提供新舞台，打造易于学生接受的新模式新方法。

（三）建立工作体系

资助育人不是一个部门、一个地方、一个学校单打独斗就能完成的事情，必须动员各方力量，合力推进。教育行政部门要发挥好监督指导作用，在立足保障性、突出发展性的基础上，建立一套资助育人工作考核评估机制，建设一批资助育人基地，开发一套资助育人教材，开展一批资助育人课题研究，完善一批资助育人活动的联动机制，打造一批资助育人品牌，选树一批资助育人典型案例，学校要发挥好资助育人主阵地作用，结合学生的特点，以及校本课程和教材，开展丰富多彩的育人实践活动。广大困难学生要自强自律，在同辈人中发挥好引领带头作用，进而形成一套完整的资助育人工作体系。

> **结语**：每个人都有发展的需求，都有从低层次需求向高层次需求转变的动力，这是客观规律。资助育人，就是要遵照这样的规律，利用这样的动力，以扎实的资助工作为基础，培养受助学生的科学精神、思想品德、实践能力和人文素养，引导青年学生树立正确的世界观、人生观和价值观，最终让受助学生享有人生出彩的机会，享有梦想成真的机会，享有同祖国和时代一起成长和进步的机会，并且能够感恩社会，回馈社会。

第四节　中职教育资助育人典型案例及解析

构建"三师四阶五课"资助育人模式
助推中职农校资助工作提质增效
广西水产畜牧学校

乡村振兴战略是致力于有效化解新时期我国社会主要矛盾的重要举措，中职农校肩负为强农兴农培养高素质农业人才的使命，在新时期资助育人实践中具备着独特优势。然而现阶段，中职农校的资助工作更多的是侧重经济资助，资助育人成了完成硬性的数据任务，忽视了对受助学生思想和心理的引导，导致部分受助学生不积极，缺乏个人自我发展的内生动力，反哺意识普遍较弱，资助育人的功能没有得到更好的发挥。

一、案例背景

广西水产畜牧学校在长达十年的资助育人探索与实践中，将资助工作融入乡村振兴的重要使命任务，形成了以社会实践和志愿服务为平台载体的"三师四阶五课"资助育人模式，主要做法是：凝聚学校教师、企业技师、乡村农师的"三师"合力，从学校、企业、乡村和网络四个阶段扩充资助育人工作的过程和成效，资助育人活动以乡村五大振兴为主题，优化形成金色产业、蓝色人才、橙色文化、红色组织、绿色生态的"五色课堂"。

二、实施过程

（一）打造"学校教师、企业技师、乡村农师"校企乡三师团队，实现协同育人一体化

资助育人主体由以往的学校教师个体层面，革新为学校教师、企业技师和乡村农师的"三师"多元层面。通过多元师资同时、同心、同向施力，实现资助育人工作实践与感恩回馈的双向互动。学校层面成立资助育人工作指导协调中心，负责对育人活动资源调配、师资选派和经费给予支持。

1. 在校学习阶段，以学校教师为主，实施"三暖"教育

一是暖心课堂教育。从思想提升层面，每周一开展"暖心讲堂"，通过党员教师主题

发言、优秀学生励志演讲等活动，坚持德育为先，教育学生努力克服困难和挑战，励志成才。

二是暖心匣子活动。根据受助学生的需求，送去不同实质内容的"暖心匣子"，如新生暖心匣、御寒暖心匣等，包括文具、棉衣、鞋、床上用品等学习生活必需品，为受助学生送去温暖的精神食粮，让受助学生感受学校大家庭的温暖，让爱心延续。

三是暖心家访活动。假期组织校领导、资助专员、班主任到受助学生家庭进行"暖心家访"，加强家校合作，也加深学生家长对国家资助政策的认知。

2. 校外实习阶段，以企业技师为主，实施技能成才教育

从专业培养方面，结合"职业道德与法律"和"心理健康与职业规划"课程要求，培养学生知行合一的良好习惯，通过"强国有我 技能成才"等技能比赛，结合企业文化、规章制度，引导学生全面了解所学专业，增强责任感，提升爱岗敬业的精神。

3. 社会实践阶段，以乡村农师为主，实施三农感恩教育

从服务能力方面，指导学生完成感恩回馈的实践体验。主要包括：

一是三农政策感恩教育。通过"图说惠农好政策""我向村长献一计"等活动，向受助学生宣传党的三农政策，展示农村改革发展的巨大成就，让大多来自乡村的受助学生切实感受到党的关怀和温暖，激发学生学成后回馈乡村的感恩情怀。

二是乡风文明素养教育。通过"家乡美食我来做"烹饪比赛、"家乡美景我来拍"摄影比赛等活动，让受助学生在乡村实践中挖掘和传承农村优秀传统文化，弘扬尊老爱幼、邻里和睦、勤劳善良等美德，提高受助学生的文明素养。

三是乡村人才励志教育。通过"我为家乡代言"等活动，乡村农师讲述身边的感恩故事，树立先进典型，发挥示范引领作用，激励受助学生完成学业学习技能，建设家乡。

（二）拓展"四阶践进"的资助育人路径，创新资助育人工作空间

革新传统单一的资助路径，开发课堂认知体验、企业实践体验、乡村赋能体验和网络拓展体验的四个阶段资助育人路径，提高受助学生育人活动的参与度。以课堂体验为切入点，以企业实践体验为主攻点，以乡村体验为支撑点，以互联网体验为突破点，以学生深度体验资助育人的方式，通过四个阶段的路径提升中职农校资助育人的效果。

第一阶段：立足校内，整合校内育人活动资源，通过校内的全国水产科普教育基地等平台，注重培养学生文化素养、责任意识和感恩能力的提高。

第二阶段：深入企业，通过与荔园山庄、海世通渔业（文莱）有限公司等校企合作，打造资助育人技能培养实践基地，促进学生自力更生意识与职业技能的提高。

第三阶段：服务乡村，在南宁市马伦村、防城港市紫军村等建立乡村志愿服务实践基地，每学期组织相应专业的受助学生到基地完成服务时长，为乡村振兴工作培养愿意扎根农村回馈社会的"懂农业爱农村爱农民"优秀人才。

第四阶段：延伸网络，与"超星"等网络公司合作，打造水产虚拟仿真育人平台，利用国家数字博物馆、网上展馆等虚拟资源开展线上资助育人活动，提高学生社会服务能力。

（三）构建资助育人活动"五色课堂"，实现资助育人活动设计清晰化

融入乡村五大振兴内容，设置金色产业课堂、蓝色人才课堂、橙色文化课堂、红色组

织课堂、绿色生态课堂项目化的育人实践内容，建构多元化资助育人情境，把资助育人搬出教室，依托本地红色教育基地、专业实践平台、校园生活、团会活动等开展资助育人活动，将红色基因、工匠精神、劳动品质、民族文化、公民意识、四个自信、政治认同等政治要素渗透到资助育人的实践中，增强资助育人的实效性。

1. 金色产业课堂，培养学生技能

以学校全国水产科普基地、东盟水产品预制菜产业学院等基地为平台，培养受助学生工匠精神，学生学好专业技能，实现从受助到自助的转变，不仅能够服务乡村发展，也实现了自我价值，达到了培养人才的目的。

2. 蓝色人才课堂，提升学生价值感

依托党支部书记名师工作室、名师工作坊、班主任工作室、学徒制试点，培养一批有"知农、爱农、学农、为农"意识的高技能型人才，通过组织开展"男子及冠、女子及笄"成人礼、"从头做起"美发义剪、"田秀才"田间课堂等志愿者社会实践活动，提升受助学生三农技能本领，增强学生的职业认同感和个人价值感。

3. 橙色文化课堂，增强学生文化自信

组织书画协会、书香协会、舞狮协会、茶艺社在校内外开展文化传承展演活动，受助学生坚持每天朗诵中华经典文章，庆祝中国传统节日端午节、重阳节、中秋节等活动，形成茶艺素养思政的"品悟式"、传统技艺的"手做式"、文艺的"演绎式"等多种形式呈现，让学生学习和传播民族文化，提高核心素养，增强文化认同和自信。

4. 红色组织课堂，坚定学生理想信念

不定期开展学党史活动，组织学生参加"我心中的党"党史知识竞赛、"赓续英烈精神，汲取奋进力量"烈士陵园祭扫、"行红色足迹，筑青春梦想"红色研学、"军民一家亲"慰问退伍老兵等教育实践，了解历史，传承革命精神，学会感恩，增强责任感，激发爱国热情，培育家国情怀。广西水产畜牧学校"行红色足迹 筑青春梦想"研学活动如图2-1所示。广西水产畜牧学校"赓续英烈精神，汲取奋进力量"教育实践活动，如图2-2所示。利用党和国家重大节日的红色主题教育，文明城市创建、垃圾分类等社会治理主题教育等社会实践，宣传爱国主义教育，树立学生"听党话、跟党走"的坚定信念。

图2-1 广西水产畜牧学校"行红色足迹 筑青春梦想"研学活动

图 2-2　广西水产畜牧学校"赓续英烈精神，汲取奋进力量"教育实践活动

5. 绿色生态课堂，构建学生健康生活方式

每学年，每个班级都要停课一周参加绿色生态课堂，通过劳动教育开展垃圾分类、光盘行动、植树活动、生态养殖等实践活动提高学生环保生态意识和能力，以实际行动践行"绿色、低碳、环保"可持续发展理念，帮助受助学生形成健康、文明、绿色的生活方式。

三、成效与影响

广西水产畜牧学校通过资助育人工作的有效开展，不仅为受助学生提供切实的经济支持，帮助他们安心完成学业，更让受助学生的思想政治、综合素质、心理健康、职业规划以及职业核心能力等方面都有所进步，促进学生接受国家奖助后产生更好的亲社会行为，强化"反哺"意识，真正地在"三农"方面实现人才振兴。

近年来，学校组织受助学生参加校内课堂育人活动 2 万余人次，企业实践育人 1.8 万余人次，乡村社会实践育人 6 000 余人次，互联网实践育人 1 万余人次，学生获得省级以上奖项 367 人次。主持参与广西教育规划资助专项课题"中职生领悟社会支持及亲社会行为的关系研究"等相关课题 39 项，发表论文 57 篇，参编著作 24 本。"渔牧青年"资助育人志愿活动获第五届全国志愿服务项目大赛银奖，学校获评全区职业教育"三全育人"典型学校称号，资助育人活动得到央视、人民网、新华网、广西卫视、广西八桂职教网等多家媒体报道，这进一步扩大了学校资助育人的社会影响力，形成了良好的社会氛围。

四、总结与展望

广西水产畜牧学校的资助育人工作取得了显著成效，为受助学生提供了良好的经济支持和成长平台，培养了他们的感恩意识和社会责任感。未来，学校将继续完善资助育人体系，创新工作方法和手段，为更多受助学生提供帮助和支持。同时，学校将积极争取社会各界的支持和参与，共同推动资助育人事业的发展，为培养更多的乡村振兴优秀人才贡献力量。

点评：农学类中等职业学校肩负为强农兴农培养高素质农业人才的使命，在新时期资助育人实践中具备独特优势和责任。广西水产畜牧学校积极将资助工作融入乡村振兴工作，凝聚学校教师、企业技师、乡村农师的"三师"合力，从学校、企业、乡村和网络四个阶段扩充资助育人工作的过程和成效，资助育人活动以乡村五大振兴为主题，优化形成金色产业、蓝色人才、橙色文化、红色组织、绿色生态的"五色课堂"，以社会实践和志愿服务为平台载体的"三师四阶五课"资助育人模式新颖、独特、有实效，对中等职业学校育人工作起到很好的启发作用。

探索以生为本，构建"334"体系发展型资助育人模式，培育感恩自强担当医学人才

广西医科大学附设玉林卫生学校

一、案例简介

广西医科大学附设玉林卫生学校坚持以立德树人为根本任务，坚持"以生为本"的教育理念，在全面贯彻落实国家资助政策，保证"不让一个学生因家庭经济困难而失学"的基础上，不断创新资助育人工作，构建了"334"体系发展型资助育人新模式（见图2-3）：第一个"3"指三个坚持，即坚持党的领导，坚持精准资助，坚持育人为本；第二个"3"指发挥制度保障、队伍协同、平台建设三大作用；"4"指实施思想政治教育、学风建设、心理疏导和就业升学帮扶。该模式聚焦"素养能力提升、专业技能提升、心理能力提升、求职创业能力提升"之四航计划，打造"医爱为生成长"资助育人特色品牌活动。"334"牢牢抓住学生在入学时、在校时、离校后的三大关键成长期，保障学生"从进校资助到毕业帮扶"循环资助工作体系，建构物质帮扶、道德浸润、精神激励和能力提升四者有效融合的长效机制，进而引导家庭经济困难学生实现全面发展，积极主动投身祖国最需要的地方，用自己的劳动和创造回报学校及社会。

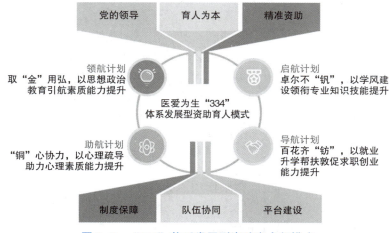

图2-3 "334"体系发展型资助育人新模式

二、工作思路

随着中等职业学校"精准资助"工作深入发展,家庭经济困难学生经济资助形式已渐臻成熟,但是,在资助过程中单一的物质资助模式导致越来越多学生自助意识削弱、感恩意识降低、能力发展受限等。从国家对中职学校乃至高校经济困难学生的资助发展趋势来看,仅有物质资助远远不够,还必须有效解决由于家庭经济困难而衍生的思想、道德、学业、心理、就业等方面的问题。学校针对这些问题,探索"334"体系发展型资助育人新模式,将资助与育人相结合,在开展家庭经济困难学生思想政治教育、学习指导、心理辅导、就业帮扶中帮助学生养成"助人自助、自助助人"的意识,带动形成"解困—育人—成才—回馈"的良性循环,着力培养受助学生自立自强、诚实守信、知恩感恩、勇于担当的良好品质。"334"体系发展型资助育人工作理念思路如图 2-4 所示。

图 2-4 "334"体系发展型资助育人工作理念思路

三、主要做法

(一)领航计划:取"金"用弘,以思想政治教育引航素质能力提升

学校坚持"五育并举",持续围绕爱国、励志、诚信、感恩和社会责任感教育,通过丰富教育形式,将"扶困"与"扶智"、"扶困"与"扶志"具象化交融。

1. 深耕爱国主义教育

创新性开展育人活动,逐步形成资助育人视角下的爱国主义长效机制。开展"国旗下讲话"活动,组织受助学生赴桂东南抗日武装起义烈士纪念塔、红军长征湘江战役纪念馆等爱国主义教育基地举行"传承红色基因、争做时代新人"主题教育活动和"行红色足迹 筑青春梦想"研学活动;利用样本课"学习二十大精神""爱国主义思政课"开展爱国主题教育,每周星期五观看爱国电影,将爱国主义精神贯穿资助育人全过程,让学生根植爱国情怀,提高品德修养,坚定理想信念。

2. 强化励志成才教育

聚焦典型,发挥朋辈榜样的正面激励作用。朋辈座谈,组织国奖学子分享先进事迹;榜样激励,树选"五彩之星"(文明之星、学习之星、技能之星、体育之星、进步之星)典型榜样;美德引领,宣传美德榜样公开表扬;圆桌谈话,励志成才之星分享心路历程,充分发挥励志成才优秀学子榜样示范作用。

3. 涵养感恩诚信责任感教育

以资助政策宣传月为主线，持续开展感恩主题演讲、征文、书法比赛等活动，利用样本课"让爱成长——国家资助伴我行"开展感恩教育；结合学生发展各阶段，以班级为单位，以点带面，在班级中开展奖助学金、诚信考试等诚信教育主题班会，班级打印并张贴诚信公约书，引导学生在诚信教育过程中有参与感；鼓励引导受助学生参与新生入学、献血、义务就诊、"三下乡"等志愿服务活动，树立反哺社会、服务社会的责任意识。广西医科大学附设玉林卫生学校素质能力提升领航计划如图 2-5 所示。

图 2-5　广西医科大学附设玉林卫生学校素质能力提升领航计划

（二）启航计划：卓尔不"钒"，以学风建设领衔专业知识技能提升

学校坚持打通育人"最后一公里"，聚焦学业结对帮扶、技能素养提升（专业技能、护士执业资格考试（简称"护考"）通过率，急救防骗技能）等两个方面加强学风建设，增强家庭经济困难学生专业认同感，提升学生专业素养。

1. 育人育智，开展"点—线—面"学业结对帮扶活动

以结对帮扶为"点"、课程辅导为"线"、全面导师制为"面"，全面学业帮扶成为优良学风体系建设的标准配置。全面实行学业导师制，尊重学生差异化需求，提高家庭经济困难学生学习能力；发挥骨干教师和学生班干力量，与学业困难学生开展"1+1+1"结对帮扶活动。

2. 厚生成长，实施技能素养提升专项行动计划

实施"厚生成长"家庭经济困难学生技能素养提升专项行动计划，以项目化方式为家

庭经济困难生提供发展型资助。围绕"强国有我，技能成才"开展1+X职业技能等级证书培训、护理技能训练、护理礼仪训练、应急救护技能训练、医美专业营销训练、医学检验技能训练，实现资助情怀与技能训练的有机融合，鼓励学生以技冶性、助学筑梦、厚生成长，根植工匠精神；围绕"护考通过率"开展线上线下护考辅导培训；围绕"必知必会技能"开展应急救护普及知识培训、反诈防骗安全知识讲座，全面提高家庭经济困难学生的应急处理和安全防范意识。广西医科大学附设玉林卫生学校专业技能提升启航计划，如图2-6所示。

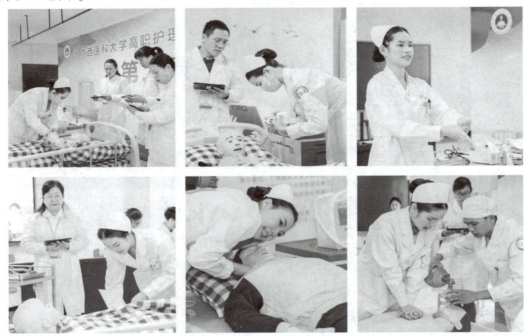

图2-6　广西医科大学附设玉林卫生学校专业技能提升启航计划

（三）助航计划："铜"心协力，以心理疏导助力心理素质能力提升

学校牢牢树立"大思政"观和"大心理"育人观，强化"校—部—班—寝"四级预警协同制度，坚持个体咨询和团体辅导双线协同，创新开展家庭经济困难学生心理辅导工作，用心提升学生心理健康品质。

1. 坚持实施隐性涵育计划，做好团体辅导工作

通过心理帮扶，给予经济困难学生精神关爱。开展心理行为训练专项活动，心理情景剧、朋辈心理辅导比赛，挖掘心理资源，引导受助学生健康自信；开展"心宽以和，善结人缘""有效沟通，和谐人际""做自己的情绪管理教练"等团体心理辅导活动，培养学生的健全人格，提升其自我认识、情绪调适、人际交往和生活意义建构等方面的能力，帮助学生追求有价值感和幸福感的积极人生。心理素质能力提升助航计划如图2-7所示。

图 2-7　心理素质能力提升助航计划

2. 坚持完善"一人一档"制度，做好个体咨询服务

依托学校心理中心教师、联合体医生、辅导员、班级心理委员、寝室长等群体，健全四级预警协同制度，实现心理档案动态管理；把握家庭经济困难学生可能出现的自卑、焦虑、自我否定等不良心理，开展"一对一"心理辅导活动，引导学生关爱自我、助力成长；构建"二一四"联动体系，即通过宿舍安全教育、人际关系改善教育两条路线，联动"学校—学部—学生—家庭"四方力量，共同营造和谐宿舍，使家庭经济困难学生感受到润物细无声的关怀。

（四）导航计划：百花齐"钫"，以就业升学帮扶敦促求职创业能力提升

学校重点做好职业能力培训、对口升学提高、求职结对帮扶、校企联动助力等四项任务，打通从就学资助到就业升学帮扶的最后一公里，为彰显资源集约、责任明确、流程科学、高效持续的社会效益赋能。

1. 开展职业生涯规划教育和求职模拟招聘大赛

结合家庭经济困难学生的群体特点，分阶段组织开展座谈会和培训会等进行职业规划、就业形势、就业技巧等专题辅导；开设求职能力提升训练营，围绕"职业规划""自信演讲"等主题打造沉浸式教学课堂，开展求职模拟招聘大赛，帮助家庭经济困难学生增强专业技能，尽快实现就业。求职创业能力提升导航计划如图 2-8 所示。

图 2-8　求职创业能力提升导航计划

2. 开展重点群体毕业生"一对一"结对帮扶

学校对家庭经济困难毕业生实行就业升学帮扶工作，成立就业帮扶工作专班，开展"一对一""多对一"的全动员、全方位就业帮扶工作；政策宣传上，搭建"线上+线下"资助教育模式，对就业观念、就业信息、帮扶政策进行宣讲，通过访企拓岗、预约咨询等形式进行就业精准帮扶，消除困难毕业生"等靠要"的就业困境；开展对口升学考试培训，提高对口升学率，拓展困难毕业生的成长空间。

3. 搭建校（学校）—医（医院）—企（企业）融通平台，助力学生创新创业

学校搭建校外发展平台，与多家医院和医药企业合作共促资助育人工作，开展"学长与你话成长"资助育人活动，开展产教融合，形成大健康产业参与的资助育人机制，提高创新创业能力，彰显医学人文特色。

四、成效及启示

（一）资助育人成效

"334"发展型资助育人新模式聚焦"素养能力提升、专业技能提升、心理能力提升、求职创业能力提升"之四航计划，打造"医爱为生成长"资助育人特色品牌活动。该品牌活动发挥了育人功能，产生了育人实效，使学生由"他助"转变为"自助"再转变为"助人"。近三年，学校荣获玉林市学生资助工作先进单位；学生参加全区资助征文比赛荣

获一等奖2人、二等奖2人，玉林市级资助征文、演讲、书法比赛荣获特等奖1人、一等奖1人、二等奖3人，学校荣获优秀组织奖；研究课题"基于'立德树人'根本任务的中职学校资助育人质量提升体系构建与应用"获广西教育科学"十四五"规划立项；学生参加第九届全国职业院校"人卫杯"检验技术竞赛荣获二等奖2人、三等奖2人，广西第二届职业技能大赛美容项目荣获银奖1人，广西职业院校技能大赛中职组《护理技能》二等奖4人、三等奖5人；学生违纪情况下降22.73%，心理危机事件下降75.47%，学生就业率上升90%，升学率上升30%，学生自愿参与到各类志愿服务活动近千人，具有较高的推广价值。

（二）资助工作启示

资助工作既要"扶贫"与"扶志"相结合，注重从"他助"到"自助"再到"助人"的核心效果转变，又要多角度、多形式、多方向对资助手段、资助平台、资助实效进行探索，多关注新时代背景下学生的心理需求，建立师生信任感，把帮扶工作做到内容精细、数据精准，进而引导学生树立正确的人生观、价值观，推动资助育人工作高效发力。

> **点评**：立德树人是教育的根本任务，也是资助的根本任务。资助育人作为十大育人体系之一，肩负着立德树人的重要使命。广西医科大学附设玉林卫生学校始终坚持"不让一个学生因经济困难而辍学"的承诺，将育人作为资助工作的出发点和落脚点，立足学校实际，结合医学教育特点，构建了具有学校文化特色的"334"发展型资助育人新模式。从三个坚持、三大作用、四项计划，牢牢抓住学生入学时、在校时、离校后的三大关键成长期，把育人贯穿资助工作全过程，以医学特色文化营造育人氛围，将资助工作做到"扶贫"与"扶志"相结合，注重从"他助"到"互助"再到"助人"的核心效果转变，资助育人成效明显，具有较好的推广价值。

案例三

打造"五航谐动，助力成才"，推动学生资助工作高质量发展

玉林市第一职业中等专业学校

为深入学习贯彻习近平总书记系列重要讲话精神，健全资助育人体系，促进学校学生资助工作从保障型资助向发展型资助转变，近年来，玉林市第一职业中等专业学校坚持以立德树人为根本任务，充分发挥班主任、党员教师队伍的智慧和力量，构建"助学、生涯规划、铸人成才"三个资助体系，聚力"物质帮扶、文化浸润、社会实践、能力拓展"有效融合的四大平台，打造以"朝阳助航、众星联航、蓄势远航、榜样领航、砺行同航"为主要内容的"五航谐动，助力成才"资助育人品牌工程，推动学生资助工作高质量发展。

一、资助工作载体

（一）充分发挥班主任、党员教师两支队伍的智慧和力量，实施精准帮扶，展现资助育人功能

班主任作为学校与学生之间的桥梁，是资助政策体系的宣传者和开展资助工作的具体实施者，在学生资助工作中发挥着不可或缺的作用。学校在班主任选聘上坚持老、中、青相结合原则，通过师徒结对、班主任工作经验交流会等方式助力班主任成长。

发挥党员教师队伍力量，以"帮学习、帮生活、帮思想、帮心理、帮技能"五帮活动为主要内容，开展结对帮扶，整体提升帮扶效果。

（二）构建"助学、生涯规划、铸人成才"三个体系

"助学、生涯规划、铸人成才"三个体系如图2-9所示。

图2-9 "助学、生涯规划、铸人成才"三个体系

一是助学体系。学校构建了以国家免学费、国家助学金为主，国家/自治区人民政府奖学金、校内助学金、勤工助学、家庭经济困难大学新生入学补助和创业补助为辅的"免、助、奖、勤、补"五位一体的资助体系，确保家庭经济困难学生资助到位。

二是生涯规划体系。围绕学校长期开展的自信文化建设系列活动，通过日常行为规范教育、前途理想教育和生涯规划教育，帮助学生重塑信心，规划远大理想，并特别保存好学生职业生涯规划档案。

三是铸人成才体系。学校为每一名学生建立成长档案，涵盖基本情况、入学成绩、受助情况、学业成绩、在校表现等一系列基本内容，同时通过"人脸+指静脉+身份证"数据采集方式建立资助信息电子档案，陪伴学生成长，守护学生个人梦想、家庭梦想，帮助学生守住初心、不断努力。

（三）聚力"物质帮扶、文化浸润、社会实践、能力拓展"有效融合的四大平台

每年定期开展资助主题教育活动，以立德树人为根本，把社会主义核心价值观融入资助育人实践，开展励志教育、诚信教育、感恩教育等活动，培养学生"爱国、敬业、诚信、友善"的优秀品质。通过开展资助政策宣讲、国旗下演讲、主题班会、资助征文比赛、资助主题演讲比赛、大国工匠和优秀毕业生宣讲会、学生社团进社区志愿服务、工学结合等活动，实现经济资助、精神培育和能力锻炼三管齐下，构建全方位、全过程、全员参与的服务型资助育人体系。2021春季期"感党恩跟党走，助学筑梦成长"资助主题教育活动如图2-10所示。玉林市第一职业中等专业学校2023级新生资助政策宣传培训会如图2-11所示。

图 2-10　2021 春季期"感党恩跟党走，助学筑梦成长"资助主题教育活动

图 2-11　玉林市第一职业中等专业学校 2023 级新生资助政策宣传培训会

二、主要做法

（一）朝阳助航——心理帮扶，精神关爱

从新生入学伊始，通过心理测试平台摸底受助学生心理状态，并由专任心理教师定期、定主题开展心理辅导，不断动态关注，如 2023 年 10 月对全体受助的新生开展心理测试，并对系统中采集到的 2 155 份测试结果进行了分析，有针对性地开展心理辅导工作。学校每年 5 月份的第二周开展"心理健康教育活动周"系列活动，通过活动的开展努力培养家庭经济困难学生健康向上的心态，增强学生承受挫折的能力，减轻学生在学习、生活

和就业方面的压力，促使其身心健康、快乐成长。

（二）众星联航——社团拓展，提升素质

学校成立了47个校园文化社团和63个社区服务团队，鼓励受助学生每人至少参加一个文化社团或社区服务团队，并作为第二课堂的考核成绩。通过优秀的学长引领和丰富多彩的活动，带领家庭经济困难学生参与社团活动、社团管理，提高他们的人际交往能力、组织领导能力，增强团队学习和团队合作能力，更好地培养他们的自信、自立、自强、自尊意识，不断提升经济困难学生综合素质。

（三）蓄势远航——就业帮扶，合力助学

学校对家庭经济困难毕业生基本情况、学业情况、就业创业意向、就业进展情况、帮扶措施等建立台账，成立"教育圆梦班"，及时跟踪、定期更新，同时按照"重点关注、重点推荐、重点服务"的原则开展就业帮扶。玉林市一职校2022年春季期学生资助政策宣传暨"教育圆梦班"学生励志教育活动如图2-12所示。通过搭建校企合作平台，让更多企业参与到学校的发展性资助育人项目中来。如学校与TCL移动通信有限公司、京东物流、浙江多家知名餐饮酒店、本地政企校合作项目签订就业帮扶、合力助学协议。

图2-12　玉林市一职校2022年春季期学生资助政策宣传暨"教育圆梦班"学生励志教育活动

（四）榜样领航——励志典型，感恩前行

扶贫重在扶志，贵在扶智。学校通过开展"月份之星"评比，如"学雷锋之星""孝行之星""勤俭之星""自强之星"等活动树立榜样，传播正能量，弘扬勤俭自强、艰苦奋斗的优良传统，引导学生树立起奋发向上、自立自强的人生价值观。每学年集中展示奖学金获得者、技能大赛获奖学生、成功升本学生等优秀学子风采，多维度挖掘优秀学子的奋斗经验和感想，为家庭经济困难学生提供励志奋斗的精神力量和人生方向。玉林市第一职业中等专业学校2023年"自强之星"颁奖仪式如图2-13所示。

图 2-13　玉林市第一职业中等专业学校 2023 年"自强之星"颁奖仪式

在享受资助的学生个人成长方面涌现出许多成才励志典型，如 2017 级电子商务专业学生赖华健、2019 级建筑专业学生张宇恒、2020 级会计专业学生涂培丹，他们分别荣登 2020 年、2022 年、2023 年《人民日报》100 名中等职业教育国家奖学金获奖学生代表名录，三位同学也都考上了高校继续深造。

（五）砺行同航——公益回馈，自助助人

积极宣传"感恩、进取、回报"主题思想和文化理念，开展"砺行同航"行动，鼓励学生学以致用，积极参加各类爱心帮扶活动，搭建助人自助互动平台。学校依托各实训基地建立的广西首家学校对外的"党群服务中心"，每周一至周五安排志愿服务先锋队在服务中心开展对外服务活动，服务项目有小家电维修、无人机助农、汽车保养、农村电商服务等 20 多个。志愿服务先锋队还定期到社区开展便民服务活动和献爱心等公益活动。2023 年，学校共组织了 2 000 多人次参加各类志愿服务活动，为广大师生、群众提供服务 6 000 多人次。通过开展各种形式的志愿服务活动，学生在劳动实践的基础上弘扬正能量，传播新思想，认识社会、回馈社会，在广泛而丰富的社会实践中彰显青年担当。

三、工作成效及启示

（一）资助育人工作成效

1. 培育了一批具有创新潜力的社会主义事业的后备人才

近几年，玉林市第一职业中等专业学校升本升专率均名列广西前茅，成绩显著，毕业生就业率也均在 98% 以上，为社会主义事业培养了一批合格的建设者和可靠接班人。另外，学校在全国、广西职业院校、玉林市中等职业学校技能大赛中屡创佳绩，获奖数量在广西中职学校中名列前茅，在玉林市名列第一，培养了大批具有创新潜力的大国工匠后备人才。玉林市第一职业中等专业学校 2018—2023 年毕业生升学统计表如表 2-1 所示。玉林市第一职业中等专业学校2018—2023年职业技能大赛获奖情况统计表如表2-2所示。

表2-1　玉林市第一职业中等专业学校2018—2023年毕业生升学统计表　　单位：个

年份	本科	高职高专	合计
2018年	100	—	100
2019年	89	808	897
2020年	63	686	749
2021年	41	731	772
2022年	17	547	564
2023年	13	466	479
合计	328	3 238	3 561

表2-2　玉林市第一职业中等专业学校2018—2023年职业技能大赛获奖情况统计表　单位：个

年度	国赛三等奖	区赛一等奖	区赛二等奖	区赛三等奖	合计
2018	—	4	17	10	31
2019	—	—	19	10	29
2020	—	—	6	15	21
2021	—	—	5	17	22
2022	—	1	7	9	17
2023	1	5	12	18	36
合计	1	10	56	79	156

2. 精炼工作经验，共享发展资助育人成果

自国家开展资助工作以来，玉林市第一职业中等专业学校每年都获评玉林市学生资助工作先进单位。所撰写的《走"发展型"资助之路 育自信自强人才》入选全区中职资助育人优秀工作典型案例。2016年12月，在广东顺德召开的全国中职资助工作推介会上，学校作为19个发言代表之一上台做了题为《采用"人脸+指静脉+身份证"技术管理资助工作的案例》的经验介绍。学校采用"人脸+指静脉+身份证"三者结合的管理技术，对受助学生进行精准识别，采集的数据更加准确，更加真实有效，避免了冒名顶替等问题的出现，真正做到了精准管理。新技术得到了上级部门、学生和家长的一致好评。2018年，学校被评为全国资助工作推荐学习单位。近年来，区内、市内的兄弟学校每年都到校交流学习资助工作。

（二）资助育人工作启示

资助与育人的统一，是国家重视教育的体现。玉林市第一职业中等专业学校打造"五航谐动，助力成才"资助育人品牌工程，为家庭经济困难学生提供有针对性的个性化服务、发展型支持，推动形成"解困—育人—成才—回馈"的良性循环，着力培养德智体美劳"五育并举"全面发展的时代新人。

> **点评**：新形势下，学生资助已从保障型向发展型转变，做好学生资助工作，要将资助和育人有机融合起来。玉林市第一职业中等专业学校通过发挥班主任、党员教师两支队伍的智慧和力量，构建了"助学、生涯规划、铸人成才"三个体系，打造以"朝阳助航、众星联航、蓄势远航、榜样领航、砺行同航"为主要内容的"五航谐动，助力成才"资助育人品牌工程，通过开展心理健康教育、志愿服务活动，探索发展型资助育人新模式，有效引导受助学生树立正确的社会主义核心价值观，增强社会责任感，实现了扶智与扶志的育人初衷，具有较好的学习借鉴意义。

案例四

巾帼励志　玉兰芬芳
广西右江民族商业学校

广西右江民族商业学校资助育人工作始终坚持立德树人根本任务，聚焦中职学生精准化受助需求、多维度成长需求，积极构建资助育人新格局，依托学校"巾帼励志班"，提出了"巾帼励志 玉兰芬芳"（巾帼文化自强自信，玉兰文化感恩励志）的资助育人理念，帮助农村贫困家庭女孩立志掌握技能、锤炼品质，传承优秀民族传统文化，发扬艰苦奋斗精神，感恩和报效国家，在实现个人梦想和为社会服务过程中展现自我，赢得一个出彩的人生，进一步拓展资助育人内涵。

一、案例背景

据调查，农村贫困家庭女孩大多为留守儿童，自卑、叛逆、迷茫等心理问题突出，且受家庭经济环境影响，存在入学难的情况。自 2009 年以来，学校持续关注农村贫困家庭女孩教育问题，多次与政府有关部门开展教育扶贫调研工作。2011 年，在国务院扶贫办的大力支持下，广西扶贫办与学校联手创办"广西扶贫巾帼励志班"，旨在发挥国家"雨露计划"扶贫助学补助作用，整合社会资源及力量，以农村贫困家庭初中毕业女孩为对象，培养她们良好的文化素质和职业技能，为她们人生发展和蜕变搭建好桥梁，阻断贫困代际传递，为我国边疆地区经济社会发展培养更多人才，筑牢中华民族共同体意识。

2021 年，"广西扶贫巾帼励志班"更名为"广西文秀巾帼励志班"（以下简称巾帼励志班），将脱贫户、监测帮扶对象家庭的初中毕业女孩作为培养对象，旨在引导她们继承黄文秀同志"热爱家乡，艰苦奋斗，甘于奉献"的优秀品质，成为掌握技能、品德优良、服务乡村振兴的新时代职业女性。

二、主要举措和方法

（一）创建巾帼励志班，形成"政校企社"多元协同"办班"机制

以"广西文秀巾帼励志班"为平台，构建"政校企社"多元协同"办班"机制（见图 2-14）。根据农村贫困家庭女孩特征、需要、心理等三方面特点及地方经济发展进行课程体系建设，实施单独编班特色管理。成立"幸福园丁"积极心理学教学团队工作室，开

展学生心理疏导；实施导师制，选派优秀教师组成巾帼励志班导师团；形成党员"一帮一"帮扶机制；联合市妇联、女企业家联合会等多部门定期开展班级帮扶工作。在国家"雨露计划"助学补助、国家助学金、曾宪梓教育基金、爱心企业及学校党员"一帮一"捐赠资金的支持下，2011—2022年，每生每年补助从4 000元提高到6 500元。帮助农村贫困家庭女孩增强读书改变命运的信心，帮助她们脱离贫困，改变人生。首届"广西文秀巾帼励志班"开班仪式上学生与领导、嘉宾合影如图2-15所示。

图2-14　"政校企社"多元协同"办班"机制

图2-15　首届"广西文秀巾帼励志班"开班仪式上学生与领导、嘉宾合影

(二)把握女性学习心理,构建"德技并修 多元协同"的育人模式

"德技并修 多元协同"的育人模式,如图2-16所示。

巾帼励志班的学生是一群特殊的教育对象,根据统计,96.5%为留守儿童、25.6%为单亲家庭、18.3%为孤儿,文化知识基础薄弱,自卑、叛逆、迷茫等心理问题突出。巾帼励志班以"巾帼励志、传承奋斗、报效国家、出彩人生"育人理念为指引,帮助农村贫困家庭女孩掌握技能、锤炼品质,传承优秀民族文化,发扬艰苦奋斗、乐观向上的精神热爱、感恩和报效国家,在实现自己的梦想和为社会服务过程中展现自我,赢得一个出彩的人生。以德技并修为指向,对"课程体系、企业实习、社会实践和第二课堂"人才培养四个维度进行系统设计,发挥"政校企社"各方协同育人优势,铸造贫困家庭女孩人生发展的高度信心、勇气和能力。

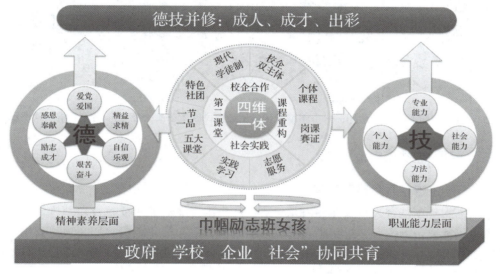

图2-16 "德技并修 多元协同"的育人模式

(三)搭建"立体多元"的学生综合能力素养发展平台

充分运用大数据、虚拟现实、移动互联网,搭建"立体多元"的学生综合素养发展平台。实现学生精准教育帮扶、特色化教育教学管理及就业升学等全过程的跟踪管理,满足贫困家庭女孩个性化培养需要。

(四)融入地方民族文化,开展特色职业教育人才培养

立足当地实际,面向市场需求,把民族文化和职业教育有机融合,培养适应民族地区发展需要的有用人才。建立了"右江麽乜"巾帼励志班民族手工艺传习点,成立了"巾帼励志民族文化传承与创新基地"、少数民族传统体育攀爬坡杆项目训练基地,培养学生"四会",即会"一首民歌、一项民族手工技艺制作、一项民族体育运动、一道民族美食烹饪"。市职业教育活动周——巾帼励志班学生进行民族工艺品"麽乜"制作教学成果展示如图2-17所示。定期开展民族技艺制作技能比赛、"三月三——非遗进校园"等民族文化特色活动,为学生提供更加丰富多元的发展空间,也为学生创造了更多创新创业的平

台。用优秀的民族文化陶冶学生情操,激励学生以实际行动传承、弘扬民族文化,成为民族传统文化的继承人和传播者,树立民族团结、社会和谐发展的良好形象。

图2-17　市职业教育活动周——巾帼励志班学生进行民族工艺品"麼乜"制作教学成果展示

三、取得成效及启发

(一) 人才培养质量显著提高

巾帼励志班创新育人模式在校内起到了标杆作用,推动了学校教育教学改革,促进了学校人才培养质量的提升。近年来,学生参加全国全区各类竞赛获奖288项,其中一等奖52项、二等奖98项,学生获奖率超过80%,考证通过率90%以上。获广西壮族自治区教育奖学金学生集体合影如图2-18所示。

图2-18　获广西壮族自治区教育奖学金学生集体合影

党和国家的教育扶贫资助政策使众多家庭困难的学子，没有了生活上的后顾之忧，在知识和技能学习过程中全力以赴。2018级广西扶贫巾帼励志班学前教育（1）班学生黄馨，在校期间，积极应聘学生会干部，参加学校礼仪队、舞蹈队，积极参加各级各项技能比赛，先后获得全区师范生技能大赛三等奖、广西职业院校技能大赛模特礼仪项目三等奖、广西商业职业教育第一届商务礼仪大赛二等奖。通过努力，她被一所高职院校录取，成为一名大专生，圆了自己的大学梦。2020级广西扶贫巾帼励志班叶巧艺，高铁乘务专业学生，在学习上，她不断扎实基础知识，扎实专业技能，成绩优异，在见习实践中得到见习单位的高度认可，被评定为"优秀"等次，在2020年学校技能比赛"高铁乘务面试礼仪"项目中荣获一等奖，在2022年全区"互联网+"大学生创新创业大赛中荣获金奖。同一时期，她连续两个学期获得学校"二等奖学金"。

（二）专业师资队伍建设卓有成效

教师获得全国优秀教育工作者、自治区民族团结进步模范个人、自治区三八红旗手、自治区扶贫培训先进个人等荣誉称号7人次。近年来，教师参加市级以上技能竞赛，获奖45项，其中一等奖7项、二等奖16项；出版教材21本，发表论文38篇，获得专利9项、软件著作权9项，立项省级教改课题17项。

（三）学校办学综合能力彰显

学校荣获全国国防教育特色学校、广西中等职业学校四星级学校、自治区依法治校示范校、自治区扶贫培训先进单位、广西三八红旗集体、自治区卫生先进单位等11项荣誉，承担国家提质培优项目，承办市级职业技能大赛，并获团队总分排名第一好成绩。学校办学影响力、办学规模位居广西中职学校前列。

（四）社会服务成效

脱贫与乡村振兴有成效。截至2021年，已培养"巾帼励志班"农村贫困家庭女生3 690人，帮助农村贫困家庭初中毕业女孩就读中职，促进其家庭增收，帮助摘掉学生家庭的贫困帽子。如2011级姚星友、2014级温斯娥等同学，目前月工资为5 000～8 000元；2013级邓美清毕业后回家乡创业，创建芒德乐水果基地，助推百色杧果产业发展，2021年参加"百色芒果全国青年（大学生）网络创新创业峰会"直播带货赛荣获直播达人金奖。这些事迹生动体现了学校"一人就业、造福一村"的资助育人理念，学校将继续为巩固拓展脱贫攻坚成果、全面推进乡村振兴作出自己贡献。

> **点评**：学生资助是中等职业教育高质量发展的重要保障，能有效促进新时代职业教育新模式建设和发展。广西右江民族商业学校坚持立德树人根本任务，聚焦中职学生精准化受助需求、多维度成长需求，积极探索资助育人品牌打造，携手百色市妇联开设"广西文秀巾帼励志班"，通过创建巾帼励志班，把握女性学习心理，搭建学生综合能力素养发展平台等方式，提出了"巾帼励志 玉兰芬芳"（巾帼文化自强自信，玉兰文化感恩励志）的资助育人理念，构建了"德技并修 多元协同"的育人模式，打开了资助育人新格局，在帮助农村贫困家庭女孩在实现个人梦想和为社会服务过程中进一步拓展了资助育人内涵。

案例五

探索"3+3+N"资助模式,激发全面育人实效
广西科技大学附属卫生学校

一、"3+3+N"资助模式简介

广西科技大学附属卫生学校全面落实各项国家资助政策,构建保障型资助体系,在资助工作过程中融入"三全育人"理念,逐步形成以"三完善、三精准、多平台"为核心的"3+3+N"资助模式(见图2-19):第一个"3"即三完善,指完善体系、完善管理、完善手法;第二个"3"即三精准,指精准过程、精准统计、精准宣传;"N"即多平台,指通过"资助+思想""资助+志愿服务""资助+升学就业""资助+心理",切实做到引航思想、引导志愿服务、加强升学就业指导、注重心理建设,打造"从进校资助到升学就业帮扶"的循环资助工作体系,推动学校资助工作走深走实。

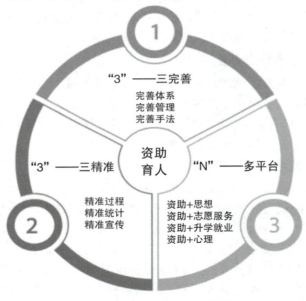

图2-19 "3+3+N"资助模式

二、"3+3+N"资助模式的主要内容

(一)完善体系——精准过程

在家庭经济困难学生认定和国家奖助学金评定过程中,对标文件,构建层级递进式自主责任机制,强化资助监管,形成"1+2"模式评审小组体系。该体系包括以分管校领导为组长的校级评审小组、以资助中心为核心的学校工作小组、班级层面以班主任为组长的班级评议小组,各小组协同组织开展家庭经济困难学生认定和国家奖助学金评定,切实做到资助育人全过程精准。

(二)完善管理——精准统计

(1)确保重点保障人群全覆盖,对特殊困难群体、突发困难学生进行重点排查和认

定，达到精准资助的目的；健全学生档案管理信息系统，精准确定登记经济困难学生；以"学校全覆盖，对象无遗漏"为目标，综合考虑学生家庭收入水平、家庭人口数、家庭突发状况等因素，确定困难学生的认定标准和资助档次，实现差异性资助。

（2）确保工作规范化和制度化，推进资助精准和过程育人，完善"个人申请—量化测评—综合评议—精准认定"四级认定模式，优化资助工作流程，保留评审工作记录，做到有据可依，做到资助统计工作精准。

（3）确保资助工作的公平性和全面性。开展调查研究，摸准实情，扎实做好学生家庭经济状况摸底工作。通过对家庭经济困难学生进行定期谈话、实地走访、跟踪调查，构建学生消费指数模型，重点关注脱贫户、低保家庭、单亲及孤儿群体的实际困难，结合实际情况开展针对性评审认定。

（三）完善手法——精准宣传

为完善资助政策宣传的整体性和有效性，学校积极探索和推广切实有效的宣传方式，通过"融媒体+政策宣传"，精准畅通资助宣传信息之路。以"资助宣传月""开学第一课"和毕业生文明离校教育等活动为契机，以诚信教育、感恩教育为抓手，通过周见面、主题班会、团日活动、专题报告等多种形式增强学生诚信观念、感恩之心与责任意识；以学校"三好学生"评选和国家、自治区奖学金评选为依托，在学校官方微信公众号和官方网站开辟"国奖风采录""榜样的力量""优秀毕业生"等专栏，大力宣传优秀学生事迹，遴选优秀励志典型并进行班级、学生部门等的宣传推广，发挥榜样引领作用，激励受助学生奋发有为、自强拼搏、感恩奉献，推动资助育人影响至深至远。线上线下齐发力，创新政策宣传形式路径，提高政策传播精准度，宣传形式生动性，让资助政策走实走深，切实打通政策宣传"最后一公里"。

（四）挖掘资助内涵，拓展育人平台

在实际工作中，学校坚持挖掘资助育人内涵，不断完善育人体系，以思想教育、助学实践、升学就业帮扶、心理帮扶四大平台，打造"资助+"工作模式，全面做到"扶贫""扶智"更"扶志"，推进资助育人工作内涵式、纵深式发展。

1. "资助+思想"——重视思想引航

（1）深耕爱国主义教育。将国家资助政策作为学生教育素材，将爱国主义教育融入资助工作各环节，创新性开展育人活动，全面促进党的先进理论和思想入脑入心，切实履行新时期资助工作的新使命，扎实做好学生理想信念培养与思想品德培养工作，弘扬社会主义核心价值观，逐步形成资助育人视角下的爱国主义教育长效机制。

一是以多种形式向受助学生开展党的二十大精神、习近平新时代中国特色社会主义思想宣讲，成立由学校领导、党支部书记、思政课教师、青年党员教师等组成的"学习贯彻党的二十大精神"宣讲团，集中宣讲20余次。坚持将二十大报告中的新理念、新提法、新论断融入学校德育工作中，并将其作为贯穿主题团课、主题班会的核心内容进行讲授，让党的最新理论创新成果"带着热气"入脑、入心、入行。

二是引导受助学生熟悉柳州历史、投身乡村振兴、助力工业发展，学校组织受助学生到柳州市白莲洞洞穴博物馆开展2023年柳州历史文化教育研学活动，在受助学生中掀起柳州红色研学热潮。

三是将主题班会课与时政相结合，开展学生"课前10分钟——报道加评论"的活动，

引导同学们从政治、经济、文化、教育等方面关注时政新闻。定期组织召开主题团日活动交流分享学习感想，切实让学生们做到学有所思，观有所悟，让"红色种子"在学生心里生根发芽。

（2）抓牢廉洁教育。以"清廉学校"建设为契机，在校园内积极创建"绘声绘色绘清风，助学助廉助成长"校园廉洁品牌活动：一是创清廉讲堂，邀请学校领导和各党支部书记为同学们开展清廉主题教育讲座，帮助同学们了解廉洁文化，理解清廉学校建设的意义。2023年共开展清廉讲堂7次，共计1 000余名团员青年参加。二是讲廉洁故事，在全校举办以"崇尚廉洁，以廉为荣"为主题的讲廉洁故事比赛，形成人人讲廉洁、人人听廉洁的清正氛围。三是绘诚信文化墙，在学生宿舍走廊绘制诚信文化墙，展示学生喜闻乐见的诚信故事、诚信格言等，增强学生诚信意识，帮助学生树立"讲诚信、践诚信"的信念。四是画守法作品，在全校学生中开展以"青春向党，守法于行"为主题的绘画比赛，以色彩展现法治事迹和法治精神，引导学生知法、守法、学法和用法，让诚信守法成为风尚。

（3）强化励志成才。强化资助育人功能，发挥全员育人作用。一是邀请离退休教师、银龄教授开展励志讲座，以自身为例，激励学生坚定求学信心，懂感恩，立大志。广西科技大学附属卫生学校邀请离退休教师、银龄教授开展励志讲座，如图2-20所示。二是采用多种途径和方式对建档立卡、生活困难学生展开慰问，引导学生识恩、知恩、感恩、报恩。三是通过选树典型，组织开展国奖区奖先进事迹分享会，并借助校内外平台宣传典型人物事迹和优秀育人案例。四是将资助工作与"技能成才 强国有我""传承红色基因、争做时代新人"等系列主题活动相结合，弘扬劳模精神、劳动精神和工匠精神，充分展现新时代中等职业学校学生苦练技术技能和奋发进取的精神风貌，进一步推进发展性资助育人成效。

图2-20 广西科技大学附属卫生学校邀请离退休教师、银龄教授开展励志讲座

（4）创新育人路径。加强资助宣传和文化建设，一是以钉钉平台为抓手，结合网络育人，线上加线下，通过网络课程、征文比赛、演讲比赛等活动，达到育人效果。二是加强对学生劳动教育的引导，通过课程设置、实践活动，为学生搭建劳动教育平台，培养学生

热爱劳动、自强不息的精神，增强资助育人渗透力，协同并进，实现资助效果最大化。三是加大美育教育的广度和宽度，通过美育教育将中华优秀传统文化融入学生学习、生活之中，坚定中华优秀传统文化和社会主义先进文化自信，实现学生个人理想信念的提升。将美育教育和教室环境设计、宿舍布置设计相结合，并定期开展评选表彰，借助美育思维实现跨学科结合，帮助学生理解"美"的标准，提升发现"美"的能力。

2. "资助+志愿服务"——引导志愿服务

切实做好学生一站式服务建设，在志愿服务中提高学生综合素质，逐步实现志愿服务由劳务型向智力型转变，并在志愿服务中融入专业教育工作。

一是开展"三下乡"暑期社会实践志愿服务活动，组织多名青年教师和学生志愿服务队赴融安县泗顶镇三坡村开展"关爱老年人，助农助贫困"志愿服务活动。2023年"三下乡"志愿服务活动分为1个乡村振兴团、6支小分队（分别是义诊小分队、应急救护小分队、调研小分队、防艾宣传小分队、送温暖小分队、康复宣教小分队），在进行志愿服务的同时，注重提高学生的专业能力。志愿者们还将在校学生募集到的助农助贫物资整理并分发给当地贫困村民、孤寡老人等。广西科技大学附属卫生学校师生赴融安县泗顶镇三坡村开展"三下乡"暑期社会实践志愿服务活动，如图2-21所示。

二是开展"到社区报到"行动志愿服务。学校组织青年志愿服务队到结对社区开展"垃圾清零美龙城"和"清廉家风齐传颂"等志愿服务。通过开展"到社区报到"系列志愿服务活动，鼓励更多的学生投入社会实践，提升青少年践行志愿服务精神动力，焕发青春力量，唤醒青春活力。

图2-21　广西科技大学附属卫生学校师生赴融安县泗顶镇三坡村开展"三下乡"暑期社会实践志愿服务活动

3. "资助+升学就业"——加强升学就业指导

对家庭经济困难毕业生实行升学及就业帮扶工作，政策宣传上，搭建"线上+线下"资助教育模式，对升学、就业信息、帮扶政策进行宣讲，消除升学、就业的经济和思想等负担，打通从升学、就业资助到升学、就业帮扶的"最后一公里"。学校为家庭经济困难学生提供发展性资助，开展了"1+X"母婴护理、皮肤护理、老年护理等技能培训，实现资助情怀与技能训练的有机融合。围绕"以证促教、课证融合"，将"1+X"证书与专业建设、课程建设、师资队伍建设等紧密结合，不断提升学生技术技能水平和就业能力，为学生技行天下、职赢未来打下坚实基础。

4. "资助+心理"——注重心理建设

依托学校心理咨询平台，形成宿舍长、班级心理委员、班主任、专业心理老师四级心理危机干预体系。一是依托广西科技大学师资优势，共建心理咨询中心，专业心理老师随时指导。二是建立"医校"合作平台，通过"请进来"的方式，邀请广西脑科医院心理专家进校开展心理讲座。三是通过开展"助力成长，关爱自我"团体辅导活动，引导学生关爱自我、助力成长。四是打造心理健康教育特色项目，开展如"青春系"心理漫画创作活动，鼓励学生以漫画创作的形式表达青春生活。"医护小萌新的社牛养成记"团体心理辅导如图2-22所示。

图2-22 "医护小萌新的社牛养成记"团体心理辅导

三、成果及启示

（一）资助育人成效

在资助工作的开展过程中，"3+3+N"资助模式发挥育人实效，切实做到引航思想、引导志愿服务、加强升学就业指导、注重心理建设。近三年，学校学生参加全区资助征文比赛荣获二等奖 1 人、三等奖 3 人；入选自治区"自强之星"学生励志典型人物 1 人；打造了"绘声绘色绘清风，助学助廉助成长"校园廉洁品牌活动，获 2023 年"创清廉科大树清风正气"校园廉洁文化活动立项并结项，"立德树人视域下中职学校'清廉文化'育人功能与实现机制的研究与实践"课题获 2023 年度柳州市职业教育教学改革课题重点立项；学生参加"技能成才 强国有我"系列教育活动，荣获一等奖 4 项、二等奖 19 项、三等奖 8 项；学生参加广西第二届泰盟"可胜杯"生理学竞赛，荣获团体三等奖；获广西职业院校技能大赛中职组"护理技能比赛"二等奖 1 人、三等奖 6 人；学生参加柳州市主题演讲比赛，荣获一等奖 1 项、二等奖 3 项。学校乡村振兴团连续两年获柳州市大中专志愿者暑期文化科技卫生"三下乡"社会实践活动优秀团队。学生自愿参与到各类志愿服务中，全校注册志愿者为 1 755 人，2023 年服务总时长达 1 509 小时。

（二）资助工作启示

"3+3+N"资助工作模式发挥育人实效，以思想教育、助学实践、升学就业帮扶、心理帮扶四大平台，打造"资助+"工作模式，全面做到"扶贫""扶智"更"扶志"，推进资助育人工作内涵式、纵深式发展。在资助育人过程中达到的"他助"效果，这也是资助育人的目的。因此，资助工作的核心，一是要明确"扶贫"与"扶志"相结合，从"他助"到"自助"再到"助人"核心效果转变；二是要从多角度、多形式、多方向进行对资助手段、资助平台、资助实效的探索，多关注新时代背景下学生心理需求，建立师生信任感，把帮扶工作做到内容精细、数据精准，进而引导学生树立正确的人生观、价值观，推动资助育人高效发力。

> **点评**：资助育人是一项利国利民的民生工程，党的二十大报告明确指出要"完善覆盖全学段学生资助体系"，实现学生全面发展。广西科技大学附属卫生学校通过完善体系、完善管理、完善手法等"三完善"，全力推进学生资助工作过程精准、统计精准、宣传精准"三精准"，充分挖掘资助内涵，依托思想教育、助学实践、升学就业帮扶、心理帮扶四大平台，开展了"资助+思想""资助+志愿服务""资助+升学/就业""资助+心理"等活动，打造了"资助+"工作模式，做到"扶贫""扶智"更"扶志"，纵深推进资助育人工作内涵式发展，提升了育人工作实效。

案例六

探索构建"九扶"机制，全面提升资助育人实效
广西机电工程学校

近年来，广西机电工程学校全面落实立德树人根本任务，把资助育人作为"三全育人"典型学校建设的主要内容，通过不断探索与尝试，构建新时代"九扶"资助育人机制，将工作做实做细做深，成效显著。

一、融合创新"九扶"资助育人机制

在"扶困""扶智"和"扶志"相结合的发展型资助体系基础上，结合职业院校"三全育人"综合改革，借鉴其他中职学校先进资助育人经验，从育人路径、育人主体和育人

过程三个角度融合创新，形成具有学校特色的"九扶"资助育人机制，实现全方位、全员、全过程的资助育人目的。"九扶"资助育人机制示意图如图2-23所示。

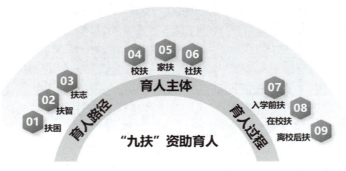

图 2-23 "九扶"资助育人机制示意图

二、"九扶"资助育人机制的具体做法

（一）育人路径

1. 扶困

扶困指对家庭经济困难学生的帮扶。除国家助学金、免学费政策、物价补贴等资助政策外，学校还成立"手挽手"爱心基金，累计募集资金近百万元，在每学期初和端午节、中秋节、元旦节等重大节假日对贫困学生特别是因病、因灾等突发性贫困学生开展专项资助帮扶。近年来累计资助数百名学生，资助资金超过50万元，实现了"不让一个学生因为家庭经济困难而辍学"的庄严承诺。

2. 扶智

扶智指在学习上对学生的帮扶。学校积极应对职教高考改革，以语数英等文化基础课程为核心，组建专门的教师辅导团队，通过晚自习辅导、线上讲座、月考、模拟测试等多种形式为在校学生，特别是三年级学生免费辅导帮扶。同时鼓励优秀学生与其他同学结成帮扶对子，倡导小组学习法，大兴学风。在校学生学科优良率稳步增长，升学意愿大为提升，升学录取率也连年攀升。

3. 扶志

扶志指在明德立志上对学生的帮扶。学校扎实开展理想信念教育、社会主义核心价值观教育、中华优秀传统文化教育、革命文化和社会主义先进文化教育，持续开展各种有广西特色、学校特点的德育活动，打造校园文化品牌，德技并修、五育并举，持续为学生发展提供帮扶。2023年，累计开展习近平新时代中国特色社会主义思想主题教育团课80次、国旗下主题德育活动课32次；组织学生超2 000人次到邓颖超纪念馆、林景云故居、人民公园烈士纪念碑和广西博物馆等开展研学活动；形成了以三月三、端午、中秋、冬至四个传统节假日为核心的民族传统文化体验系列活动，当年参与活动师生累计近20 000人次，其中"传承优秀民族文化，展现八桂别样风采"三月三系列活动得到了广西卫视新闻夜班栏目的报道；持续参与全区"技能成才 强国有我"系列教育活动和"青春筑梦新时代，资助伴我向未来"主题征文活动等文明风采活动，参与人数及作品获奖数皆为全区前列，连年获得自治区教育厅颁发的优秀组织奖;开展经典诵读活动和举办机电诗词大会,让书声盈满校园,让风雅浸染每一位学子。

经典帮扶案例:2020级计算机应用专业小凌同学是边远山区建档立卡家庭学生,父母长年在外打工,长期缺少关爱,导致小凌性格内向、较为自卑,入学时成绩较差。入学后,经过摸排了解到这些情况后,学校制定了专项帮扶方案,不仅给予他财物的帮助,也对其进行了心理辅导,在兴趣爱好上对小凌不断给予鼓励、指导。经过两年多来的持续帮扶,该生发生了很大的变化,不仅性格变得开朗起来,还通过书写立体字而一举成为得到新华社、人民网等众多官媒报道的新时代网红学生。在校期间先后荣获了2021年全区"感党恩跟党走,助学筑梦成才"主题书法比赛中职组软笔和硬笔二等奖、2022年全区职业院校"技能成才 强国有我"主题教育活动才艺展示展览项目一等奖等一系列荣誉和学校奖学金,并于2023年考上了广西金融职业技术学院,在学院中很快崭露头角,担任了学院艺术协会副会长。小凌的事迹是新时代学生的典型案例,鼓舞和引导了更多的学生向他学习。

(二)育人主体

1. 校扶

结合学校六级网格化管理制度,总结出"小组互扶"工作法,发挥学校、教师、同学的帮扶作用,尤其积极发挥优秀学生的榜样作用,拍摄获奖学生专题片,开设国奖宣传专区,大力弘扬典型学生事迹。例如,国家奖学金获得者莫光富同学入选国家奖学金获奖学生百名代表,被《人民日报》专栏报道;周天冠在广西中职国家奖学金典型人物优秀事迹巡回报告会上分享成长故事。这些学生起到了良好的榜样力量作用。

2. 家扶

贯彻落实教育部第十三部门《关于健全学校家庭社会协同育人机制的意见》,把家长纳入资助育人体系,通过线上家长会、致家长的一封信、邀请家长参加颁奖典礼等学校重大活动等多种形式,不断引导家长对学生给予积极的引导帮扶。

3. 社扶

一方面,通过开展岗位实习活动,把企业作为育人主体,在实习过程中不断对学生进行教育帮扶。另一方面,通过开展校外志愿服务和红色研学、劳动研学、资助研学等活动,让学生在社会活动中得到教育帮扶。学校与社会公益机构"安琪之家"结对帮扶,定期组织学生参与爱心公益志愿服务活动,得到多方的赞扬与认可,成为学校青年志愿服务的特色品牌。

经典帮扶案例:2019级新能源汽车专业的小袁,是来自河池市东兰县的贫困学子,单亲家庭,母亲一个人打工送他求学。他也非常刻苦学习,积极参加各种活动和技能竞赛,先后获得了校内奖学金和自治区职业院校学生技能竞赛一等奖等荣誉,最终得到了国家奖学金。在2023年学校举办的国家奖学金颁奖典礼上,学校安排他作为典型代表上台领奖,并在他不知情的情况下邀请了他的母亲来到颁奖典礼现场。在他作为代表分享获奖感言讲述他母亲在他求学之路上的无私支持时,主持人请出了他的母亲来到台上,突如其来的喜悦让他们母子俩因感动而相拥而泣。在他母亲含泪分享儿子求学路上的艰辛和努力时,全场观众备受感动,自发的掌声经久不息,整场活动取得了非常好的育人效果。

(三) 育人过程

1. 入学前扶

在学生咨询报读学校时，招就办、学生科等学校工作人员即刻开展摸排工作，在开学前一周，班主任提前上岗开展工作，为学生进行入学辅导，提前研判家庭经济困难学生等，对家庭经济很困难但又有强烈求学意愿的学生开通绿色通道、重点帮扶，使其能安全、快捷、愉快地顺利入学。广西机电工程学校教师进村入户帮扶圆求学梦，如图2-24所示。

图2-24 广西机电工程学校教师进村入户帮扶圆求学梦

2. 在校扶

学生在校三年间，学校不间断地对学生给予各种教育帮扶，确保学生健康成长、全面发展。近年来，学校没有一名学生因家庭经济困难而辍学，没有一名学生因家庭经济困难而发生极端事件，没有一名学生因家庭经济困难而放弃升学。

3. 离校后扶

在学生离校后，学校仍然对其给予帮扶，及时为其排忧解难，使其能顺利升学或就业，同时对受助学生的资助效果进行长期跟踪评价，反思整个资助育人机制的优缺点，不断改进、不断发展、不断健全。

经典帮扶案例：2020级汽车运用与维修专业的小韦系河池市都安县建档立卡户家庭，母亲有智力障碍，家里有五个兄弟姐妹，而且都在上学，其中一个哥哥还患有夜盲症，父亲是家里唯一的劳动力，生活过得非常困难，但小韦坚持着自己的求学梦。在下村进行乡村振兴帮扶过程中，学校了解到这一情况后，高度重视，及时介入、"九扶"齐下，没有了后顾之忧的小韦，顺利就读广西机电工程学校，发奋学习，成绩优异、技能突出，2022年获得了自治区人民政府奖学金。小韦不仅学习努力，还有感恩之心和勤俭节约的好习惯。在岗位实习期间，他努力工作，省吃俭用，结束时带回了近两万元积蓄，并且大部分钱给了家里改善生活。小韦的事迹是学校众多资助育人成果之一，他的故事激励了其他学生坚持求学、学会感恩和养成优良的习惯、作风。

三、"九扶"资助育人机制的育人成效

学校积极主动推广应用"九扶"资助育人机制，使其成为学校"三全育人"综合改

革的有力推手,育人成效显著。2022—2023 年,班级建设继续保持较高优良率,先后获得全国、全区各级各类荣誉数百项,积极选树先进典型一批,校风、学风稳步提升,技术技能人才培养质量、家长满意度和社会美誉度进一步提高。2022—2023 年广西机电工程学校学生培养质量情况如表 2-3 所示。2020—2023 年广西机电工程学校育人成效情况如表 2-4 所示。

表 2-3　2022—2023 年广西机电工程学校学生培养质量情况

序号	赛事名称	组织奖	一等奖	二等奖	三等奖
1	2022 年全区职业院校"技能成才 强国有我"主题教育活动(文明风采竞赛)	1	15	57	36
2	2022 年广西职业院校技能大赛	—	11	14	19
3	2022 年全国职业院校技能大赛	—	—	—	3
4	2023 年广西职业院校技能大赛	—	13	18	20
5	2023 年全国职业院校技能大赛	—	1	—	1
6	2022 年广西校园中华经典诵读大赛	—	1	1	—
7	2022 年广西第十三届学生运动会	—	6	6	14
8	2022 年全区中职学校"5·25"心理健康教育活动月优秀抗疫心"晴"故事	—	—	1	—
9	2022 年广西"青春献礼二十大　助学筑梦铸信念"资助主题征文比赛	—	—	2	—
10	2023 年广西"青春筑梦新时代　资助伴我向未来"资助主题征文比赛	1	1	1	—
11	2022 年自治区奖学金	—	127	—	—
12	2022 年国家奖学金	—	12	—	—
13	2023 年自治区奖学金	—	121	—	—
14	2023 年国家奖学金	—	9	—	—

表 2-4　2020—2023 年广西机电工程学校育人成效情况

序号	时间	成效认定名称
1	2020 年	第二届全国文明校园
2	2020 年	第三批全国国防教育特色学校
3	2021 年	广西"十四五"五星级中等职业学校
4	2022 年	第一批广西绿色学校
5	2023 年	广西清廉学校建设示范校
6	2023 年	自治区职业教育"三全育人"典型学校
7	2023 年	广西 A 类优质中职学校
8	2023 年	广西普通高中和中等职业学校家庭经济困难学生量化认定管理试点单位

> **点评**：资助育人是学生资助工作的本分，也是资助工作的目的。广西机电工程学校在"扶困""扶智"和"扶志"相结合的发展型资助体系基础上，结合职业院校"三全育人"综合改革，从育人路径、育人主体和育人过程三个角度融合创新，形成了具有学校特色的"九扶"资助育人机制，通过两个典型帮扶案例，从精准扶贫、解除学生的后顾之忧到耐心指导与朋辈互助，助力学生成长成才，真实展示了"九扶"资助育人成效，实现了全方位、全员、全过程的资助育人目的。案例给中职学校开展资助育人工作起到较好的启发作用。

案例七

校企政三方联动，扶困立志共绘育人同心圆
南宁市第四职业技术学校

一、案例背景

南宁市马山县是广西集中连片特殊困难县，也是滇黔桂石漠化治理重点片区县之一。该县山多地少，经济资源贫乏，经济发展水平较低，贫困群众占比大，每年约 80 名马山户籍学生报读南宁市第四职业技术学校，学生家庭经济情况各有不同。

为充分发挥学生资助服务国家乡村振兴的堡垒作用，保障马山籍家庭经济困难学生安心在校上学，南宁市第四职业技术学校与东风汽车集团有限公司、深圳市东风南方爱心公益基金会、马山县人民政府深度合作，成立东风南方汽车维修技师班（以下简称东风马山班），以"就近免费入学、直通央企就业、稳固家庭脱困"为宗旨，结对帮扶马山籍家庭经济困难学生，创新打造"资助+发展"校企合作育人新模式。目前，结对帮扶的东风马山班学生共 68 人。

二、特色做法与经验

（一）精准招生，将学位留给最需要的学生

为精准做好马山籍家庭经济困难学生招生工作，每年南宁市第四职业技术学校积极走访调研，详细了解困难学生家庭经济状况；教育部门积极联合乡村振兴、民政等部门，通过大力宣传、深入走访等方式，鼓励符合条件的家庭困难适龄学子报名。学校、企业、政府部门深度磋商，结合马山籍家庭经济困难学生报读情况，安排专项资金给予相应补助，成立东风马山班，让马山县最需要脱贫的学生享受到免费、优质的中等职业技术教育资源。

（二）校企共育，注重提升学生的职业技能

在东风马山班共建过程中，校企共同制订人才培养计划，充分利用校企双方各自的资源优势，按照预定的人才培养目标，共同参与人才培养过程，并承诺在充分尊重学生就业选择的基础上，学生在顶岗实习期间企业考核合格，拿到毕业证书后即可与企业签订正式

用工合同，形成"订单培养、学岗对接、育训结合，保障就业"的校企政联合培养的"四职东风"育人模式。东风马山班校企政"四职东风"育人模式如图2-25所示。

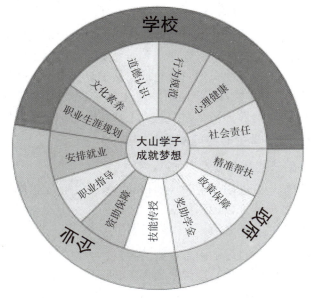

图 2-25　东风马山班校企政"四职东风"育人模式

为切实帮助学生在专业知识、操作技能、职业素养等多方面提升能力，学校实行学校与企业穿插式教学，将"学习"与"工作"深度融合，建立基于工作任务导向的东风马山班模块化课程体系（见图2-26），分基础模块、专业核心模块、企业模块和岗位（特长）模块。前两个模块为公共平台，主要是为学生搭建专业框架和保持职业发展能力而设计；后面两个模块为职业平台，主要是为学生实现零距离上岗而设计。前两个模块和企业模块的一部分内容主要在校内进行，以任务驱动和案例式教学为主，而企业模块中实践性较强的内容和特长模块内容安排在实习期完成，主要由实习带队教师和企业工程师在企业教学。

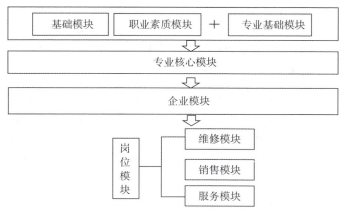

图 2-26　东风马山班教模块化课程体系

（三）资助育人，保障学生顺利完成学业

学校和企业通过设立专门的奖助学项目，加大东风马山班的帮扶力度，保障学生顺利完成学业。学校积极开展学生资助政策宣传，加大宣传力度，向广大师生详细讲解家庭经济困难学生的一系列资助政策和资金申请办理流程，充分发挥班主任的主体责任意识，全过程指导学生做好资助补助资金的申请管理。为加大家庭经济困难学生的帮扶力度，东风南方汽车集团有限公司与学校深度合作，设立励志奖学金，给予每生每年 1 000 元的奖励。此外，为减少学生日常生活开支，企业还给学生生活补助或免除课本费、住宿费、体检费、交通费、服装费、保险费等，切实为帮助学生顺利完成学业提供重要的基础保障。

（四）关怀育心，呵护学生心身健康成长

1. 加强学生职业生涯发展指导

为每一位新入校的学生开展职业生涯规划指导，让学生确定清晰的学习目标，在学习过程中一步一步地完成各项既定目标和规划。

2. 加强学生心理健康教育

针对东风马山班学生多来自经济困难家庭的特点，为使学生不因贫而自卑，不因贫而自我孤立，学校从三方面加强学生心理健康教育：一是学校心理室定期开展团辅活动，通过小游戏增进朋辈间的交流与理解，提高学生的感恩意识；二是优先为东风马山班学生提供勤工助学岗位，进一步解决他们的生活之忧；三是开展专题讲座，通过企业进校园专题讲座和经验分享，鼓励学生树立正确的人生观、世界观和价值观，增强克服困难、承受挫折的信心，培养良好的心理品质和自立自强的品格。

3. 加强人际交往教育

针对家庭经济困难学生往往面对的不只是经济上的困难，常常还有学业上的困难、人际交往上的困难等，学校创新开展同伴教育模式，挖掘同学当中的积极力量，开展同学之间的互帮互助，给予他们学业的帮扶和生活的帮助，让学生感受到来自师生的温暖，建立战胜困难的信心。同时，充分考虑学生因家庭经济原因信心不强或自尊心缺失，内心苦闷和孤单的特点，学校针对性地开展班级联谊活动，如"品味家的味道"包饺子活动、"诵千古美文 扬君子文化"道德讲堂活动等，努力帮助学生建立良好的人际关系，指导其人际交往的方法和技巧，培养学生的人际交往能力和回馈他人的感恩心理，让学生回归学生群体，不再游离于集体之外，增强学生的归属感和幸福感。

4. 加强诚信感恩教育

以资助政策宣传月为主线，持续开展感恩主题演讲、征文、书法比赛等活动，开展感恩教育；结合学生发展各阶段，以班级为单位，以点带面，在班级开展奖助学金、诚信用卡、诚信考试等诚信教育主题班会，印发诚信公约书，引导学生积极参与诚信教育全过程。组织学生积极参与接待新生入学、三月活雷锋进社区义务服务活动等，树立学生反哺社会、服务社会的责任意识。

三、工作成效与社会影响

设立东风马山班以来，通过对学生进行学习生活、心理、人际关系与职业生涯规划等多方面的帮扶与引导，学校让家庭经济困难学生切实走出自卑的阴影，放下思想包袱，以

饱满的热情投入学习与工作中，为家庭经济困难学生的个人发展提供了更多的可能。东风马山班的资助育人经验得到了教育主管部门和兄弟学校的充分肯定，2023年在南宁市全市资助工作会上作经验发言，被南宁教育、八桂职教网等媒体报道11次。目前，有21名同学与企业签订了劳动合同，学生平均起薪3 800元，有11名同学升入高职院校就读，还有4名同学应征入伍。2020级东风马山班学生入校以来的发展情况如图2-27所示。2020级东风马山班学生毕业发展情况如图2-28所示。

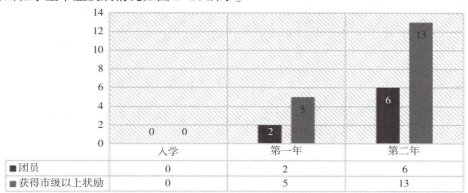

图2-27　2020级东风马山班学生入校以来的发展情况

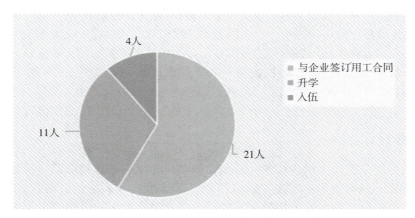

图2-28　2020级东风马山班学生毕业发展情况

四、案例启示与思考

一个学生往往承载着一个家庭的希望，一个贫困学生的背后是一个贫困的家庭，资助好一名学生等于为一个家庭实现脱困提供了可能。因此，南宁市第四职业技术学校创新打造的东风马山班的校企政深入合作"四职东风"育人模式，通过"毕业即就业、就业即脱困"的无缝衔接，不仅圆大山孩子的成才梦，还有效扶困立志、扶志与扶智，体现了"鱼渔兼予、智志双扶、受授同惠"的校企政协同教育帮扶特色，为做好新时代职业院校资助育人提供了可借鉴、可复制、可推广的成功经验。

> **点评**：帮助贫困家庭脱贫，阻断贫困代际传递，必须由"输血"变"造血"。南宁市第四职业技术学校通过校政企三方联动，将育人作为资助工作的出发点和落脚点，在坚持立德树人，坚守为党育人、为国育才的大框架下携手企业成立东风马山班，积极探索通过加强学生生涯发展指导、心理健康教育、人际交往教育等关怀育心，让学生顺利完成学业；以订单培养的方式，实现学生"毕业即就业、就业即脱困"，把"扶困"与"扶智"、"扶智"与"扶志"深度结合起来，形成了"四职东风"资助育人模式，成效显著，经验值得推广。

案例八

构建"四融四创"工作新模式，赋能"资助育人"高质量发展
广西理工职业技术学校

广西理工职业技术学校树立"扶贫以纾困、扶志筑根基、扶智促发展、扶业助成才"的工作理念，坚持"四融合"工作方法，通过创设"物质、思想、文化、技能"四级育人载体，将关心和教育学生作为贯穿资助工作的主线，资助育人成效显著。

一、案例背景

广西理工职业技术学校作为国家重点中职学校和自治区五星级学校，招生规模、办学规模和资助规模连续多年位居全区第一、全国前列。规模效应同时带来的是资助管理工作难度的指数级增加，语言和生活习惯迥异的多民族、多地域学生齐聚校园，更意味着对学校育人智慧的重重考验。在此背景下，学校始终坚决贯彻教育部关于"不让一个学生因贫困而失学"的庄重承诺，在保障各项资助工作高效实施的同时，充分发挥主观能动性，将资助育人融入人才培养全过程，有效实现了从为资助而资助到为育人而资助的根本性转变。

二、工作理念

学校坚持围绕立德树人根本任务，树立"扶贫以纾困、扶志筑根基、扶智促发展、扶业助成才"的工作核心思想，构建"四融四创"工作模式（四融指资助育人与经济帮扶、思想引导、学业提升、综合发展相融合，四创指创设物质育人、思想育人、文化育人、技能育人四大育人载体），通过在物质上帮助学生、思想上引导学生、学业上提升学生、素养上锻炼学生，全面深化资助育人工作的具体内涵，达成培养"五育并举"全面发展的新时代中职生的最终目的。

三、工作做法

（一）"源"在扶贫：资助育人与经济帮扶相融合，创设物质育人载体

学校坚持以生为本，关注不同学生的困难需求，分类帮扶，确保资助精准投放；同时通过加大舆论宣传引导，提升社会关心支持教育的积极性，逐步形成全员育人、全社会育人的局面。

1. 发挥学校职能，开展多种形式的经济资助

完善"奖、助、免、勤、补、减"全程全覆盖资助体系，保障家庭经济困难学生顺利

入学并完成学业；重点关注易返贫、突发性导致基本生活出现严重困难户家庭的学生，及时将其纳入资助帮扶范围；面向家庭经济困难学生，实施多种形式资助暖心工程，持续开展冬装发放、春节慰问等活动，为困难学生发放临时困难补助等；建立"爱心大礼包"制度，通过校内"绿色通道"为贫困学生先行办理入学手续，实施困难学生的入学住宿费减免政策，保障困难新生无忧入学。

2. 深化社会互助，建立多层维度的爱心帮扶

充分发动校友和社会力量，积极拓展纾困助学渠道，实施依托捐赠资金、物品以建设"爱心屋"并进行精准发放，进一步提升资助工作多样性与实效性；同时将社会资源转化为育人优势，邀请杰出校友、爱心捐赠者等来校为学生们做演讲、报告、培训，进一步教育和激励受助学生。

（二）"魂"在扶志：资助育人与思想引导相融合，创设思想育人载体

学校坚持思想育人在学生资助工作中的核心地位，在资助的各环节中积极开展爱国感恩、励志成才、诚信责任三大主题教育，扎实提高资助育人实效性。

1. 坚持党建引领，厚植爱国情怀

坚定育人方向，开展爱国主义教育，培养受助学生爱党爱国、奋发进取、自强自立等情感。以研学、主题教育的形式组织受助学生参加爱国教育，组织学生到桂林长征湘江战役纪念馆、广西革命纪念馆参加"行红色足迹 筑青春梦想"研学活动和"循革命道路 仰先辈韶华"主题教育活动，广西理工职业技术学校受助学生赴广西革命纪念馆开展资助育人研学活动，如图2-29所示。以每周"国旗下讲话"扎实推进国家资助政策宣讲，使受助学生进一步理解党和国家实施的教育优先、教育公平等大政方针，真切体会到社会主义制度的优越性，坚定社会主义的理想信念和价值追求；加强铸牢中华民族共同体意识教育，在不同民族、不同生源学生间开展"结对子"活动，有力促进各民族学生交往交流交融。

图2-29 广西理工职业技术学校受助学生赴广西革命纪念馆开展资助育人研学活动

2. 树立旗帜标杆，发挥榜样力量

围绕育人关键，树立优秀标杆旗帜，激发受助学生奋发向上、励志成才、技能报国等

情怀。推动大国工匠入校园，邀请郑志明等国家级技术大师进校宣讲，利用榜样效应激励受助学生奋发进取、自立自强；开展"学长进课堂"活动，组织各专业获自治区技能比赛等自治区一等奖以上的国家、自治区奖学金获得者，到班级、到专业开展技能展示，以直观的方式发挥励志学子的榜样示范引领作用，充分激发受助学生的专业技能学习热忱。

3. 拓展诚信教育，培养责任意识

锚定育人核心，建设诚信教育活动，培养受助学生诚实守信、知法守法、敢于担当等意识。联合银行机构成立"诚信教育基地"，定期开展"两卡行动"知识讲座，让受助学生对如何正确使用资助资金、规范使用资助卡形成正确认知；开展"法治副校长进校园"专项活动，联合辖区派出所联合开展普法、反诈骗、校园套路贷的专题教育，充分提升受助学生的法律意识；积极引导受助学生定期参加社区服务劳动，培养学生无私奉献、反哺社会的高尚情怀。

（三）"根"在扶智：资助育人与学业提升相融合，创设课程育人载体

学校科学建立平台、整合资源、营造氛围，通过建立受助学生学业服务保障体系，帮助家庭经济困难学生安心学习、提升学业、身心发展。

1. 携手引领，实施"学业红灯"帮扶工程

充分结合智慧校园平台优势，量化指标体系，实现家庭经济困难学生库与教务系统对接，实时呈现学生正在学习的课程的挂科风险，对挂科风险高的人群和课程进行预警，并为他们推送指导老师一对一帮扶，并结合爱心助学活动、"学长伴你行"、"导生携手"等途径进行特色结对帮扶。

2. 相伴成长，搭建"学业守护"交流平台

搭建网络平台，分类组建网上学习交流群，成员由教师、班主任、学长、学伴组成，定期开展主题交流活动，合作学习，激励成长。

3. 协调发展，开发"劳动+心理"育人课程

推动资助育人与劳动教育创新融合，以"勤工助学公益岗"为抓手，开展"5S卫生管理"等活动，培养学生正确的劳动价值观和良好的劳动品质。将心理健康教育融入第二课堂，以班会课等形式实施，定期开展心理普查、心理健康活动月、心理舞台剧等活动，并为学生提供针对性个体咨询和团体辅导，培养受助学生自尊自信、理性平和、积极向上的健康心态。

（四）"实"在扶业：资助育人与学生综合发展相融合，创设技能育人载体

学校创新方式方法，搭建能力素质提升平台，重点围绕"能力提升、素养培育"两大方面下足功夫，促进家庭经济困难学生全面发展。

1. 产教融合，打造技能育人共同体

实施"引企入校"工程，联合企业成立"五菱班""宝骏班""七匹狼班"等9个冠名班，实施校企联动技能培养。每个订单班成立相应的企业基金会，通过融入企业资助标准要求，特色化实施资金资助、技能资助、实习岗位资助。

2. 拓展延伸，构建素养培育训练营

培养家庭经济困难学生职业生涯规划理念，指导其建立"职业档案"，完善就业培训体系，组建"素质拓展训练队"，专项培训社交礼仪、面试技巧、团队精神等，提高受助

学生社会竞争力。

四、成效启发

工作成效

受益于"四融四创"资助育人模式，育人通道的"最后一公里"被打通，学校教育教学工作和学生德育工作成功迈入快车道进而不断纵深发展。2023年，学校共获技能比赛奖项129项，其中获国家一等奖2项，创广西中职院校先河；国家二等奖2项、国家三等奖6项、全区一等奖33项，总获奖数位列全区第一。学生德育工作方面，学校2023年获自治区资助征文比赛一等奖1项、二等奖2项，1名国家奖学金获得者学生的优秀事迹被"中国学生资助"微信公众号登载报道，1名国家奖学金在校学生被自治区教育厅资助中心认定为全区国家奖学金典型人物并在全区开展宣传推广。相较于2022年，学生违纪率同步下降35%，心理普查覆盖率达到98.9%，心理危机事件减少34%，升学报名率提升50%，就业对口率达95.4%，学生社会实践参与度上升87%；2023年，学校被自治区教育厅认定为"三全育人"典型学校、绿色学校和民族团结示范校，学校受奖助学生优秀事迹获省级媒体《南国早报》报道，如图2-30所示。

图2-30　广西理工职业技术学校2023年国家奖学金事迹获省级《南国早报》专题刊登报道

五、工作启发

资助工作若要实现从为资助而资助到为育人而资助的根本性转变，须将"扶困、扶志、扶智、扶业"四者紧密结合，要努力构建物质帮助、道德浸润、情感激励、能力拓展有效融合的资助育人长效机制，要在资助认定精准化上下足功夫，通过不断探索新渠道、新方法、新途径，实现育人理念的细雨无声高效融入。

> **点评**：创设科学合理的育人载体与育人模式，是资助育人工作有效实施的重要抓手。该案例立足本校校情、区域定位与办学特色，重点创设"扶困、扶志、扶智、扶业"四大工作目标，通过创设"物质、思想、学业、能力"四大育人载体，有效实现资助育人理念的全员、全过程和全方位覆盖。其中的思想育人载体建设实施，将爱国主义教育、民族团结理念培育和资助育人有机融合，很好地体现了新时代八桂大地民族团结精神。该案例整体工作模式有效合理，创新性较强，工作成效突出，起到了典型标杆作用，得到了社会行业的广泛关注。

案例九

多元联动、双核驱动、四位一体：守护受助学生心理健康成长

广西玉林农业学校

中职学校受助学生由于成长环境等原因，心理问题较为突出。广西玉林农业学校资助育人工作以习近平新时代中国特色社会主义思想为指导，坚持立德树人这一根本任务，践行"三全育人"理念，立足学校实际，围绕受助学生构建了"多元联动、双核驱动、四位一体"的全员、全过程、全方位心理育人模式，培养受资助学生的积极心理，守护学生的心理的健康成长。

一、党建引领，政校企家医多元联动，构建"大协同"育人主体

以党组织为核心，加强资助工作的领导与统筹规划，发挥各级党组织的育人保障功能，围绕受助学生，充分发挥学校的协同育人主导作用，构建政、企、家庭、学校、医院多元参与的育人主体。通过政企、家庭、学校、医院多元联动，实现资源共享、互通有无，夯实心理育人基础，增强育人师资力量。

（一）政校企协同

广西玉林农业学校是广西壮族自治区农业厅直属的区直中等职业技术学校，由政府搭台，学校与企业采取"2+1"（前2年在校学习，第3年到企业顶岗实习）三年学制普通中专、"2+3"及"3+2"学制直升高职和凭学校推荐单独考试直升本科高校三种培养模式，真正实现了学生"升学有门，就业有道"。学校紧跟市场和行业、企业的步伐，依托校企合作学生创业园区、校外长期实习就业基地，采取校企合作、工学交替、企业委培订单办学等育人模式及"理实一体化"的教学育人模式，培养一专多能、一书多证（毕业证书、职业资格证）的高素质技能型人才。

（二）家校联动

定期与家长沟通、交流，积极做好家校协作。向家长发送"致家长的一封信"，采取家访或者电话家访的形式与受助学生家长沟通，更好地了解学生的一些基本情况，对学生的一些好习惯和坏习惯的形成原因有更深入的了解，与家长沟通学生的心理状况，向家长宣传心理健康知识，让家长体会心理健康教育的重要性和必要性，做好家庭心理辅导的指导，提升家长心理健康知识和水平，促使家长切实履行育人职责，使家庭教育与学校教育相得益彰。

（三）校、医联动

学校与玉林市第四人民医院、心理救援中心共建合作，签订《心理健康教育与精神卫生服务合作共建协议》，双方互挂"共建单位"牌子（见图2-31），聘请玉林市第四人民医院副院长黄英民作为该校心理教育指导专家进行指导工作，在心理健康教育和心理危机预防方面开展合作研究，提高学校心理健康教育与咨询服务水平，对心理危机学生及时有效地干预、诊疗。学校委派心理教师到医院跟岗实习，提升教师心理健康教育工作能力。医院委派工作人员到校对心理教师、受助学生开展"如何做好学生的心理健康教育工作""青少年学生心理健康辅导技能实操培训"等实操技能培训，提升该校心理教师、班主任心理健康教育的工作能力。

图2-31 学校与玉林市第四人民医院精神卫生服务合作共建

此外，南宁市蓝盾心理救援中心讲师王玗老师为受资助学生开展主题为《青少年抑郁与非自杀性自伤（NSSI）的应对与支持》《教室里的正面教育——组织开展体验式心理班会》《拥抱阳光，绽放自我——青少年心理健康专题讲座》等多场心理健康专题讲座，围绕青少年常见的心理问题及应对方法进行讲解，引导受助学生学会倾听和表达，学会正确认识和处理自己的情绪，学会理解他人，学会有效解决心理问题，保持积极健康的心态。

二、"思政、实践"双核驱动，打造"全贯通"育人链条

以思政教育、实践活动为核心，打造贯通全年、全学段的双核心育人链条，心理健康教育贯穿受助学生成长全过程。

（一）思政教育

以思政教育为核心，将思想政治教育工作融进受助学生入学、学习、实习、就业等各环节，打造贯通全学段的育人链条，促进受助学生心理健康。分年级开设哲学与人生、心理健康与职业生涯、职业道德与法律、经济与政治、历史等课程，班主任和思政教师关注

受助学生思政素养的培养。结合社会形势和重大社会活动，分年级对受助学生开展"感恩教育""爱国爱家爱校爱班""四史教育"等资助育人专题教育。

（二）实践教育

以实践教育为核心，开展贯穿四季的资助育人系列活动，打造贯通全年的育人链条，提升受助学生心理素质。按季节组织受助学生有序开展生命至上、感恩之心、团队素质拓展、"行红色足迹 铸青春梦想"等资助育人活动。广西玉林农业学校团队素质拓展活动如图 2-32 所示。鼓励受助学生参加主题为"青春之少年，青春之心灵"学生心理健康活动月，在活动中对受助学生进行心理健康排查、识别，及时给予帮助。组织受助学生参加学校的"壮族三月三"、文明礼仪、体育文化艺术节、心理特色项目活动、"治愈系心理漫画"创作比赛等德育活动，培养受助学生良好的心理品质。

图 2-32　广西玉林农业学校团队素质拓展活动

三、教咨预研四位一体，构建"强融合"育人格局

学校以资助工作领导小组、心理健康教育工作领导小组为核心，以教育教学、咨询服务、预防干预、理论研究为抓手，把受助学生心理健康教育融合到学校工作的各个环节，充分整合各类资源要素，全方位心理育人。

（一）教育教学

通过专题讲座、资助征文比赛、资助主题演讲比赛、文明风采比赛等多种教育形式，塑造受助学生积极向上的心理。邀请该校专职心理教师对全校受助学生开展"信任是沟通的桥梁"主题培训；组织、指导受资助学生积极参加学校、自治区开展的资助征文比赛、文明风采比赛。近年来，学校荣获自治区资助主题演讲比赛（中职组）三等奖 1 项，自治区学生资助征文一等奖 1 项、二等奖 3 项、三等奖 3 项，多次荣获自治区资助征文比赛"优秀组织奖"。

（二）咨询服务

以心理健康辅导中心为主阵地，抓好"1+6"心理健康教育辅导团队（1 名专职心理老师、6 名兼职心理辅导老师）建设，为受助学生提供心理咨询服务。广西玉林农业学校心理健康辅导中心正式揭牌成立，如图 2-33 所示。专职人员白天在心理辅导中心上班，兼职人员晚上在心理辅导中心值班，为学生提供心理咨询、心理健康教育、心理健康测评、情绪放松、情绪宣泄等辅导。

图 2-33　广西玉林农业学校心理健康辅导中心正式揭牌成立

（三）预防干预

坚持"预防为主"的原则，完善心理测评工作流程，开展心理健康测评，建立受助学生"一生一策"心理健康档案，实时更新受助学生心理健康状况，依托学校—专业科—班级—宿舍四级心理工作网络，资助工作领导小组实时跟踪受助学生心理健康状况，配合做好突发状况处理工作。

（四）理论研究

学校积极开展理论研究，积极组织申报自治区相关课题，提炼资助育人经验在公开刊物发表论文，提升、巩固育人成效。近年来，该校教师主持广西教育科学学生资助专项课题"乡村振兴战略背景下广西中职学校'四助育人'资助模式研究""中职受助学生心理的积极帮扶与研究"等，其中，"资助育人视域下中职学校家庭经济困难学生财经素养培养策略的研究"获广西教育科学"十四五"规划专项课题立项，"提升受资助中职生成长力的研究与实践"获广西教育科学"十四五"规划学生资助专项课题重点课题立项。2023 年在《教师纵横》发表《乡村振兴战略背景下中职学校资助育人模式研究》，2023 年 12 月在《职业》发表《乡村振兴战略背景下中职学校四助育人资助模式探索》。

> **点评**：学生心理健康一直是社会各界十分关注的一个问题，提升学生的心理健康素养需要学校、家长和社会多方合作，把"独角戏"变成"大合唱"，从单一主体的教育模式变为众多主体协同合作的综合教育体系。该校坚持立德树人这一根本任务，自觉践行"三全育人"理念，通过家校医行多元联动，构建了"大协同"育人主体；通过"思政、实践"双核驱动，打造了"全贯通"育人链条；通过教咨预研四位一体，构建了"强融合"育人格局，从而构建起全员、全过程、全方位心理育人模式，培养受资助学生的积极心理，守护学生心理健康成长，为全区资助育人模式探出新赛道，具有较强的借鉴意义。

案例十

学校"三升级"举措为受助学生搭桥筑梦
北海市中等职业技术学校

一、案例背景

党的二十大报告强调"优化区域教育资源配置""完善覆盖全学段学生资助体系",报告对新时代的学生资助工作提出了更高要求,学生资助工作在迈向第二个百年奋斗目标的新征程上,要为推动建设教育强国、办好人民满意教育作出新的更大贡献。近年来,广西坚持把促进家庭经济困难学生成长成才作为学生资助工作的出发点和落脚点。2022年,自治区教育厅等四部门联合下发了《关于进一步做好乡村振兴教育帮扶学生资助工作的通知》,在完善资助政策体系、健全工作机制的同时,要求各校要不断强化育人理念,注重宣传引导,强化诚信教育,搭建成长平台。北海市中等职业技术学校加强党对学生资助工作的全面领导,紧紧围绕立德树人根本任务,贯彻落实国家资助政策,坚持把促进家庭经济困难学生成长成才作为学生资助工作的出发点和落脚点,在完善资助政策体系、健全工作机制的同时,针对资助主体力量薄弱、资助内容不全面、资助方式不创新等现状,通过"力量升级""教改升级""行动升级"三项举措,全面促进学校学生资助工作的提档升级,为受助学生搭建"升学+就业"的成长成才平台。

二、工作思路

北海市中等职业技术学校充分利用"三全育人"典型学校建设、"双优"学校建设契机,针对资助主体力量薄弱、资助内容不全面、资助方式不创新等现状,通过三项举措的升级优化,促进学校学生资助工作的提档升级,为受助学生搭建"升学+就业"的成长成才平台。三项举措的升级优化结构如图2-34所示。

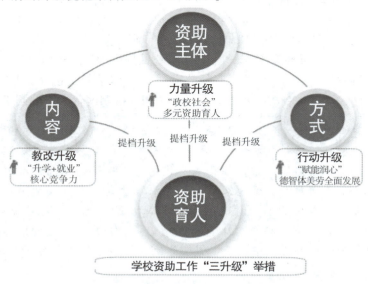

图2-34 三项举措的升级优化结构

一是力量升级，构建多元资助育人模式。加大"政校社企"沟通合作力度，通过整合"政校社企"多方力量，开拓更多的资助项目，不断完善全方位资助育人新格局，构建多元资助育人模式。二是教改升级，提高受助学生核心竞争力。结合职教高考新政策，实施新一轮的教学改革，为学生夯实知识与技术技能基础，满足受助学生"升学+就业"的需求。三是行动升级，丰富资助育人实践活动。实施"赋能润心"五育提升工程，坚持正确的价值观导向，以提升受助学生的综合素质为重点，精心打造"匠字诀"校园文化品牌，丰富资助育人形式，促进受助学生成长成才。

三、具体做法

（一）力量升级，构建多元资助育人模式

学校结合职业教育特色，在原有的国家奖学金、助学金、自治区政府奖学金、大学生困难补助等资助项目基础上，进一步开拓包括地方创业补贴、学校创业微团、勤工俭学岗位，企业奖学金、见习实习补助，社会民间捐赠资助等多个资助项目，通过整合"政校社企"多方力量，深入研究多元资助育人模式，围绕"政府资金资助及政策宣传""学校教育教学资源夯实学业基础""社会团体人文关怀""企业资金技术岗位支撑"等，进一步完善经济资助、教育辅导、技能培训、实习就业、职业规划和人文心理关怀等资助方式，并明确各方责任、合作机制、具体参与方式和参与程度等。"政校社企"多元资助育人模式进一步畅通了"政、社、企"与学校资助信息共享互通渠道，推进教育关爱精准化、制度化，保障受助学生基本学习、生活安稳、全面发展的需要。

近年来，学校全力打造"教、学、研、产、销、创"一体化以及"名校＋名校""名校＋名企"职业教育集团化办学模式，联合区内12所高职院校、30余家企业，牵头成立北海市中等职业教育集团。目前，学校校企共建实训基地价值总额达到3 500万元，企业捐赠或为该校提供的教学设备的总产值达到400多万元，充分保证受助学生享有优质的学习环境和实训条件。在办学质量不断提升的同时，学校不断完善经济资助、教育辅导、技能培训、实习就业、职业规划和人文心理关怀等全方位资助育人新格局，构建多元资助育人模式，推动学校资助工作提档升级。

（二）教改升级，提高受助学生核心竞争力

学校结合职教高考新政策，针对课程设置不合理、实训模式滞后等传统应用型人才培养模式，秉承文化基础教育与专业教育并重的宗旨，实施新一轮的教学改革，适当提高学业标准和要求。一是构建校企共育机制，与中教乘务教育管理有限公司、东莞市理想教育投资有限公司等多家企业开展课程共建，企业在校内共投入建设7个实训基地，驻校企业导师共20多名，充分满足学生学习需求。二是加强教师队伍建设，招聘了一批语数英文化课教师，平衡专业课与文化课教师比例，并组织资深教师编写一套适合职教高考课程需求的核心校本教材，免费给受助学生使用。三是实施教学实训模式改革，紧抓"旅游、烹饪、电子"等优质专业，与地方产业经济无缝对接，为学生提供多个创新创业实习实训岗位。学校的三项教改措施为学生继续深造打下坚实的基础，充分满足新时代学生"升学+就业"的需求，让家庭经济困难学生有了更多的选择，职业生涯发展的路子更加宽阔。学生毕业后既能选择阳光、高薪、体面的就业岗位，也能选择升入高职院校继续学习。2023年毕业生就业率达97.01%，用人单位满意率在98%以上，升入高职院校学生人数有1 200多人，比2022年提升了3.5倍，对口高考本科升学人数61人，其中家庭经济困难学生升

学人数比往年提升了 5 倍。

（三）行动升级，丰富资助育人实践活动

学校坚持正确的价值观导向，对标"有理想、敢担当、能吃苦、肯奋斗的新时代好青年"标准，以党的创新理论武装学生、教育学生，大力发展素质教育，构建德智体美劳"五育融合 三全育人"新格局。学校通过实施"赋能润心"专项行动，打造"匠字诀"校园文化品牌，服务受助学生成长成才。一是实施"匠心向党"主题教育，积极开展理想信念教育、社会主义核心价值观教育、中华优秀传统文化教育、革命文化教育、社会主义先进文化教育，筑牢受助学生的理想信念，增强学生的使命担当。二是开展"技能成才 强国有我"文明风采活动，打造集思政、展示、活动、科普、实训于一体的特色校园环境，营造"人人努力成才、人人皆可成才、人人尽展其才"的良好氛围。三是实施"匠心·笃行"志愿服务行动，秉承"技能：让生活更美好"的理念，依托志愿服务回馈社会各界，通过电器维修、文化宣传等服务创城、乡村振兴、全域旅游城市建设、民族团结示范市建设等，助力"品质北海、魅力北海"建设。北海市中等职业技术学校学生志愿服务队到市茶亭路社区为市民免费维修家电，如图 2-35 所示。四是实施"匠心·耕创"劳动教育行动，培育受助学生生活劳动好习惯、生产劳动好技能、服务性劳动好能力。五是实施"匠心·协同"心理健康教育行动，关注受助学生的心理健康状况，加强家校社协调沟通，为受助学生提供帮扶。六是实施"五育提升"专项行动，通过开展书香阅读、技能比武、花样体育、才艺展演、多彩社团、生态文明、网络文明等十大行动，促进学生全面健康发展。

图 2-35　北海市中等职业技术学校学生志愿服务队到市茶亭路社区为市民免费维修家电

四、成效与启示

学校通过三项举措的升级优化，构建了物质帮扶、道德浸润、能力拓展、精神激励有效融合的资助育人机制，形成"解困—育人—成才—回馈"的良性循环，不断推动资助育人工作的提档升级。近三年，学校先后荣获北海市学生资助工作先进单位，学生中荣获全区资助主题征文比赛一等奖 1 人、二等奖 2 人、三等奖 1 人、优秀奖 2 人，自治区演讲比赛中职组三等奖 1 人，北海市资助主题征文比赛二等奖 3 人、三等奖 1 人，演讲比赛中职组一等奖 1 人、二等奖 1 人。自治区资助主题书法比赛二等奖 1 人、三等奖 2 人，北海市资助主题书法比赛一等奖 1 人。课题"广西中职学校'政校社企'多元资助育人模式的研究"获广西教育科学"十四五"规划 2023 年度学生资助专项课题立项。2023 年，学生参加全区职业院校

"技能成才 强国有我"系列教育活动获奖共 117 项。参加 2023 年广西职业院校技能大赛，获一等奖 5 项、二等奖 17 项、三等奖 15 项。2023 年该校入选广西优质中职学校、被评为全区职业教育"三全育人"典型学校、获北海市精神文明建设贡献奖先进集体。香港理想教育集团为北海市中等职业技术学校技能比赛表现优秀的学生颁发理想助学金，如图 2-36 所示。

目前，全区正逢"双优"学校建设契机，该校将紧抓机遇，通过补短板、强弱项、固基础、扬优势，不断优化资助育人模式，把学生培养成德智体美劳全面发展的高素质劳动者和技能人才，为推动建设教育强国、办好人民满意教育做出新的更大贡献。

图 2-36　香港理想教育集团为北海市中等职业技术学校技能比赛表现优秀的学生颁发理想助学金

点评：中等职业教育是我国教育体系的重要组成部分，学生资助是中职学生上学无忧的基础工作，是提高中等职业教育吸引力的重要手段，更是促进中等职业教育高质量发展的重要保障。北海市中等职业技术学校紧贴学校实际，把促进家庭经济困难学生成长成才作为学生资助工作的出发点和落脚点，将资助育人融入教育教学各个环节，通过力量升级，进一步开拓创业补贴、勤工俭学补助、企业奖学金、见习实习补助、物资捐赠等多个项目；通过教改升级，充分满足新时代学生"升学+就业"的需求，提高了受助学生核心竞争力；通过行动升级，精心营造"匠字诀"校园文化育人品牌，丰富了资助育人实践活动，取得了良好的资助育人成效。

 案例十一

助学筑梦育新人，守正创新促成长
柳州市第二职业技术学校

2020 年教育部办公厅印发的《中等职业学校学生资助工作指南》中强调："各地各学校要将资助与育人工作有机结合起来，构建物质帮扶、道德浸润、能力拓展、精神激励有效融合的资助育人机制。"中职学校如何发挥职教特点、结合学生的身心需求，推动学生

资助由"保障型"向"发展型"拓展，创新资助育人机制，提升资助育人成效，是每所中职学校应该思考的问题。近年来，柳州市第二职业技术学校将有形的"资助"与无痕的"育人"思想有机结合，构建"济困助学·育心育德·提技强能"有效融合的多元化、发展型资助育人机制。

一、学生资助济困助学，贫困学子互助成长

学生资助助学为先，学校通过指导班级建立家校联系家长群、发放学生资助政策宣传单、召开资助政策主题班会等方式，将学生资助政策告知每一位学生及家长，并深入了解学生家庭经济情况，依托全国学生资助管理信息系统和广西学生精准资助管理信息系统反复比对特殊困难学生名单，及时指导家庭经济困难学生申请国家助学金、设立勤工俭学岗位、挖掘校外资源、吸纳社会各界爱心力量共同助力济困助学，通过国家资助、校内资助、爱心帮扶等帮助困难学生减轻家庭经济负担，助力贫困学子健康成长、立志成才。

在此基础上，为更好地开展扶贫帮困工作，学校深入了解学生思想动态及家庭经济情况，开展贫困生座谈会，对学生的心理、情绪、思想等情况进行调查，建立贫困学生互助帮扶机制，引导孩子抱团取暖，互相监督、互助互爱。遴选家庭经济困难且品学兼优的学生成立资助育人向阳成长团，开展专题教育、志愿服务等育人活动，加强受助学生间的沟通交流，形成朋辈引领、互帮互助的氛围，提高沟通交流和处理问题的能力；指导向阳成长团学生通过《受助生成长记录册》从思想、心理、学业、言行、素养等方面促进自我成长，实现自助；引导受助学生在志愿服务活动中运用专业技能，发挥自己的特长优势，帮助他人，增强受助学生的自信心和自豪感，培养受助学生的感恩意识和责任担当，构建资助育人"受助—自助—助人"的发展型资助育人模式。柳州市第二职业技术学校学校成立"资助育人"向阳成长团，如图2-37所示。向阳成长团学生书写自己的心愿和受助感言，如图2-38所示。向阳成长团学生到卫生服务中心参加浓情五月志愿服务活动，如图2-39所示。

图2-37　柳州市第二职业技术学校学校成立"资助育人"向阳成长团

第二章　中职教育篇

图 2-38　向阳成长团学生书写自己的心愿和受助感言

图 2-39　向阳成长团学生到卫生服务中心参加浓情五月志愿服务活动

二、资助延伸家庭温暖，创新育人机制助力学生成长

学校有很多来自三江、融安、融水等集中连片贫困地区的农村孩子，家庭经济状况比较困难，家长大多进城务工，无暇顾及孩子的教育。由于贫困的家庭状况及长期得不到父母的教育和关爱，这部分孩子平时生活很简朴，害怕与富有的孩子一起生活学习，他们大多只有十五六岁，多为壮族、侗族、苗族、瑶族等少数民族孩子，带着鲜明的民族特色走

151

进校园,他们的专业基础非常薄弱,有的甚至连普通话都不会说,到学校后难免有各种的不习惯和不适应,但他们身上却拥有浓郁的民族特色,如来自三江的孩子们艺术特长突出,擅长三江侗族民俗文化歌舞。

针对上述情况,学校从情感教育出发,引导孩子建立情感目标,营造资助育人的温馨小家,帮助孩子提升归属感和自信心。如创办"三江同心社",配齐民族服装、打油茶器具、芦笙等,让山区学生零距离体验家乡的风情,感受家的温暖,让他们有一个充分发挥个性特长的平台,从而更好地激励贫困学子乐观生活、励志图强,强化孩子们的职业素养和工匠精神。与此同时,通过端午节、中秋节、生日会、送温暖等重要日子,开展情感教育。如开展送温暖大家访活动;中秋节自备食物,在校内与留校孩子共度中秋佳节;举行生日会、毕业会等,提升学生的存在感与幸福感。学校根据学生家庭特点和个人特长,有的放矢,不断激发社团成员潜在的技艺,将之发展成大本事,让孩子们根据自己的兴趣特长不断蜕变成长。目前,"三江同心社"成为学校规模最大的民族社团,也成为学校民族传承及教育的重要阵地。

三、资助育人凝聚合力,育心育德提技强能

以"精准资助"为手段,以"立德树人"为根本,以"学生发展"为目标,以"各方力量"为支撑,整合三全育人优势资源,搭建"济困助学·育心育德·提技强能"多元化、发展型资助育人平台。即依托学生资助管理中心、学生服务中心两大"济困助学"平台,保障受助学生物质需求;联合学校心健中心、学生工作与安全保卫处(含校团委、二级系部)两大"育心育德"育人平台,开展主题教育,促进受助学生身心发展;联合创新创业中心、教务与实训管理处(含二级系部)两大"提技强能"育人平台,帮助受助学生提升专业技能和创新意识。

一是济困助学,主要是通过学生资助管理中心精准落实学生资助政策,通过学校服务中心、学校食堂、学校超市等校内资源创设勤工俭学岗位,帮助贫困生缓解生活压力。二是育心育德,主要是通过心健中心对贫困学生进行心理帮扶,如通过心理咨询、心理团辅、健康讲座、电影沙龙等方式帮助贫困学生正确认识自我、缓解心理压力,树立阳光积极心态;通过开展贫困生励志成才事迹宣传、征文演讲、书画摄影大赛、情暖养老院、大手拉小手、爱心缝补等志愿服务,"资助育人·大国工匠进校园"、"金融知识进校园 护航青春伴成长"等学生活动为贫困学生创设多彩校园生活,将立德树人根本任务融入学生资助工作全过程,引导贫困学生向善向美,感恩励志。三是提技强能,主要借助学校创新创业中心,开设创新创业指导,加强学生创新能力的培养;充分发挥系部、专业教师团队力量,在专业技能教学中加强对贫困学生的关注和帮扶;与此同时,加强勤工俭学管理与培训,增强学生的岗位胜任能力,培养学生独立自主、自强不息、积极进取的精神。

四、资助育人课程体系,助力学生全面发展

为进一步落实学生资助政策,大力推进资助育人,学校把促进家庭经济困难学生成长

成才作为学生资助工作的出发点和落脚点，引导受助学生知恩感恩、诚实守信、励志创新、热爱劳动，营造自信、自强、自立、感恩的校园资助文化氛围。学校创设了"资助育人系列主题班会"及"资助育人系列微主题活动"课程，构建了心理辅导、法制安全、劳动素养、感恩教育、励志教育、诚信教育六大主题资助育人主题班会课体系及微主题活动框架，将思想引领、人文关怀、职业指导等融入资助育人全过程，开展全方位的主题课程，促进学生全面发展。资助育人微主题活动：绘制生命平衡轮，找到生活使命如图2-40所示。资助育人微主题活动："井"上添花如图2-41所示。

图2-40 资助育人微主题活动：绘制生命平衡轮，找到生活使命　　图2-41 资助育人微主题活动："井"上添花

此外，学校制定了"柳州市第二职业技术学校资助育人系列'向阳'公益课堂建设方案"，计划采用课程化学习、系部管理模式，为家庭经济困难学生搭建互相学习、互相交流的成长平台，搭建思想引领、阳光生活、能力拓展三大类课程框架，课程内容涵盖"感恩励志"、"诚实守信"、"我和我的祖国"、"志愿服务"、绘画插花、户外拓展训练、礼仪、普通话等内容，为二级系部开展资助育人课程提供参考，助力受助生成长成才。

近年来，学校积极创新实践资助育人策略，创设育人社团、搭建育人平台、开展多彩活动、构建课程体系，将有形的"资助"与无痕的"育人"紧密结合，推动学生资助由"资助"到"育人"，由"扶贫"到"扶志"，由"保障型"向"发展型"拓展。2023年，学校学生资助专项课题"'三全育人'视域下中职学校发展型资助育人策略研究与实践"顺利结题，并在《广西教育》上发表资助育人研究论文1篇，案例《助学筑梦育新人 守正创新促成长——柳州市二职校创新资助育人机制助力贫困生蜕变成长》在柳州市职业院校德育联盟第九届年会优秀案例评比中获一等奖。学校国家助学金获得者L同学被评选为2023年全区"我为资助代言"——国家奖学金典型人物优秀事迹巡回报告会巡讲人之一，其作为2021—2022学年中等职业教育国家奖学金获得者柳州市中职学校唯一代表于2023年5月4日上榜《人民日报》。学校多名家庭经济困难学生获得奖学金，在广西职业院校技能大赛中获奖。学生资助守正创新、助学筑梦、育时代新人，资助育人见成效。"我为资助代言"——国家奖学金典型人物优秀事迹巡回报告会如图2-42所示。

图 2-42 "我为资助代言"——国家奖学金典型人物优秀事迹巡回报告会

点评：每一颗星星的光亮，都值得我们用心呵护与珍藏，资助是基础，育人才是根本。资助育人，不仅仅是解决学生生活困难的问题，更应该在资助的同时，做好育人工作。柳州市第二职业技术学校结合学生个人特点，因人施策，创新资助育人机制，通过济困助学，推进资助工作从"大水漫灌"向"精准滴灌"转变，推进精准资助，助力贫困学子互助成长立志成才；创新资助育人机制，让学生资助工作延伸家庭温暖，提高受助学生的适应与抗挫折能力；通过凝聚合力，在对受助学生育心育德的同时提技强能，孜孜追求所有受助学生的成长平等，助其志，扶其能，形成了具有本校特色的资助育人课程体系，助力贫困生蜕变成长，资助育人工作取得较好成效。

第三章 普通高中篇

学生资助是党和国家的一项重大保民生、暖民心工程。近年来，广西坚决贯彻落实党中央、国务院有关学生资助工作的决策部署，紧紧围绕立德树人根本任务，不断深化普通高中学生资助工作的育人属性，聚力加强受助学生的励志、诚信、感恩和社会责任感教育，着力培养学生的创新精神和实践能力，积极助力家庭经济困难学生成长为德智体美劳全面发展的社会主义建设者和接班人。

第一节 普通高中资助育人的工作要求和特点

一、普通高中资助育人工作要求

育人工作是资助工作的核心要求，根据《国务院办公厅关于新时代推进普通高中育人方式改革的指导意见》精神，结合普通高中资助工作特点，普通高中学校应为家庭经济困难学生提供全面的帮助。

（一）注重德育教育

将资助工作与德育工作相结合，培养家庭经济困难学生的自尊、自信、自立、自强精神，引导他们树立正确的世界观、人生观和价值观。强化理想信念教育，厚植爱党爱国爱人民思想情怀，立志听党话、跟党走，树立为中华民族伟大复兴而勤奋学习的远大志向。加强学生品德教育，帮助学生养成良好的个人品德和社会公德。

（二）强化感恩和诚信教育

培养家庭经济困难学生的感恩意识，让他们在获得资助后向国家和社会表达感激之情，树立感恩回报社会的新风尚。通过开展诚信教育活动，引导家庭经济困难学生自觉遵守国家助学贷款等相关规定，树立诚信观念。

（三）关注心理健康

关注家庭经济困难学生的心理健康，提供相应的心理健康教育和服务，加强与家庭的联系，共同关注孩子的成长发展，帮助他们克服自卑、焦虑等心理，树立积极向上的心态。

（四）强化综合素质培养

注重家庭经济困难学生综合素质的培养，通过科学文化、体育、美育、劳动教育，提升学生人文素养、科学素养和文化素养，培养他们创新思维、实践能力、体育兴趣、运动习惯、艺术感知、创意表达、审美能力，以及养成劳动习惯、掌握劳动本领、树立热爱劳动的品质。

二、普通高中资助对象的特点

普通高中资助对象在学习生活当中，身心发展、学业压力、自我认知、社交关系、自主性和责任、兴趣和爱好、未来规划等各方面都面临着挑战，具体体现为：

（一）易敏感、自卑

由于高中生正处于身心发展的关键阶段，身体逐渐成熟，心理也在不断发展，他们可能面临身体变化、情绪波动等问题。由于经济上的拮据，家庭经济困难学生在物质生活、综合素质上的差距，让他们感到低人一等，性格较为敏感，容易产生自卑心理。

（二）易焦虑、抑郁

高中生面临着较大的学业压力，需要应对考试、升学等方面的挑战，可能会出现焦虑、紧张等心理问题。特别是家庭经济困难高中学生由家里筹措资金供读，面对学业上的压力，总感觉如果学得不好，对不起家里的父母，且部分家庭经济困难学生因学习上存在困难，更容易出现焦虑、抑郁等心理问题。

（三）易孤僻、迷茫

家庭经济困难学生的社交关系较为复杂，随着对社交关系的需求逐步增强，他们需要适应不同的社交圈子、处理人际关系，建立健康的友谊和亲密关系，一旦无法适应，没有融入集体学习生活中，容易出现孤僻性格。在思考未来的发展方向和职业规划方面，大部分家庭经济困难学生因家庭关系，限定了认知范围，且父母忙于生计，和学生没有有效地沟通，对于未来的发展方向和职业规划，需要面对选择和决策时感到迷茫，没有明确个人发展目标和计划。

第二节　普通高中资助育人的工作现状

（一）构建较完善的资助政策体系

近年来，广西在国家资助政策体系基础上，充分结合地方实际完善高中学生资助政策，实施库区移民子女和原国贫县普通高中免学费，并全部免除原建档立卡等家庭经济困难学生学杂费（国家政策仅免除学费），以及扩面免除城市低保家庭学生、城市特困救助供养学生、孤儿（含事实无人抚养儿童）、烈士子女等学杂费，实现高中资助公办、民办学校全覆盖，家庭经济困难学生全覆盖。同时，自主研发"广西学生精准资助管理信息系统"，通过开展部门间系统线上数据共享比对和学校、驻村工作队伍线下排查查缺补漏相结合的方式精准认定符合受助条件的家庭经济困难学生，有效保障无一学生因家庭经济困难而失学。

（二）打造地方特色资助育人品牌

引导各地各校聚焦励志成长、诚信感恩和社会责任感教育，创新资助育人模式，打造特色资助育人品牌。例如，南宁市第二中学以"资助育人文创室"为载体，构建普通高中家庭经济困难学生"文化育人+创新能力+营销实践"（1+1+1＝N）劳动教育课程；百色市民族高级中学依托百色市丰富的壮族文化资源，通过开展壮族文化传承、劳动实践、美育实践、艺术创作、义卖实践、感恩回馈、科教融合等活动，将民族文化与学校"五育"有机融合，打造"麽乜助学"成长成才育人模式，推动学生个人全面发展。

（三）探索课题研究引领资助育人

开设普通高中学生资助专项课题，加强资助育人体系、育人机制、育人模式、育人载体等方面研究，推广学生资助研究成果，不断提升高中资助育人功能。如南宁市第二中学"二启三活"资助育人课题，构建了多维资助体系，创设了资助育人课程，课题成果应用示范辐射广，引领社会影响力大，荣获广西教育教学成果奖二等奖；百色市通过"百色革命老区'文秀班'发展型资助育人模式研究"课题研究，带动地方开展系列高中资助育人活动，培育一批优秀的资助育人主题班会课例、德育案例、心理健康教育案例等。

第三节 普通高中资助育人存在的问题及对策

虽然广西普通高中学生资助育人进行了许多积极的探索，取得了较好的成果，但仍存在重资助轻育人、育人理念单一、机制不全等问题。

一、存在的问题

（一）资助理念亟须更新

部分普通高中学校仍缺乏对资助育人工作的认识，对"大资助"的意义及内涵缺乏了解，学校资助宣传政策手段单一、缺乏载体，资助工作停留在政策解读、完成发放补助金层面。

（二）管理机制不够健全

部分高中学校资助工作人员配备不足，流动频繁，对资助工作缺乏系统性管理与思考，工作联动机制不顺畅，资源整合不充分。

（三）育人机制仍需完善

部分高中学校认识到资助育人的意义，也尝试开展了一些活动来扩大资助工作的影响力，然而由于缺乏系统思考、谋划，在资助育人工作中仍然缺乏清晰的目标任务、实施路径、资源保障等，育人针对性不强、效果不佳。

二、工作举措

普通高中学生面临着高考升学、职业发展的困惑和压力，资助育人工作要不断适应当前普通高中多样化特色化发展以及新高考改革需要，丰富资助育人的内涵，从"扶困""扶智""扶志"多维度，完善资助育人体系。协同学校、家庭和社会各方力量，构建物质帮助、道德浸润、能力拓展、精神激励有效融合的资助育人机制。加强资助与教育教学深度融合，搭建起以学生全面发展为导向的资助育人平台，让"全员参与、全过程、全方位"的三全育人格局走深走实。

（一）加大经济物质帮扶

高中教育非义务教育，学生在校学习生活开支大，家庭经济负担重，在精准落实国家资助政策基础上，积极引导社会爱心人士或爱心企业捐资助学，指导学校通过校友月捐计划、慈善基金会、创办各种冠名资助的助学班等方式，加大对受助学生经济物质上的帮扶，逐步形成政府主导、社会和学校积极参与的学生资助工作格局，让受助学生在校安心就读。

（二）注重心理健康辅导

对受助学生开展心理特征测评、深入分析受助学生的心理健康状况。设立心理健康辅导活动中心，配备专职心理健康教师，开设心理健康课程，定期开展心理健康讲座和个别辅导。完善心理健康辅导活动中心各功能区，合理设置家长接待室、教育办公室、自由阅览区、个别心理辅导室、沙盘游戏辅导室、宣泄室、小团体辅导室、音乐放松椅、VR模仿体验室，让受助学生在心理健康辅导活动中心释放高强度学习带来的学习压力，自我调节心理，帮助学生建立自信、勇于面对挑战，造就健康心理，促进学生身心健康成长。

（三）助力学业提档升级

建立高中受助学生综合评价系统，分析受助学生各学科的学习情况，对弱势学科进行辅导。通过成立学习兴趣小组，受助学生与任课教师、优秀学生结对子，以优秀生辅导带动，特别让优秀的受助学生帮助其他受助学生，针对性地开展学习上的辅导，切实提高受助学生学习能力。同时，强化典型优秀先进事迹宣传，发挥榜样引领作用，让受助学生形成正确的世界观、人生观、价值观，坚定理想信念、厚植家国情怀、勇于自我超越，永远感恩党、听党话、跟党走，激发学生的强大内心动力和进取心，促进其个人素质的全面提升。

（四）强化职业规划指导

职业生涯规划是消除高中受助学生迷茫情感、树立远大理想的重要举措。建立学生发展中心、定期邀请行业专家和校友举办讲座、开展职业兴趣测评，帮助学生了解自身优势，选择合适的职业路径。灵活通过主题班会、主题实践活动等形式，让受助学生更深入了解自己的职业生涯规划，更加明确奋斗目标和努力方向。探索搭建企业合作平台，为学生提供研学机会，积累实践经验。

（五）完善校本课程服务

围绕德智体美劳研发校本课程体系为受助学生服务，培养受助学生意识与认同、体育与健康、道德与礼仪、品性与精神、行为与学习、科学与创新、审美与表达、劳动与实践等能力与品质，包括习惯养成、诚信、励志、社会责任感教育等道德与品质教育校本课程，职业生涯规划教育、全民阅读活动与读书分享活动、高效互助学习模式等智育教育校本课程，激情跑操、急救操演、体育比赛和运动会、心理测评与辅导等体育健康教育校本课程，工艺制作、文化墙绘制、资助征文、书画、演讲主题比赛等美育教育校本课程，以及社会劳动实践、美食制作与分享等劳动实践教育校本课程。

（六）培植科技兴趣素养

科技是第一生产力，通过发挥基础学科优势，以丰富科技竞赛活动培植受助学生科学素养。学校成立各类科技社团、组织更多受助学生参与科技竞赛或科学实验，多渠道发掘、选拔和培养对学科充满热情、具有天赋和发展潜力的学生。通过承办大型科技展活动，开展科技运动会、科技创新大赛、科技读书节、科幻画比赛、校园科普剧表演、无人机挑战赛等活动，提高学生科技素养，培养创新人才。与科技馆、高科技企业结对共建，积极组织学生参加各级科技竞赛，推动学校科技活动蓬勃发展，为高等学校"强基计划"输入研究型人才，为建设现代化强国提供人才支撑。

普通高中作为"人才蓄水池"、高等学校的活水源头，要进一步深入理解资助育人的意义和内涵，充分发挥资助的育人功能，树牢以学生为本的育人理念，资助成就一批批具有坚定理想信念、深厚家国情怀、强烈责任担当、综合素质强、立志在中国式现代化和中华民族伟大复兴进程中贡献青春力量的时代新人。

> **结语：** 党的二十大报告指出，普通高中资助育人是一项重要的政策措施，旨在保障家庭经济困难学生接受优质高中教育的权利。在未来，我们应该继续关注普通高中资助育人政策的落实情况，确保家庭经济困难学生得到充分的支持和帮助。同时，我们要不断探索和创新资助方式，以满足不同学生的需求，推动教育公平的实现。让我们共同努力，为家庭经济困难学生创造一个更加公平、优质的教育环境。

第四节 普通高中资助育人典型案例及解析

案例一

五育并举促成长　以人为本育英才
——"麽乜助学"资助育人品牌
百色民族高级中学

广西作为民族地区，铸牢中华民族共同体意识是各项工作的主线，是推进民族团结进步创建工作的根本方向。为落实立德树人根本任务，百色民族高级中学依托地方民族文化资源和学校办学的民族特色，优化资助育人模式，创新开展资助育人"麽乜"品牌建设。

一、"麽乜助学"品牌建设概况

"麽乜"（读音 mō miē）是广西百色市右江区壮族特色文化标志性物品，表现出壮族人民对生命与希望的美好信仰，寓意着祝福感恩、拥抱希望和招来吉祥，于2012年被录入广西壮族自治区非物质文化遗产代表性项目名录。

百色民族高级中学是自治区非物质文化遗产传承教育示范学校，为贯彻落实教育部五育并举教育方针，学校优化资助育人模式，依托百色市右江区丰富的壮族文化资源，结合本校办学的民族特色，成立"麽乜"工作坊，开展"麽乜助学"资助育人活动，主要内容为文化传承、劳动实践、美育实践、艺术创作、义卖实践、感恩回馈、科教融合等，将民族文化、劳动教育、美学素养、心理健康、实践能力、科学教育和感恩教育有机融合，着力提高受助学生的劳动意识，提升受助学生美育素养，缓解受助学生心理压力，增强受助学生的实践能力，提升受助学生的科技素养，培养受助学生的感恩意识，同时传承优秀民族文化，筑牢中华民族共同体意识。

二、"麽乜助学"品牌实践内容

（一）文化传承促交流

学校教师带领部分受助学生，深入百色市右江区壮族地区，拜访壮族"麽乜"非遗制作技艺传承人，学习"麽乜"制作工艺，了解壮族"麽乜"文化。学校每周都设置固定的素质拓展时间，外出学习的受助学生利用素质拓展时间，在学校"麽乜"工作坊向本校学生传授"麽乜"制作工艺。受助学生结合自身参加"麽乜"制作的实践经历与心得体会，主动参与研发校本课程"跌落壮族民间的遗珠——右江'麽乜'"传统文化课例，传承右江地区壮族文化。

受助学生在"麽乜"制作过程中深刻体会到民族传统文化的独特魅力，成为优秀文化的传承者和弘扬者。受助学生对少数民族文化的认知和尊重显著提高，学校各民族学生间的文化交流与融合更加频繁和深入。

（二）劳动淬炼塑品格

百色民族高级中学深入落实党中央、国务院关于全面加强新时代大中小学劳动教育的决策部署，将劳动教育纳入学生培养全过程，把课堂延伸到教室之外的劳动教育模式，构建劳动教育课程、劳动教育主题活动、劳动教育实践相结合的中小学劳动教育长效机制。

在老师的指导下，受助学生自主制订"麽乜"制作劳动实践计划，热情投入"麽乜"制作的材料购买、样式设计、颜色构图、示范操作等一系列劳动实践活动中。每学期由学生自行策划"麽乜"工作坊评奖活动，邀请学校教师参与评选，学校与教师对在"麽乜"制作实践中表现突出的受助学生给予表彰和荣誉奖励。

通过开展实践活动，受助学生的劳动意识和劳动习惯得到显著提高，责任感和使命感得到增强，他们的团队协作精神和创新能力也得到培养和提高。

（三）美育浸润提素养

受助学生将百色壮族的蜡染、土布、壮锦、竹编等丰富多彩的民族文化资源与现代生活元素相融合，坚持与时俱进，不断创新，制作出小巧玲珑的耳环"麽乜"、发簪"麽乜"、手机挂饰"麽乜"、箱包挂饰"麽乜"等工艺品。

通过制作"麽乜"与美育教育的实践锻炼，学生审美素养得到提升，创新意识明显增强。

（四）艺术创作强心理

"麽乜"创作活动可帮助学生缓解心理压力，提高心理素质，增强学生之间的团队合作精神，提升他们的自信心和成就感。

学生参与"麽乜"制作活动，可以暂时忘却学业的烦恼，专注于创作过程，从而达到缓解心理压力的目的。"麽乜"制作需要耐心和细心，可以培养学生的耐心和毅力，提高他们的心理素质。

学生参加"麽乜"制作比赛，比赛中学生需要分组完成一些复杂的"麽乜"制作项目，这有助于培养他们的团队合作精神和沟通能力。

以学校民族文化教育展馆作为交流平台，让受助学生展示作品、分享制作心得；同时，将"麽乜"工艺品作为学校来访人员的参观内容之一，受助学生向来访人员介绍"麽乜"工艺品的制作工艺与文化内涵，从而帮助受助学生提升自信心和自豪感。

（五）义卖实践增能力

受助学生精心策划义卖实践活动，通过明确活动日期、地点和参与人员，精心策划从商品筹备到宣传推广再到现场执行、资金管理最后到活动总结的每一个环节。具体活动流程如下。

（1）商品筹备：受助学生制作的耳环"麽乜"、发簪"麽乜"、手机挂饰"麽乜"、箱包挂饰"麽乜"等产品作为义卖物品。受助学生制作"麽乜"如图3-1所示。

图3-1　受助学生制作"麽乜"

（2）宣传推广：利用校园广播、海报、横幅、教学楼LED显示屏等多种渠道进行活动宣传，提高师生对活动的知晓率和参与度。

（3）现场执行：合理规划义卖区域，设置清晰的标识牌和价格标签，营造温馨、有序的购物环境。同时，安排受助学生作为志愿者引导购物流程，设立现场管理小组，负责维护秩序、监督交易等工作，确保活动顺利进行。"麽乜"工作坊举行爱心义卖实践活动如图3-2所示。

图3-2　"麽乜"工作坊举行爱心义卖实践活动

（4）资金管理：设立专门的收款处，确保义卖款收取的透明和公正。活动结束后，及时公布义卖款总额和使用计划。

（5）活动总结：对活动进行总结评估，总结经验教训，为下次活动提供改进建议。

受助学生通过参加义卖活动，提升了团队协作精神，提高了实践能力和创业意识。同时，学校凝聚力和向心力得到增强。

（六）知恩于心践于行

"麽乜"工作坊义卖所得的义卖款通过购买书籍赠送本校家庭经济困难学生、资助本校遇到突发情况导致家庭经济困难的学生，把爱心传递下去。受助学生把自己亲手制作的"麽乜"工艺品送给关心资助他们的爱心人士，如"全国扶贫状元"陈开枝等各级领导、爱心企业家，表达自己的感恩之心。学校通过培养受助学生的感恩意识和社会责任感，有效地提高资助育人的实效，为国家的发展做出更大的贡献。

（七）科教融合激潜能

学校把科技与"麽乜"非遗文化结合，开设将"麽乜"非遗文化与物理学科结合的"悬浮麽乜"实验校本课程。通过课程的学习，受助学生对科学的兴趣增强，他们自主绘制"悬浮麽乜"的设计图以及部分造型预想图，自主进行"悬浮麽乜"实验测试，积极参加2022年"冬梦飞扬"科技、2022年"天空课堂"、2023年"筑梦航天"科技主题讲座活动等科技活动。

以上科技教育特色活动，既培养了受助学生对科学的兴趣，又增长了受助学生的科学知识，激发学生的求知欲和发明创造的潜力，提高学生科技素养。

三、"麽乜助学"成效与启发

学校"麽乜助学"系列育人品牌建设，全方位提升受助学生综合素质，有效助力学生成长成才。

一是提升受助学生升学率。每年受助学生考上本科的比例均超过98%，受助学生学业成绩显著提高。

二是提高受助学生综合素质。文秀班的蒙桂秋参与市庆祝中国共产党成立101周年主题宣传活动、何陈昆同学被评为2021年广西"自强之星"学生励志典型人物、敖卓素同学参加广西资助主题演讲比赛获区一等奖，成为学校贫困学生的励志榜样。

三是培养受助学生感恩意识。受助学生黄凤梅大学毕业后回到母校担任学生资助工作，文钟浒和农俊海同学毕业后回到家乡担任第一书记，回馈母校和家乡，学校资助育人形成"解困—育人—成才—回馈"的良性循环。

四是增强受助学生社会责任感。受助学生何鑫于2023年考上国防科技大学，立志报效国家。受助学生通过义卖活动帮助困难学生、到敬老院开展志愿服务活动，提升了社会责任感。

> **点评**：弘扬中华优秀传统文化，加强各民族交往交流交融，增进相互了解和信任，增强各民族文化认同感和自豪感，是铸牢中华民族共同体意识的重要手段。百色民族高级中学依托地方资源和学校文化特色，大胆创新育人理念，创建"麽乜助学"资助育人品牌，成立"麽乜"工作坊，开展文化传承、劳动实践、美育实践、艺术创作、义卖实践、感恩回馈、科教融合等活动，将帮困、助学、育人、回馈有机结合起来，将文化、劳动、美学、心理、实践、科学和感恩等有机融合，传承优秀民族文化，筑牢中华民族共同体意识。在"授人以鱼"和"授人以渔"中让"资助"和"育人"相得益彰，育人效果好，值得推介。

案例二

普通高中家庭经济困难学生"文化育人+创新能力+营销实践"（1+1+1=N）劳动教育课程的建构与实践

南宁市第二中学

南宁市第二中学围绕立德树人根本任务，坚持育人为本、德育为先、能力为要、全面发展的工作目标，创新打造"资助育人文创室"，建构家庭经济困难学生劳动教育综合实践课程，通过积极开展课程教学和实践活动，建立起解困、育人、成才、回馈的良性循环，促进家庭经济困难学生成长成才，使家庭经济困难学生拥有人生出彩的机会。

一、资助育人文创室简介

南宁市第二中学所处的南宁是广西壮族自治区首府，也是一座历史悠久的文化古城，更是一个多民族融合的现代化城市。南宁建制至今已有 1 700 多年的历史，曾被称为邕州。南宁的文化本源还包含了壮族、汉族、苗族和瑶族等多个少数民族传统文化，文化资源丰富。南宁市第二中学源自清光绪三十二年（1906）年在仓西街创办的"南宁府中学堂"，办学历史悠久，文化积淀深厚，校园文化内涵深刻、外延丰富。基于"文化育人+创新能力+营销实践"（1+1+1＝N）劳动教育课程的理念便由此产生。

资助育人文创室（以下简称文创室）是南宁市第二中学精心打造的学生资助与劳动教育、综合实践相结合，提升家庭经济困难学生综合能力的创造实践平台。文创室的主要实践活动是学生将心中对邕城历史文化和百年校园独特想法以文创设计的形式呈现，把对邕城和学校的喜爱与牵挂融入文创产品设计当中，形成具有南宁市第二中学特色和深厚文化底蕴的文创产品。文创室将文创设计做成产品进行展示和销售，所得全部利润用于开展校内资助及家庭经济困难学生资助育人活动。

二、资源育人劳动教育课程的体系构建

资助育人文创室整体设计的"1+1+1＝N"课程体系，主要是以课程方式开展劳动教育综合实践活动，包含自然和历史研究、传统文化的设计美学、制作、销售、管理文创产品等，旨在以"立德树人"和"五育并举"培育受助学生的道德品质、价值观，提升学生的创新设计能力、销售实践能力、综合管理能力，激发学生的设计潜能，培养学生的创新能力。通过设计、制作及售卖文创产品过程，丰富学生的社会实践经验，锻炼学生的动手能力、沟通能力、组织协调能力、策划管理能力等。南宁市第二中学"1+1+1＝N"资助育人劳动教育综合实践课程体系如图3-3所示。

（一）课程规划

第一个阶段，即第一个"1"，文化探究课程。组织学生进行文化探究研学，请历史学专家和老校友讲解学校历史，探究校园四季美景、八大景观及百年辉煌历史；走出校园走进校外研学基地，研究广西博物馆、南宁三街两巷基地等邕城历史文化。培养学生对壮乡、邕城和校史文化的认同，提升学生的文化自信。

第二个阶段，即第二个"1"，劳动技艺课程。学生自主设计文创产品。学生结合活动主题（如开学季、迎新春、毕业纪念等）和日常生活需求，充分利用劳动教育里通用技

课程所学知识，依照传统文化中的卯榫、缂丝、景泰蓝、国画晕染、书法、剪纸、皮影、蜡染等技艺技法设计文创产品，运用古典传统色彩中的赤丹、岱赭、庭芜绿、天青色、缃色等，将南宁市第二中学深厚文化底蕴沉淀和拓印在文创产品中，满足学生的审美需求，增强学生的凝聚力。

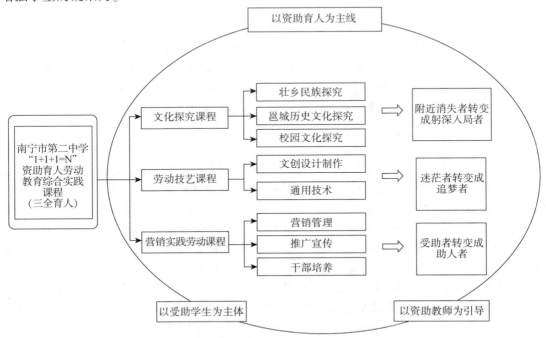

图3-3　南宁市第二中学"1+1+1=N"资助育人劳动教育综合实践课程体系

第三个阶段，即第三个"1"，营销实践劳动课程。学生策划及参与校内外公益售卖活动。学生向学校提交活动策划案，自主组织开展活动。一项综合实践活动结束后，由学生有组织地进行问题自纠自查及活动收获总结。充分锻炼学生发现问题、提出问题、解决问题的能力，培养学生自我反思意识及综合思维，增长学生社会工作经验，丰富学生社会实践经验，加强学生与社会的联系。

（二）课程特色

提供给学生全程职业体验，让学生在整个过程中作为主体自主发展，收获由迷茫者到追梦者的转变；资助教师处于主导地位，将校内外资源全部整合，形成全员育人、全程育人、全方位育人。最后的育人效果就是"N"，即让学生发现自我，同时通过自己的劳动所得帮助身边更需要帮助的同学，收获由家庭经济困难者到助人者的身份转变。

（三）课程设置

以劳动教育选修课形式在高一、高二年级开设资助育人劳动实践课程。课程分年级开展，高一年级在每周三下午第九节、高二年级在每周四下午第九节，受助学生根据自己的兴趣爱好选修。资助育人文创室每月定期邀请校外导师、家长、校友开展设计、营销等专业培训及职业分享，通过不同的途径，以不同的形式将资助育人课程落到实处。

(四) 精品课程简介

1. 文创设计制作课程

文创设计工作是文创室最核心的工作，本课程主要根据设计部工作内容制定，其内容主要有：设计文创产品，并与其他部门沟通、生产、销售；设计产品上架前的宣传海报；撰写文创征稿启事和各项劳动实践活动策划案等。

2. 营销管理课程

营销工作是文创室最基础的工作，本课程内容为学习了解文创产品的设计理念、特点、价格等信息，了解营销要求及注意事项，进行实操培训。

3. 推广宣传课程

推广宣传是文创室最有亮点的工作，本课程内容为学习计算机画图软件、简单的 PS 技术、美篇等 App 宣传编辑功能、学生官方公众号管理，掌握新产品、新工艺、新技术和新媒介设计与制作。

4. 干部培养课程

文创室骨干成员是文创室的核心力量，本课程要骨干成员组织带领同学们进行综合实践活动，发掘学生领导才能，锻炼学生管理能力、组织协调能力，培养学生综合思维及责任意识，塑造综合型学生干部。"文化育人+创新能力+营销实践"（1+1+1＝N）劳动教育课程——学生干部培养课程如图 3-4 所示。

图 3-4 "文化育人+创新能力+营销实践"（1+1+1＝N）劳动教育课程——学生干部培养课程

(五) 课程评价

指导教师带领家庭经济困难学生每月组织工作例会，形成常规管理。制定评价体系，把具体的劳动实践情况和相关材料计入学生综合素质档案，可作为评选"综评优等""三好学生""优秀学生干部"等荣誉称号的依据之一。

三、彰显课程成效，形成资助育人特色品牌

资助育人文创室作是学校劳动教育重点实践基地，"文化育人+创新能力+营销实践"（1+1+1＝N）劳动教育课程是学校劳动教育品牌课程。该课程充分发挥了劳动教育树德、

增智、强体、育美的育人功能，树立了学生正确的劳动观念，培养了学生的创新劳动能力，有效助力学校获评2022年自治区中小学劳动育人示范校。

（一）以课程为导向，激发劳动热情，强化综合育人

经过5年实践，学校"文化育人+创新能力+营销实践"（1+1+1=N）劳动教育课程成效显著，将日常资助工作与家庭经济困难学生的劳动教育、榜样教育、励志教育、诚信教育、感恩教育和社会责任感相结合，促进学生资助从经济保障型向能力发展型转变，家庭经济困难学生在学校资助育人课程的引导下充分发挥主观能动性，不断突破自我，成就自我。至今全校有500余名受助学生在课程的引导下自立自信，积极进取，综合素质显著提高。2019—2023年，共有162名同学获得"三好学生"荣誉称号，在全市资助主题征文比赛和演讲比赛中共有7人获得市级奖励，3人获得自治区级奖励。家庭经济困难学生高考成绩显著提升，本科上线率一直保持100%。

（二）以活动为阵地，担负劳动责任，回馈社会关爱

联合校外劳动基地，借助校友、家长、社区等资源，共同开发活动课程，开展课外劳动特色项目活动，引领受助学生尽己所能回馈社会，如：植树节参加八桂义工植树活动，六一儿童节到外来务工子弟学校联合演出，中秋节组织留校受助学生共度佳节，重阳节到敬老院慰问孤寡老人，"温暖这个冬季"（为学校特殊困难学生购买冬衣）、为患病的特殊困难学生募捐等。2020年开始资助育人文创室连续三年参加三街两巷实践基地志愿服务，开展文创公益义卖活动，所有收入用于开展学校公益资助活动及发放特殊困难学生生活补助。2019年至今文创公益义卖共获得3万余元收益，共资助26位同学。以活动为阵地引导学生心怀家国、回馈社会，躬身入局、知行合一，为传播中华优秀传统文化贡献自己的智慧和力量。南宁市第二中学2023年资助育人志愿者团建活动如图3-5所示。南宁市第二中学三街两巷实践基地文创公益义卖活动如图3-6所示。

图3-5　南宁市第二中学2023年资助育人志愿者团建活动

图 3-6 南宁市第二中学三街两巷实践基地文创公益义卖活动

（三）以文创为载体，提升劳动技艺，打造文化名片

2019 年至今文创室共设计制作了 80 余种校园文创产品，符合当前流行的时尚生活理念，产品美观、实用、个性化十足。如：未济湖景八音盒，聚焦热点于方寸；百年二中八景书签，紫檀木 3D 雕刻成画；校园打卡套章，运用古典传统色彩中最美的赤丹、岱赭、庭芜绿、天青色、缃色深藏；校园风景明信片，园林建筑四季风姿，青春校园近在眼前；U 盘、尺子、书灯等文创产品更是造型各异，又兼具实用性，细节上缂丝雕花，以学生的智慧、文化的积淀将传统美学完美呈现。学生们通过精心设计，将无数人的青春回忆融入小巧玲珑的文创产品，创意技艺大量运用了景泰蓝、卯榫、书法、水墨山水等元素，以 3D 技术，为普通的文创产品赋上温暖的人情味和深厚的传统文化情怀，更成为南宁市第二中学学子的"专属回忆"。南宁市第二中学资助育人文创产品——帆布袋、笔记本如图 3-7 所示。

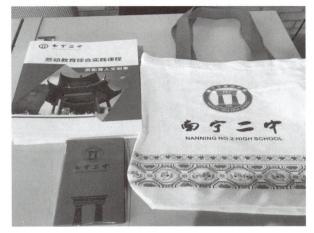

图 3-7 南宁市第二中学资助育人文创产品——帆布袋、笔记本

四、课程反思

南宁市第二中学着眼未来积极开展资助育人模式创新研究,开设资助育人文创室劳动教育综合实践课程,搭建家庭经济困难学生的成长成才平台。在完善资助育人教育体系的同时,积极创造学生参与社会活动的机会,使其在活动中发展各方面的能力,与社会发展形成一种动态平衡。丰富多彩的社会活动在丰富学生课余生活的同时,极大拓宽了学生视野,提高了学生各方面的综合素质和能力,使学生能够正确客观地认识到自己的价值,树立自信,不仅将理论知识转化成实践,也促进了自身能力的发展。学校将继续深化和完善这一课程,为家庭经济困难学生提供更全面的发展支持。我们坚信,在充足的养分和适宜的发展环境下,每一名学生都能发挥出自己的潜力,成为社会有用之才。

> **点评:** 南宁市第二中学创建的"文化育人+创新能力+营销实践"(1+1+1=N)资助育人劳动教育综合实践课程,经过实践,成效显著,促进学生资助从经济保障型向能力发展型转变。受助学生在学校资助育人课程的引导下,充分发挥主观能动性,不断突破自我,成就自我。
>
> 资助育人文创室从多维度构造"全覆盖、全过程、全方位、全成才"的资助育人模式,提出资助育人的实践路径。立足劳动实践,突出文化引领,充分发挥劳动教育树德、增智、强体、育美的育人功能,提升学生技能水平、实践能力和创新素质。在"五育并举"背景下,该育人模式富有时代感、亲和力和影响力,为高质量、精准开展资助育人工作提供很好的借鉴。

案例三

聚焦"三个注重" 推进资助育人体系建设 助力学生成长成才
玉林市学生资助管理中心

随着资助政策体系的不断完善,坚持资助与育人并举、扶困与扶志并行,帮助更多学生接受更高学历层次的教育,成为办好人民满意的教育、实现教育公平的重要保障。

一、案例概况

玉林市坚持立德树人根本任务,牢记"为党育人 为国育才"的初心使命,紧跟时代发展和政策导向,充分发挥资助赋能作用,不断强化资助育人功能,注重顶层设计、融合创新、宣传引导,探索"国家资助 成就梦想"资助育人品牌试点建设,延伸资助育人内涵,提升资助育人实效,形成"解困—育人—成才—回馈"的良性循环,建立健全物质帮助、道德浸润、能力拓展、精神激励有效融合的资助育人长效机制,推动学生资助从"保障型"向"发展型"延伸拓展,助力学生成长成才。"三个注重"的解释如图3-8所示。

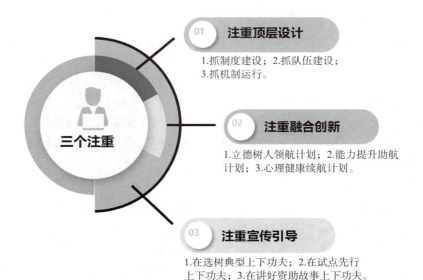

图 3-8 "三个注重"的解释

二、工作思路

坚守为党育人、为国育才初心，落实立德树人根本任务，以"立德树人领航计划""能力提升助航计划""心理健康续航计划"为载体，以实现"育德""育能""育心"为目标，切实加强全市高中学生的思想政治教育，构建五育并举融合育人体系，从完善规章制度、优化工作队伍、加强组织条件保障等方面进行谋划实施，着力推动"全员、全面、全过程"育人工作，形成以点带面、以面带全、示范带动、整体推进的资助育人长效机制，努力打造学生资助育人"玉林特色品牌"，综合施策、全面提升育人质量，努力培养德智体美劳全面发展的社会主义建设者和接班人。"三育"育人模式如图 3-9 所示。

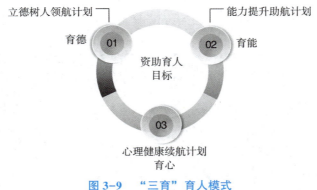

图 3-9 "三育"育人模式

三、主要做法

（一）注重顶层设计

教育是国之大计，党之大计。培养什么人、怎样培养人、为谁培养人是教育的根本问题。玉林市坚持以人民为中心发展教育，积极推进精准资助和资助育人，把资助工作融入学校"三全育人"体系,多措并举推进资助工作高质量发展,为学生成长成才护航助力。一是抓制度建设。出台《玉林市教育局关于开展"国家资助 成就梦想"资助育人品牌建设工作的通知》等文件,加强制度建设,为资助育人工作深入开展提供制度保障。二是抓队伍建设。成立资助育人工作领导小组,落实人员,明确职责,选优配强工作队伍,在育人工作、品牌创建等方面进行探索、研究、实践,打造"全员覆盖、全程受助、全面受益"的资助育人网络。三是抓机制运行。组织召开全市资助育人品牌建设工作推进会和资助育人工作调度会,开展资助育人工作调研,分析研判工作形势,形成行之有效的工作机制,确保育人工作有序推进。

(二)注重融合创新

坚持把立德树人融入学生资助工作全过程,把资助工作作为育人的一种有效手段和方式,探索和创新"扶困"+"扶志""资助"+"发展"的资助育人模式,在为学生提供物质资助、帮助学生解决生活困难的同时,给予学生精神、道德和能力层面的关怀、帮助和培育,引导学生树立正确的价值观念,形成更加健全的人格与品质,养成更加优秀的能力与素养,不断强化育人的维度,深化育人的效果。

1. 与扶志相融合,实施立德树人领航计划,以"育德"

遵循学生成长规律,强化典型事迹宣传,发挥榜样引领作用。始终把社会主义核心价值观教育等放在突出位置,将其融入所有资助形式、资助载体中,作为培育和引领学生的重要资源。积极开展诚信教育、感恩教育和励志教育等教育活动,注重教育和引导学生"受助思源、获奖思进、勇担责任、回报社会",引导受助学生培养爱国奉献、自立自强、诚实守信、知恩感恩、勇于担当的良好品质,努力做有理想、敢担当、能吃苦、肯奋斗的时代新人。开展如北流市、陆川县"红色题材情景剧专场演出""红色故事"演讲比赛和"红色基因永传承"主题教育等资助育人系列活动,引导家庭经济学生从百年党史中汲取智慧力量,在党的二十大精神学习中感悟初心使命,不断厚植爱党爱国情怀,坚定理想信念,展现青春力量。北流市组织开展"红色题材情景剧"《红军名将李明瑞》专场演出,如图3-10所示。选树培育榜样励志学生代表,做好"三星"(励志之星、成长之星、校园之星)优秀典型评选及专题宣传展示,营造争先创优的校园氛围。

图3-10 北流市组织开展"红色题材情景剧"《红军名将李明瑞》专场演出

2. 与综合能力培养相融合，实施能力提升助航计划，以"育能"

坚持"全面梳理—分类帮扶—个性服务"的工作格局，积极实施"家庭经济困难学生全面帮扶活动"，通过邀请专家、导师开展讲座、职业培训、拓展就业岗位，实施"能力提升助航"计划，以共性帮扶为基础，以个性帮扶为突破口，增强供给能力，提供靶向服务，对家庭经济困难的学生在经济、学业、就业等方面全方位实施帮扶，促进学生综合素质全面发展。例如，玉林市第一中学组建学生阳光心理协会，协会秉承"健康由心开始"的理念，以"人人关注心理健康、助人自助心灵成长"为目标，开展定制式高三团体和个性辅导活动，让学生在参与中实现心灵成长，在开放中力求助人自助，塑造阳光心态，既教育引导学生求真知、练本领，培养核心竞争力，更突出对学生价值层面的塑造，教育引导学生坚定理想信念、陶冶情操、温润心灵、激发创新创造活力，让资助育人工作通过润物无声的方式，实现与五育的共融互通，共生发展。玉林市第一中学学生"阳光心理协会"活动剪影如图3-11所示。

图3-11 玉林市第一中学学生"阳光心理协会"活动剪影

3. 与校园文化活动相融合，实施心理健康续航计划，以"育心"

以心理辅导为载体，全面了解跟踪家庭经济困难学生心理动态，组织开展"以爱育人"关爱受助学生心理健康教育团辅活动。建立特殊困难学生心理健康库，充分利用学校心理健康教育资源，定期或不定期开展心理漫谈、心理沙龙、团体辅导等心理帮扶活动，打造个性化身心健康工程。该项目已成为博白县学生资助工作的一张名片，得到中央电视台心理访谈专访。将资助育人融入校园文化活动和各项主题实践中，引导受助学生树立正确的世界观、人生观和价值观。例如，北流市明瑞高级中学充分利用校内外资源，开设校本心理健康教育课程，举办心理健康讲座，开展特色心理健康系列活动，如生命树体验课、绘画测验活动等，并通过心理咨询、心理剧表演、心理健康知识竞赛等形式，让学生在丰富多彩的活动中得到锻炼与提升，让学生在参与中正确认识自我，感受关爱，增强心理韧性。

（三）注重宣传引导

借助各种媒体和平台，把握宣传"三时三面两线"三个关键时点，持续加大资助育人工作宣传力度，全面提升育人实效。一是在选树典型上下功夫。举办"国家奖学金"优秀学生表彰大会，开展"励志之星"评选活动，大力宣传受助学生自强不息、艰苦奋斗、积极进取、知恩图报的优秀品质，大力弘扬自强之美、向善之美、向上之美、奉献之美、感恩之美。二是在试点先行上下功夫。组织开展学生资助专项课题研究申报工作，为全市学生资助工作提供理论指导和有效的实践经验。深化"一县一品牌，一校一特色"学生资助品牌培育和打造，充分发挥各试点单位的先行先试和示范引领作用，总结经验做法，构建落实全员、全过程、全方位"三全育人"协同资助育人机制，为全市学生资助育人品牌创建工作开好局、带好头。三是在讲好资助育人故事上下功夫。开展"青春筑梦新时代 资助伴我向未来"感恩分享会、"技能，让生活更美好"优秀毕业生事迹宣讲等活动，让受助的优秀学子讲述自己在国家资助政策帮助下的奋斗故事，全力促进受助学生德智体美劳全面发展，使资助育人工作开展得更有高度、深度和温度。

四、成效与反思

（一）资助育人工作成效

玉林市资助育人体系全面贯彻落实党的二十大精神，紧紧围绕立德树人根本任务，有效促进了学生社会主义核心价值观的养成和自立自强、知恩感恩、勇于担当的良好品质的培养。以困难学生为主体，辐射全体学生，将资助育人融入思想道德教育、文化知识教育、社会实践教育等各环节，着力凝聚资助育人合力，不断强化资助育人成效，使每一名困难学生都能够享有平等发展的机会，形成"解困—育人—成才—回馈"的良性循环，构建资助育人长效机制。

（二）资助育人工作反思

资助育人工作是一项长期而艰巨的任务，需要政府、学校、社会和家庭等的积极配合与共同努力。工作中，要找准"扶困""扶志""扶智"工作的着力点，将资助与育人深入结合，充分发挥学校、社会的育人功能，培育家庭经济困难学生自信、自立、自强的品质，使他们成为全面发展的有用之才。虽然玉林市的资助育人工作取得了一些成效，但与上级要求以及兄弟城市相比，还存在不小的差距。下一步，玉林市将坚持以习近平新时代中国特色社会主义思想为指导，贯彻落实党的教育方针，坚持资助赋能，坚持为党育人、为国育才，不断完善学生资助政策体系，持续强化资助育人功能，在理念上突出扶贫与"扶志""扶智"相结合，导向上树立标杆榜样，机制上形成育人合力，操作上突出育人重点，不断探索和创新"资助+发展"的资助育人新模式，助力学生全面发展、成长成才，为强国建设、民族复兴贡献资助工作力量。

> **点评：** 玉林市坚持以人民为中心发展教育，积极推进精准资助和资助育人，把资助工作融入学校"三全育人"体系，多措并举推进资助工作高质量发展，为学生成长成才护航助力。聚焦三个注重，即顶层设计、融合创新、宣传引导，探索构建"国家资助 成就梦想"资助育人品牌试点建设；实施立德树人领航计划、能力提升助航计划和心理健康续航计划活动项目，实现"育德、育能、育心"目标，探索创新"扶困"+"扶志""资助"+"发展"资助育人模式，打造"玉林特色品牌"，为全面提升育人质量提供可复制可推广经验，具有较高借鉴价值。

案例四

边境地区普通高中"资助+N"育人模式探索与实践
崇左市学生资助管理中心

学生资助是一项教育工作，必须贯彻落实党的教育方针，落实立德树人根本任务，解决好培养什么人、怎样培养人、为谁培养人的根本问题。近年来，崇左市学生资助管理中心始终坚持育人导向，坚持"资助"与"育人"的有机统一，聚焦打造"联动链"，在全市统一开展了"资助+N"模式，充分发挥育人功能，构建了边境多元资助育人模式。

一、案例简介

崇左市始终将育人作为资助工作的出发点和落脚点，在全面贯彻落实国家资助政策的基础上，紧跟时代发展和政策导向，充分利用地处祖国南疆的区位特点，立足"边境、边情、边民"实际，构建了边境地区普通高中"资助+N"育人新模式，不断拓宽发展型资助育人渠道，推动边境资助育人工作取得良好成效。

二、工作思路

崇左市地处祖国南疆，与越南接壤，边境线长 533 千米，是属于老少边山穷边境地区。边境地区学生资助项目是国家兴边富民系列重大决策部署的一个重要内容，是加快提升边境地区教育水平，促进边境地区民族团结，巩固边疆繁荣稳定的重大举措。随着资助政策的落实，边境地区学生资助工作的短板逐步凸显，资助育人形式单一，育人成效不明显，边民感受不到国家教育惠民政策的红利。针对这些问题，崇左市以共性帮扶为基础、个性帮扶为突破口，将学生资助与思想政治教育、心理赋能建设、学业生涯规划、实践能力拓展等有机融合，探索和构建了边境地区"资助+N"育人模式，在资助理念上，实现了从"助困"向"育人"的根本转变，进一步落实了立德树人的根本任务。

三、主要做法

学生资助是"十大"育人体系中的内容，是育人的大途径，是学校人才培养体系中不可或缺的组成部分。学生资助工作不仅是党和政府关注关怀家庭经济困难学生群体的暖心工程，更能在学生思想政治教育、爱国主义教育、励志与艰苦奋斗教育、诚信教育、感恩与关爱教育等方面发挥重要作用，具有重要而丰富的德育功能。

（一）资助+思想政治教育

崇左市充分发挥边境地区爱国主义和国防教育基地众多的优势，积极将资助育人融入学生思想政治教育当中，不断厚植家庭经济困难学生爱国情怀，打造了一批德育课程。如龙州县立足"边"的特色，做足"红"的文章，通过组织受助学生参加边关升国旗，参观红八军龙州起义纪念馆、水口海关、重走红军路等活动传承红色精神。龙州县组织重走红军路、参观红军龙州起义纪念馆等红色研学活动如图 3-12 所示。大新县以德天中越边境为教育基地,推出"守卫边境的战士""祖国最南端的升旗仪式"等特色课程,努力打造受助学生爱党爱国情怀的培养平台。宁明县联合多部门开展了"同升一面旗,共守巡边路"活动,组织受助学生参与边境派出所的巡边和界碑描红活动,让受助学生通过沉浸式体验,感受到守护边疆安宁的人员的艰辛,进一步厚植家国情怀,激发强烈的使命感和责任感。凭祥市聚焦家庭经济困难学生在发展过程中存在的思想、心理和能力等"多维贫困"问题,利用边关资源,结合边境特色文化特点,组织受助学生参加边关升国旗、参观友谊关、护碑巡边等德育体验活动,以生态体验式班会和综合实践活动为依托,将社会主义核心价值观深入受助学生的心灵,打造了"友谊关升国旗唱国歌""凭祥孩子游凭祥"等爱国主义教育活动品牌。

图 3-12 龙州县组织重走红军路、参观红军龙州起义纪念馆等红色研学活动

(二) 资助+心理赋能建设

对贫困学生的心理疏导一直是资助工作的重点和难点。崇左市有效利用学校心理健康教育资源,以学校心理辅导室为载体,常态化开展心理漫谈、心理沙龙、团体辅导等心理帮扶项目,并通过组织开展"525"心理健康教育节,以心理讲座、户外拓展活动等形式多样的心理主题活动,为受助学生努力营造健康、快乐、平等、和谐的成长环境,促进其健康快乐成长。凭祥市举办心理和学业生涯规划指导,如图 3-13 所示。例如,凭祥市秉承"精神呵护,静待花开"的育人理念,通过建设心理辅导室、编印校本教材《高中生心理与健康》、开设心理健康教育课程,打造崇左市首个"青春健康俱乐部"。龙州县针对当前高中生出现的心理问题,紧扣"让改变就此发生"的德育工作主题,通过心理辅导和激情德育对受助学生开展心理健康教育活动,促进学生形成健康的心理素质。大新县开展以"青春之少年,青春之心灵"为主题的心理健康月系列活动,通过心理主题班会、心理漫画大赛、"同心共育花开"主题家长会、心理电影赏析、"青春活力,时光信箱"写给高三自己的一封信等活动,直扑受助学生心灵深处,鼓励和激发其树立战胜挫折的决

心、信心和勇气。

图 3-13 凭祥市举办心理和学业生涯规划指导

（三）资助+学业规划能力

崇左市通过建设生涯规划课程、开展生涯规划体验活动、筹建生涯发展指导中心等举措，指导受助学生进行自我认知，充分挖掘学习潜能优势，明晰职业兴趣方向，为后续学业、职业以及人生选择与发展打下坚实基础。例如，凭祥市推出校本教材《高中生涯规划》，明确高一以"唤醒生涯意识，绘制未来蓝图"、高二以"我的生涯彩虹图"、高三以"目标明确，未来可期"为主题，通过开展大型生涯体验活动，对受助学生开展生涯规划教育。大新县开展了"以平凡之名，成就精彩人生"生涯规划指导青春励志报告会，邀请了从大新中学毕业的优秀校友代表返回母校，讲述他们青春筑梦的故事，给受助学生分享他们从学生到从业者的成长经历和工作经历，激励受助学生以校友为榜样，勇敢追求梦想，努力实现自己的人生价值。龙州县联合新华爱心基金会对本校专门为家庭经济困难学生设立的珍珠班提供"生涯1♥1"服务项目，结合专业的生涯工具及案例研讨开展为期11课时的生涯规划直播课，引导珍珠班学生向内探索自我、向外探索世界，帮助其提升个人素养和制订自我提升计划。

（四）资助+实践能力拓展

崇左市积极借助边境地区文化资源，结合"探秘边关研学崇左"实际，大力开展资助+实践能力拓展活动，切实提升受助学生的综合实践能力。例如，大新县根据全县的自然资源特点和文化禀赋，建设6个中小学研学实践基地，推出"稻作文化和一粒米的旅行""手作步道，揭秘人与自然和谐共生""喀斯特地貌之谜""我是保护员"等特色文化课程。天等县充分利用"三月三"、歌坡节、霜降节等开展"研学+民族"实践，推进民族文化传承，带领学生进一步了解壮族的文化发展历程、民俗文化等，增强民族文化认同感，引导师生铸牢中华民族共同体意识。扶绥县组织受助学生到广西石埠乳业山水牧歌数智休闲观光牧场开展研学活动，让学生们全方位了解现代农业的高科技，将书本知识融入生活实践中。大新县组织受助学生深入田间地头开展农耕文化研学实践教育，通过学农识、习农耕、做农事，让学生体验到劳动的艰辛与快乐。宁明县组织受助学生到派阳山森林公园开展"探索神秘溪谷·感受神奇自然"校外实践基地研学活动，通过近距离"沉浸式"接触大自然，进一步培养学生观察实践能力，从而教育学生热爱生活、热爱大自然。江州区组织受助学生开展"传承草席技艺 弘扬非遗文化"研学实践活动，通过引导学生参与劳动，沉浸式体验农耕文化、非遗文化，全面提升受助学生的综合实践能力。

四、成效及启示

（一）资助育人成效

崇左市聚焦"思想政治教育、心理赋能建设、学业规划能力、实践能力拓展"打造的"资助+N"边境地区普通高中资助育人新模式，在学生资助工作中取得了良好的育人效果，多次获得广西壮族自治区有关部门的充分认可。2023年广西边境学生资助工作现场会在崇左市召开，崇左市《聚力前行，靶向发力，画好边境地区学生资助"同心圆"》和凭祥市《资到边 助兜底 构建全方面资助新格局》分别在会上进行经验介绍。相关研究课题"边境民族地区基础教育阶段资助育人质量提升体系构建研究"获广西教育科学"十四五"规划立项。凭祥市高级中学首届校园心理情景剧大赛获全区心理健康文化节优秀案例。心理剧《成长》获第三届广西未成年校园心理剧比赛二等奖。《一例初中生抑郁症的危机干预案例报告》被评为全区2020年中小学心理危机干预优秀案例三等奖。"资助+N"育人模式活动项目多，内容丰富，受助学生参与面广，具有较高的推广价值。

（二）资助工作启示

资助工作的核心是在实施经济资助的同时将育人贯穿资助工作的全过程，应多措并举构建资助育人质量提升体系，以关心爱护学生成长为出发点和落脚点，让学生充分感受到党和国家的关怀；教育引导受助学生培育自强精神，提升自己的综合素质能力，努力实现从"受助"向"自助"再到"助人"的转化，着力构建全面覆盖、进阶培养、个性支持等相结合的多层次资助育人模式；紧紧围绕立德树人根本任务，不断提高资助育人深度，让经济困难学生真正实现生活上自立、心理上自信、发展上自强，形成"纾困解难—铸人才—饮水思源"的良性循环，推动资助育人工作高效发展，为更多的学子照亮前行的道路！

> **点评**：百年大计，教育为本。边境教育质量全面提升，是促进边境地区民族团结，巩固边疆繁荣稳定的重要保障。崇左市进一步落实了立德树人的根本任务，以共性帮扶为基础、个性帮扶为突破口，将学生资助与思想政治教育、心理赋能建设、学业生涯规划、实践能力拓展等有机融合，打造边境地区"资助+N"育人模式，实现了从"助困"向"育人"的根本转变，资助育人效果好，具有较高的推广价值。

案例五

"四季助学"润泽人心　育人铸魂成就梦想
梧州市学生资助管理中心

一、案例背景

随着脱贫攻坚宣告胜利，大力推进资助育人，助力巩固拓展教育脱贫攻坚成果与乡村振兴有效衔接，加快推进学生资助工作高质量发展，成为新时期学生资助工作的新目标。

近年来，基层学生资助工作更多聚焦于资助政策的灵活宣传、受助学生的精准认定、资助资金的精准发放上，对受助学生的精神引导和育人工作重视不足，资助育人环节较为薄弱。面对新形势、新要求、新挑战，如何通过活动育人，推动工作重心逐渐由"资助"向"育人"深度转变，是现阶段需要深入思考的问题。梧州市聚焦学生认知特点、成长需求等，创新打造以普通高中受助学生为群体的"四季助学"资助育人品牌。

二、工作思路

"四季助学"资助育人品牌定位为"四季润泽，成就梦想"，以"情暖四季"为主线，打造受助学生喜闻乐见的"春之行、夏之趣、秋之研、冬之学"四大主题活动。积极整合教育系统、校园内外及各行业、各领域资源，开展兴趣培养、学业规划、心理帮扶、劳动研学等活动，在活动中注重融入道德教育、美育教育、励志教育、感恩教育、劳动教育、社会实践教育等，潜移默化滋养学生性情，让爱党爱国、自信自强、感恩回馈等品质内化于心、外化于行。

三、主要做法

以学生所需为导向，通过在春、夏、秋、冬四季开展丰富多彩的育人活动，构建普通高中资助育人新模式。

（一）春之行，以行动回馈社会

梧州市以政策宣传为切入点，在受助学生中组织开展各种宣传和回馈"春之行"活动。组织开展进社区、进校园、进乡村"三进"系列宣传活动，在进校园活动中，面向高中受助学生开展宣讲政策、有奖知识竞赛等，让受助学生进一步了解国家资助政策；在进社区、进乡村的活动中，招募受助学生参与进村入户宣传组，走进社区、楼幢、乡间小道、田间地头，给社区居民、农户、村民宣讲国家资助政策，开展慰问等活动。5年来，共走进120个社区、乡村和1 200多个困难家庭进行宣传和慰问。梧州市还成立"阶梯之爱"资助志愿者服务联盟（成员有120多人），组建志愿服务小分队约20个，每年开展社区服务、创城卫士、爱心伴读等志愿活动约20场次，得到了社会各界的一致好评。志愿服务活动的开展，有效提升了受助学生为群众服务的意识，增强了学生回馈社会的责任感。

（二）夏之趣，以活动提升素质

针对很多家庭经济困难学生接受艺术教育相对偏少的现象，梧州市积极结合各普通高中的文化内涵，开展趣味文艺、艺术赏析、美术创作等丰富多彩的"夏之趣"活动。例如，梧州第十一中学积极在学校中开展"脸谱绘画"活动，传承梧州粤剧文化，为非遗文化传承发展培育好苗子；梧州市第八中学举办创意手工花卉制作、泥塑、趣味律动、合唱指挥体验、古典音乐欣赏等音乐活动，梧州市第十六中学、梧州市第十七中学、梧州高级中学等学校组织《节奏大师》《趣味合唱体验》《玩转音乐城》等音乐游戏，让受助学生在旋律中感受美，在指尖上创造美，在艺术活动中发现不一样的成长可能。梧州市教育部门还成立美育教师团，到梧州市第七中学、梧州市第十八中学等学校开展艺术剪纸、纸盘画、刮蜡画、装饰团扇、插花等活动，提升受助学生想象力、创造力、动手能力，增强了学生团队合作意识，有助于学生形成健康的心理品质。

(三)秋之研,以研学增广见闻

梧州市充分发挥地方资源优势,组织开展职业规划专题讲座、研学分享会、研学活动等"秋之研"活动。每年带领十多所高中学校的 25 批约 2 000 名受助学生,到梧州大同酒店、梧州市博物馆、梧州市中山纪念堂等红色教育基地开展研学活动,让受助学生亲身感受梧州红色文化,感悟先辈革命精神,增强对家乡的自豪感。根据需求职业规划需求,组织学生走进知名企业、基地进行实地体验,例如,到神冠集团参观蛋白肠衣的制作生产线,到梧州市中西医结合医院学习辨别和认识中药,到六堡茶基地参与采茶、炒茶、品茶并学习茶艺,到梧州军博园接受国防教育、体验 CS 等。研学结束后,组织受助学生开展研学分享,在职业规划专家指导下,自主制定成长规划,以研学所得明确奋进方向。通过秋之研活动,受助学生开阔了视野,增强了学习动力,明确了发展目标,提高了就业竞争力,真正做到有所学、有所思、有所得。

(四)冬之学,以帮扶提振信心

梧州市结合高中学生学业繁重、高考压力大,受助学生心理敏感且渴望前沿学习资讯的特点,组织学校开展以学业帮扶为目的学业提升专题讲座和朋辈互助"冬之学"活动。邀请区内外的名师到学校开展新高考趋势讲座、高考心理团辅、名师指导高考复习等系列活动,通过名师讲座,帮助同学们释放紧张的情绪、了解高考的前沿信息,为学业规划奠定认知,明晰发展方向;邀请梧州市红十字会的心理教师,开展"快乐成长"心理团辅活动,并对有特别辅导需求的同学开展一对一的谈话谈心,纾解压力,鼓励受助学生勇敢面对压力,增强应试能力和信心。指导学校组建"共进二人组"朋辈互学帮,招募学习优异的同学与受助学生结对子,共同制订学习计划,分享学习经验,促进共同成长。每年组织开展专题讲座约 10 场、心理团辅约 10 场,目前 500 多学生加入"共进二人组"。

四、成效与经验启示

(一)影响广泛,深化资助育人成效

"四季助学"既着眼于受助学生,更着力号召全社会关心、关爱弱势群体,广泛整合力量构建资助大教育格局,从学生、家长到教师再到企业,"四季助学"品牌项目的影响覆盖面从校园拓展到家庭、社会,不仅让受助学生、家庭收获颇丰,还对教育系统、社会各界产生积极影响,对不同人群产生正向激励教化作用。与此同时,"四季助学"涵养了受助学生感恩意识,增强了受助学生的社会责任感,进一步深化了学生资助育人内涵。

(二)围绕主线,着力做到常办常新

"四季助学"活动从摸索推进到常办常新,得益学校、家庭和社会的共建共享,以及各级各部门的积极参与与推广。梧州市将立德树人根本任务贯穿活动始终,坚持以学生为本,建立可复制推广的活动机制,有效带动如中国人民银行梧州市中心支行、广西神冠胶原生物集团有限公司、梧州龙山酒业有限公司、广西梧州茂圣茶业有限公司、梧州中西医结合医院等机关企事业单位参与资助育人活动,辐射附近县(市、区)挖掘地方资源优势,积极开展育人活动,营造全社会关心、关注、支持资助育人工作的良好氛围,集智聚力构建资助育人新格局,既从细微处温暖学子心,也涵养了学生的感恩意识,增强了受助学生的社会责任感,激发了学生回馈社会、回报家乡的热情。

(三) 以点带面，全学段全覆盖育人

结合普通高中学段先行先试经验，探索推动"四季助学"活动从高中学段向学前教育、义务教育、中职教育延伸覆盖，进一步扩大育人活动的覆盖面、学生受惠面，实现"四季助学"基础教育和中职教育全覆盖，扩大"四季助学"品牌影响力和资助育人成效，推进学生资助育人工作走深走实，助力新时代学生资助工作高质量发展。

> **点评**：梧州市将育人品牌定位为"四季润泽，成就梦想"，以春、夏、秋、冬四季为节点，结合学生认知特点、成长需求，分季节组织开展兴趣培养、安全保护、学业规划、心理帮扶、劳动研学等活动，全面推动学生资助育人工作与思想政治教育、劳动教育、心理健康教育、美育教育等教育工作重点深度融合，实现活动常办常新，通过完善"四季助学"顶层设计，建立可复制推广的活动机制，具有较好的示范引领作用。

案例六

心安书屋，用爱心传递爱心
来宾高级中学

心安，寓意心灵的平静安和。心安书屋是来宾高级中学社团活动结出的硕果，它的筹建是为了传播知识，通过阅读让人获得心灵的平静安和，也让校内贫困学子得到资助，安心读书，使其思想政治水平、人生观、价值观和世界观有所提升，身心健康也得到进一步发展，从而达到育人的目的。

一、资助育人工作背景

来宾高级中学自2011年9月办学以来，生源一直以来宾市各县、区的农村学生为主，城镇学生所占比例较少。农村生源家庭较为贫困，学费、生活费时常成为他们辍学、厌学的重要因素。此外，由于教育资源分布不平衡，农村生源的阅读量和知识储备量相对欠缺，日益影响他们在学习上的提升。为了让每一位学生都能在学校里成长成才，来宾高级中学针对这一实际，积极筹办心安书屋，将心安书屋作为一个开展阅读驿站、爱心助学、志愿服务相结合的综合育人平台，凝聚全体师生的力量，帮助有需要的同学完成学业。截至2023年，"心安"实践育人实践探索项目已实施10年，作为学校开展志愿服务、文化传播、教育扶贫、价值引领的重要载体，已经成为学校志愿服务中持续时间最长、实践效果最佳、最具象征意义的支柱项目。

二、资助育人工作概述

来宾高级中学坚持贯彻落实习近平新时代中国特色社会主义思想，全面贯彻党的教育方针，紧紧围绕立德树人根本任务，不断完善学生资助政策，推进精准资助，持续加强规范管理，全面深化资助育人实效。大力培育和践行社会主义核心价值观，以鲜明的价值取向引领学生，全力构建了集阅读驿站、爱心助学和志愿服务为一体的综合育人平台——心安书屋。通过"3+育人"的模式建设了高中学生主动参与、自主管理的资助育人主线，即"阅读驿站+育人""爱心助学+育人""志愿服务+育人"。从2014年发展至今，心安

书屋在文化服务、教育扶贫、培育和践行社会主义核心价值观中取得的成效得到了社会各界一致认可,曾荣获全国中小学社会主义核心价值观教育优秀工作案例,获评教育部首批"一校一案"落实《中小学德育工作指南》典型案例。目前,这个不断完善的综合育人平台已成为来宾市校园志愿服务品牌。

三、资助育人工作举措

(一)"阅读驿站+育人":营造书香校园,提升育人文化服务

心安书屋作为一个"阅读驿站",其初衷就是希望为广大师生提供一个温馨的校内阅读平台,可以自己品读,也可以借此平台实现阅读分享。每年世界读书日(4月23日)前后,团委都会指导心安书屋学生管理团队发起师生共同参与的校园读书交流分享会,目前已成功举办"一起读世界——我和我的书""'阅'享人生·'读'具匠心""致青春 为家国——经典诗词云共读""阅见温暖 点亮生活"等多场读书交流分享会,覆盖人次上万人。每年元旦之际,心安书屋学生管理团队都会精心策划"凌春绽放 元旦送福"活动,通过赠送书券、现场抽奖等方式号召全校师生多读书、读好书,创建书香校园,营造浓厚的育人氛围,促进学生全面发展。"阅读驿站+育人"模式是来宾高级中学营造书香校园,提升校园文化服务的一次有效尝试,也是该校"文化立校,文化育人"理念的一次具体实践。"我和我的书"校园读书交流分享会如图3-14所示。

图3-14 "我和我的书"校园读书交流分享会

(二)"爱心助学+育人":爱心助学圆梦,助力教育扶贫

心安书屋从进货、营销到盘点结算都由学生自主管理,所获收益纳入心安爱心基金管理范畴,由监管委员会负责管理。心安书屋聚焦服务来宾高级中学贫困学子,解决学子求学困难,充分发挥育人平台优势,对困难学子实施精准帮扶,助力教育扶贫,渗透树立理想、诚实守信、感恩回报、自立自强、爱心传承等教育,实施"助贫"和"育人"并举,激励广大优秀学子放心逐梦。截至目前,已通过心安爱心基金资助600多位贫困学子圆梦青春,资助款超过60万元。心安书屋"爱心助学+育人"模式为助力教育扶贫贡献力量,让爱的涓涓细流汇聚成河,滋润莘莘学子茁壮成长。心安书屋和心安学生志愿服务团队捐赠证书如图3-15所示。

图 3-15　心安书屋和心安学生志愿服务团队捐赠证书

(三)"志愿服务+育人":开展主题志愿,实现实践育人

心安书屋以心安爱心基金为载体,以校内志愿服务为活动目标,传承来宾高级中学爱心义卖和义捐传统,每年组织开展校园义卖和高三毕业生离校的爱心义捐主题志愿活动,至今已举办 10 届。来宾高级中学校园义卖活动捐赠现场如图 3-16 所示。积极引导来宾高级中学学子更多地参与志愿服务,关注社会,增强社会责任感;同时更加完善心安爱心基金的建设与管理,让更多的来宾高级中学学子安心求学。截至目前,校园义卖和义捐活动为心安爱心基金筹集超 10 万元。近年在团委组织下,来宾高级中学响应来宾市希望工程助学公益项目号召,汇集全体师生及社会各界爱心力量,为心安爱心基金筹集

图 3-16　来宾高级中学校园义卖活动捐赠现场

到爱心款22万余元,是目前来宾市筹款数额最多的学校,成功助力100余名贫困学生安心求学,获评希望工程爱心集体。全体师生、家长积极参与,志愿服务形式不断创新,活动成效稳定显著,营造了浓郁的文明和谐校园氛围,实现了"志愿服务+育人"。活动受到了社会媒体的热切关注,《来宾日报》更是多次来到义卖活动现场,对活动的做法、经验、成效进行宣传报道。

四、成效与启发

来宾高级中学以资助育人体系为抓手,坚持正确导向,提升人才培养质量。创建心安书屋资助育人平台,通过"3+育人"的模式把阅读驿站、爱心助学和志愿服务融为一体,以典型来引领道德、培育风尚,充分发挥了育人功能,产生了育人实效,推动资助育人工作高效发力。

(一)高标准助力资助"精准化"

来宾高级中学心安书屋资助育人平台坚持高标准持续助力学校爱心助学事业发展,以困难学生为主体,辐射全体学生,通过资助宣传、资金申请、资助评定等保证在资助贫困学子的道路上"一个也不能少"。未来学校也将致力搭建信息化数据服务平台,准确掌握家庭经济困难学生具体情况,保证贫困学生信息和材料的真实性,通过数据对比精准识别受助学生,使每一名困难学生都能够享有平等发展的机会,努力实现资助对象、资金分配、资助标准、资助发放"精准化"。

(二)高质量助力育人"内生化"

来宾高级中学资助育人工作全面贯彻落实党的二十大精神,紧紧围绕立德树人根本任务,高质量促进了学生社会主义核心价值观的养成和自立自强、知恩感恩、勇于担当的良好品质的培育。通过心安书屋"3+育人"的模式将资助育人融入文化服务、教育扶贫、培育和践行社会主义核心价值观等各环节,着力凝聚资助育人合力,不断强化资助育人成效。心安书屋资助的600多名困难学生学习成绩显著提高,200余名困难学生在各级各类竞赛中获奖。学校学生学习先进蔚然成风,综合素质不断增强,学生典型不断涌现,困难学生黄健峻等曾荣获"来宾市优秀共青团员"荣誉称号。下一步将借助学校教育资源和教育平台,加强学生专业知识和技能的学习,通过校内综合实践平台给学生提供更多展示自己和自我提升的机会,促进学生全面发展。

(三)高效能助力资助体系多元化

来宾高级中学积极探索构建科学而多元化的资助育人长效机制,强化资助工作育人功能,资助形式涵盖助学贷款、奖学金、勤工助学、困难补助等。心安书屋育人平台高效能助推和完善了来宾高级中学多元化资助体系,通过提供勤工助学岗位鼓励学生通过自身劳动获得资助,在保障学生基本生活物质需求的同时提供生涯规划体验,锻炼其个人能力,培养其自立自强的品质,推动资助育人工作从"保障型"逐步过渡到"发展型"。下一步学校将持续健全完善资助育人队伍,优化育人格局,多方协同,调动校外社会资源,形成多方共同发力的工作体系,谱出新时代资助育人新篇章。

点评：来宾高级中学坚持把育人作为资助工作出发点和落脚点，以心安书屋作为一个开展阅读驿站、爱心助学和志愿服务相结合的综合育人平台，通过"3+育人"的模式，把阅读驿站、爱心助学和志愿服务融为一体，以典型来引领道德、培育风尚，是一种借助志愿服务进行全员育人、全程育人、全方位育人的有效尝试，用实际行动在资助育人的道路上促进学生健康成长。

来宾高级中学搭建的心安书屋资助育人平台，用爱心传递爱心，坚持资助与育人相结合，不断深化育人内涵，创新育人模式，将社会主义核心价值体系融入对受助学生的教育之中，引导学生"受助思源、传递爱心、回报社会"，其教育效果和影响具有长久性和示范性。

案例七

助学·筑梦·铸人：以"文秀"精神为引领，走祈福特色资助育人之路

百色祈福高中

国家资助，润物无声。为每一个家庭经济困难的学生助学，为他们筑梦，为国家育人，乃教育的真谛。

一、工作概况

"传承资助爱心，培育自胜之人"是百色祈福高中一直秉承的资助育人工作理念。2000年2月，百色祈福高中建立，学校打造了以"爱的传承"为核心，以"祈善知行，福爱天下"为校训的校园文化。建校以来，学校坚持把"立德树人"根本任务融入学生资助全过程，全面落实国家资助政策，通过国家助学金、文秀班助学金、陈开枝主席项目助学金、爱心之桥助学金、校友月捐计划、社会资助、个人资助、学校助学等项目，把党、国家、社会和学校的温暖送给家庭经济困难学生，实现全过程育人、全方位育人。本文选取资助育人工作中"文秀班"的案例进行探讨，以期在对学生进行经济资助的同时，更好地进行"祈善知行，福爱天下"的教育情怀。

"文秀班"资助是百色祈福高中一项资助育人的特色。2020年，学校以黄文秀精神创建了"文秀班"，共有300名学生，他们来自百色市各县区、各乡镇，都是与黄文秀一样家境贫寒、上学困难却渴望读书的孩子。学校发挥"祈福"爱的教育精神，资助了首届2020级1个"文秀班"，2021级、2022级各2个"文秀班"，2023级1个文秀班。"文秀班"的学生，在经济上、思想上、心理上进行爱心资助。在学校的资助下，他们紧密团结、互助互爱，面对学习、生活上的挑战毫不畏惧，勇往直前，成长为一批批"修仁爱之心，蕴自信之气，成自胜之人"的"文秀"学生。"文秀"精神资助育人工作理念思路如图3-17所示。

图 3-17 "文秀"精神资助育人工作理念思路

二、工作举措

百色祈福高中始终推行"一创四导多元活动"举措，全面推进精准资助，精准落实资助政策，保障贫困家庭学生安心上学，实现扶贫对象教育有保障，助力乡村振兴。"一创四导多元活动"资助育人途径如图 3-18 所示。其做法为：

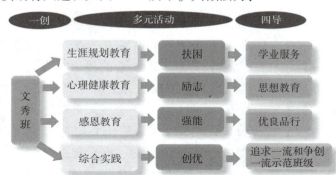

图 3-18 "一创四导多元活动"资助育人途径

（一）创办资助育人"文秀班"，形成"文秀"精神教育特色

1. 设立"文秀班"纪念机制

"文秀班"是为纪念时代楷模、全国道德模范、全国优秀共产党员、百色祈福高中优秀校友黄文秀同志而设立的爱心助学班，旨在以这一独特的方式，铭记和传承黄文秀同志的崇高精神。这样的纪念机制，不仅是对黄文秀同志无私奉献和卓越品质的认可，更是对贫困家庭学生进行精神教育和激励的重要途径。

2. 形成"文秀"精神教育特色

在全校范围内推广"文秀班"的成功经验，将"文秀精神"融入学校的整体教育，形成独特的校园文化。学校定期举办"文秀精神"主题教育活动，如讲座、纪念日活动等，让"文秀精神"成为学校的一张名片。"文秀班"大力弘扬"文秀精神"，践行社会主义核心价值观，培养学生具有社会责任感、刻苦学习、乐于助人、甘于奉献的优秀品质，努力把每个学生培养成对国家、社会、他人充满爱心，有责任担当，服务社会的栋梁之材。

（二）坚持资助育人"四导向"，架构"文秀"学生发展体系

1. 以为家庭经济困难学生完成学业服务为导向

制定全面、细致的资助政策，确保家庭经济困难学生能够得到及时、足够的资助；提高资助覆盖率，让更多需要帮助的学生得到资助；优化资助申请流程，降低申请门槛，使家庭经济困难学生更容易获得资助，帮助他们更加顺利地完成学业。

2. 以培养学生优良品行促进全面发展为导向

通过课程和活动，加强学生的品德教育，培养学生的优良品行；既注重学业成绩，又注重学生的综合素质培养，如社交能力、组织能力等；定期举办文化活动，如读书会、讲座等，提高学生的文化素养。

3. 以树立爱国主义精神为导向

定期开展爱国主义主题教育活动，通过观看爱国电影、参观百色起义纪念馆等活动，培养学生的家国情怀，牢固树立爱国主义精神。组织学生参与社会实践活动，如社区志愿服务、社会调查等，增强学生社会责任感。

4. 以争创一流示范班级为导向

强化班级文化建设，打造"文秀班"特色文化。实施"文秀导师制"，为每位"文秀班"学生配备一位导师，提供学术指导、心理支持和职业规划建议；组织同伴互助小组，鼓励班级形成勤奋学习、互帮互助、共同进步的文化氛围；建立激励机制，为学习成绩优异的家庭经济困难学生设立"文秀奖学金"，以激励他们奋发图强；为在学业、品德等方面表现突出的"文秀班"学生颁发荣誉证书，增强其荣誉感和归属感，努力追求一流和争创一流示范班级。

（三）开展资助育人"多元活动"，促进"文秀班"学生品质形成

学校坚持将育人作为资助工作的出发点和落脚点，根据资助育人的四个导向，以"扶困—励志—强能—创优"四维育人模式，以多元活动为抓手，以学业服务、心理健康教育、感恩教育、综合素质教育四方面构造"全过程、全方位、全成才"资助工作，开展多元特色教育活动，充分发挥资助导向作用，积极构建物质帮助、道德浸润、能力拓展、精神激励有效融合的长效机制。具体做法如下。

1. 以生涯规划教育为保障，构建"扶困"资助体系，帮扶"文秀班"学生学业服务

一"传"。开学时，下发宣传政策材料；现场为家长和学生讲解资助政策；利用班会进行资助宣传。

二"隐"。学校将资助申请、审核相结合，定向式走访、隐形帮扶活动的开展使资助变得更加人性化。

三"引"。学校开设职业探索课程，引导学生了解大学、专业、职业、行业，结合自

己的实际情况设立职业目标和人生目标。

四"扶"。聘请校外专业生涯规划师开展有关升学和高考志愿填报、心理、就业等讲座。"文秀班"学生拼搏三年见辉煌，在2023年高考中考取了武汉大学、厦门大学等双一流大学，实现了"学生的成长成才和全面发展"的学校育人工作根本目标。

2. 以心理健康教育为纽带，构建"励志"育人资助机制，浸润"文秀班"学生思想教育

学校每学期开展"文秀班"励志讲座，多渠道宣传黄文秀先进事迹，如组织学生阅读《时代楷模黄文秀》，观看《秀美人生》《榜样四》《大山的女儿》。学习黄文秀优秀品质，领悟她爱党爱国爱家乡情怀和为人民服务的初心，增强学生的家国情怀和爱国热情。"文秀班"学生参观黄文秀纪念馆，如图3-19所示。"文秀班"学生观看电影《秀美人生》，如图3-20所示。

图3-19 "文秀班"学生参观黄文秀纪念馆

图3-20 "文秀班"学生观看电影《秀美人生》

3. 以感恩教育为依托，运用"强能"资助育人模式，培养"文秀班"学生优良品行

学校以"榜样的力量"为主题开展多种实践教育活动。一是组织学生参加主题事迹报告会和黄文秀事迹展，让学生深刻了解黄文秀精神内涵，培养学生刻苦学习、乐于助人、敢于奉献、自强自立的优秀品质。二是开展实践活动，将学生文化素质培养与实践能力培育相结合，以文秀为榜样，做文秀精神的时代新人。参加校内的公益活动，参与图书馆的管理，作为志愿者，参加运动会、科技节、校园文化艺术节等大型活动，承担会场布置、维护的活动任务等；参加校外义工志愿者活动，如敬老服务、科普宣传、环卫服务等。

4. 以综合素质教育为根本，确立"创优"资助模式，争创一流示范班级

高二、高三年级"文秀班"每年 6 月开展"学文秀纪念月"活动，9 月开展诚信、励志、感恩、社会责任感等系列主题教育活动。学科教师开展心理健康、班级团建、师生结对帮扶、主题班会等活动。10—12 月，学校开展歌咏和征文比赛、知识竞赛、学习园地评比、评选文秀先进班级和文秀好学生。

学校组织"文秀班"参加百色市"学文秀纪念月"活动，并取得优异成绩，如荣获学文秀汇报组织奖、学习园地评比、知识竞赛线上答题一等奖；2021 级文秀（1）班获歌咏比赛一等奖，学生中获演讲比赛一等奖 4 人，获知识竞赛一等奖 5 人，获征文比赛一等奖 2 人、二等奖 2 人、三等奖 4 人，获"文秀"好学生 1 人。通过这些活动，学生丰富了知识储备，开阔了视野，增强了自信心，提高了学习生活的积极性和主动性，有助于实现追求一流、争创一流班级的"双一流"目标。

三、工作成效与启发

"一创四导多元活动"举措，体现了规范化、常态化提升学校资助育人、特色育人的模式，也体现了学校在内涵式发展方面的持续发力。此举措打造了以"爱的传承"为核心，以"祈善知行，福爱天下"为校训的校园文化，很好地落实了学校一直秉持的"传承资助爱心，培育自胜之人"资助育人工作理念。

一是"文秀"资助育人成效。通过资助育人活动，学校为家庭经济困难的学生提供了多元化的支持，有效缓解了他们的生活困境，受助学生得到了更多的支持和关怀，在祈福校园的大爱中成长，获得了进步和成就；每年均有受助学生参加市资助主题演讲、征文和书画比赛，获优异成绩；学校参加了百色市"十四五"规划资助专项课题，课题名为"发展型资助视野下对'文秀班'高中学生实施生涯规划指导的实践研究"，对"文秀班"学生的心理、学习行为、学习目标、生涯规划等方面给予了指导；林绍松、李丽平等老师参加百色市"文秀班"优秀主题班会教学设计评比获一等奖；"文秀班"学生积极参加百色市"学文秀纪念月"系列活动，获得了一系列令人骄傲的荣誉；受助学生圆梦高考，考取了武汉大学、厦门大学等"985""211"大学，开启未来梦想的新篇章。

二是"文秀"资助工作启示。资助工作开展过程中，需要更加注重心理关怀，对于家庭经济困难的学生，除了物质上的资助，"文秀"教师更要关注他们的心理健康，通过爱心、耐心和诚心与他们建立深厚的情感联系，帮助他们树立自信，克服自卑、抑郁等心理；要实施多方联动、多元资助策略，做好育人育心、扶困扶智扶志工作，帮助学生尽早在学业等方面找到兴趣点、自信心，脚踏实地朝着美好愿景而努力，培育受助学生爱党爱国、自强自立、知恩感恩和回报社会等优秀品质。

在今后的教育教学工作中,学校将继续秉承"传承资助爱心,培育自胜之人"的资助育人理念,以"文秀精神"为引领,以"助学·筑梦·铸人"为目标,走好祈福特色资助育人之路,为实现百色教育的发展积极贡献力量。

> **点评:** 百色祈福高中推行"一创四导多元活动"举措,全面推进精准资助,真正落实资助政策,保障贫困家庭学生安心上学,实现扶贫对象教育有保障,助力乡村振兴。主要从几个方面入手:一是创办资助育人"文秀班",形成"文秀"精神教育特色;二是坚持资助育人"四个导向",架构"文秀"学生发展体系;三是开展资助育人"多元活动",促进"文秀"学生品质形成。
>
> 这些举措充分利用时代楷模黄文秀同志,将其作为激励榜样,以"文秀"精神为引领,体现了学校资助育人、特色育人的特色化、规范化和常态化,也体现了学校在内涵式发展方面的持续发力,让资助育人工作更有温度、更有人性、更有内涵,促进学生全面发展、成长成才。

案例八

党建引领聚合力,用心用力助成长
贺州第二高级中学

近年来,贺州第二高级中学坚持以习近平新时代中国特色社会主义思想为指导,坚持社会主义办学方向,以创建"美德引路 先锋润苗"党建品牌为契机,创新贯彻落实资助政策工作方式方法,发挥党员资助育人先锋模范带头作用,先锋引领,润苗无声,扎实推进学校资助育人工作提质增效。

一、基本情况

学校全面贯彻党的教育方针,秉承"为学生终身发展奠定基础"的办学理念,贯彻"助人 筑梦 铸人"资助育人工作理念,培养德智体美劳全面发展的社会主义建设者和接班人,以落实立德树人根本任务。学校学生来自贺州市各个县(区),每年各级各类资助项目受助学生 3 000 多人次,在受助学生群体中大部分是品学兼优的学生,其中也有的是留守少年,长期亲情缺失、管理不周、教育不当,存在各种心理问题;有的学习困难,沉迷于玩手机,对学习提不起兴趣;有的价值观不正,受各种不健康的书籍、电影电视、疏于管理的网吧等不良社会环境影响,存在性格孤僻、习惯欠佳、学习懒散等不良倾向……这些都是影响学生思想品德和学业方面的成长的原因。为全面贯彻落实习近平总书记关于宣传思想工作的重要思想和中共中央、国务院《关于新时代加强和改进思想政治工作的意见》精神,做好新时代思想政治工作,培养担当民族复兴大任的时代新人,进一步推进党建工作与教育教学融合发展,不断提升思想政治工作的质量和水平,学校党委自 2018 年秋季学期起创建"美德引路 先锋润苗"党建品牌(以下简称"党员润苗计划")。

二、主要做法

（一）一个驱动引领

党员润苗计划强调牢记党的宗旨，并将党的宗旨教育与学校思想政治工作有机结合，主题突出，内涵丰富，特色鲜明；建立党委统一领导，党员、学生、家庭参与的思想政治教育体系。

"美德引路"，坚持德育为先，号召党员教职工响应习近平总书记号召，做有理想信念、有道德情操、有扎实学识、有仁爱之心的好老师；做教育改革的奋进者、教育扶贫的先行者、学生成长的引导者；做学生锤炼品格的引路人、学生学习知识的引路人、学生创新思维的引路人、学生奉献祖国的引路人。

"先锋润苗"，坚持以人为本，充分发挥党员先锋模范和示范带头作用，开展习惯养成教育、感恩教育、中华传统文化教育、社会主义核心价值观教育，帮助解决学生学习、思想和生活中的实际困难，通过形式多样的活动载体，不断创新学校资助育人工作方式方法。

（二）四个步骤落实

一是选定一个帮扶对象。党员教师根据自身优势，结合平时的教学工作和班主任的建议，对学生家庭状况、社会交往、性格特征等进行深入细致的了解，全面、详细地掌握学生的情况，征得学生本人同意后，确定帮扶对象，重点关注家庭经济困难学生。

二是写出一份帮扶计划。在选定帮扶对象后，党员针对学生实际开展各种调研，探索相适应的帮扶计划，包括分析学生思想、学习状况、性格特点、爱好特长、家庭情况等，制定切实可行、针对性强的具体帮扶措施等。针对家庭经济特别困难学生，在党员自我经济条件允许的情况下，建议适当地予以经济帮扶，或联合学校资助办共同帮扶。

三是每月一次谈心谈话。润苗帮扶工作，针对学生不同阶段的心理特点，开展习惯养成教育、学业引领、职业生涯规划指导、心理干预等"面对面"指导，助力学生成长成才。党员教师每月和帮扶学生进一次深入的谈心谈话。谈话不限制内容，可以是捕捉学生的闪光点，表扬优点，引导其树立正确的价值观；可以是客观分析不良行为出现的原因，及时疏导，防微杜渐；可以是挖掘学生的潜能，充分肯定，培养学生的勇气和信心；可以是学习辅导，加强答题技巧的指导，夯实基础，提高学生学习成绩；可以是结合科目特点开展劳动实践、德育实践、社会实践，在实践中渗透思想政治教育，达到思想受教育、灵魂被启迪、立志做贡献的目标。党员教师、心理学教师陈素芬老师与学生在一起如图3-21所示。

四是每学期至少家访一次。家庭教育是学校教育的基础，又是学校教育的补充，为解决思想政治教育与学校教育、家庭教育、社会教育脱节的现象，建立学校与家庭、社会沟通交流的长效机制。学校党委鼓励党员教师每学期至少进行一次家访，特别是家庭经济困难学生，以加强与家长的沟通和联系，形成学校主导、家庭主体的合力育人机制，统筹育人合力，让家长了解党员润苗计划的意义和目的，自觉加入教育教学工作中来，让家长与老师步调一致、共同促进学生的健康成长。

图 3-21　党员教师、心理学教师陈素芬老师与学生在一起

三、工作成效

（一）健全立德树人机制，完善素质评价体系

通过实施党员润苗工作，进一步拓展资助育人载体、丰富内涵，抓住人才培养"根本点"，在坚定理想信念、厚植爱国情怀、加强品德修养、培育责任意识、培养奋斗精神、增强综合素质上下功夫；既是党员以身垂范，引导学生乐于助人、感恩社会、回报社会的具体行动，也是让党员走近学生、关爱学生，推进价值引领、能力培养、知识传授有机结合的活动平台，更是从过去的侧重文化教育，转变到德育与文化并重的教育，改变了过去片面追求分数、传统的"唯分数论"倾向，促进了综合素质评价体系的进一步完善和落实，促进了学校人才培养模式的改革，促使学校育人目标由"选拔"回归到"育人"，既促进了学生的个性化发展、全面发展与可持续发展，又促进了学校人才培养模式的改革，更提升了学校教育的品质和水平，是落实"立德树人"的根本任务的有力举措。以该党建品牌为蓝本的《师德引领润育时代新人》入选 2021 年自治区新时代文明实践中心典型案例。

（二）强化党建引领，助力学生成长

学校进一步发挥党组织在学校的核心引领作用，把党员润苗工作与资助育人工作充分融合，从而做到党建育人和资助育人与时代、国家同频共振。自 2018 秋季学期以来，学校参加润苗计划的党员有 700 多人次，共开展谈心谈话 4 356 人次，纠正行为习惯偏差学生 225 人，纠正学习习惯偏差学生 193 人，帮扶家庭经济困难学生 89 人，学习成绩显著提高的有 335 人。近三年来，钟佳敏同学 2021 年获得自治区"自强之星"称号，受助学生参加各级资助主题征文比赛，获得自治区二等奖 1 人、市级一等奖 1 人、二等奖 5 人、三等奖 4 人，我校举办 1601、1801、1901、2301 四届"筑梦班"，学校选派党员骨干教师担任班主任和任课老师，其中已毕业的三届"筑梦班"同学 150 人本科上线率 100%，均

考上了理想大学。

四、工作启示

（一）坚持党建引领，是做好资助育人工作的根本保证

加强党对教育工作的全面领导，是办好教育的根本保证，也是做好资助育人工作的根本保证。"美德引路 先锋润苗"党建品牌的实践证明，只有把党的建设摆在首位，强化党的全面领导，坚决落实立德树人根本任务，突出社会主义核心价值观的教育与熏陶，把党中央对家庭经济困难学生的关心关怀落到实处，将学校资助育人工作纳入学校党建和意识形态工作内容，才能确保教育事业高质量发展。

（二）坚持融合发展，是促进提质增效的必然要求

党建与教育教学工作融合是教育发展的助推器，找准党建引领的着力点，提高靶向精准性是必然选择，只有将党建与思想教育进行融合，编织起立体的党建工作网络，不断拓展党建工作的深度和广度，推进党建工作与教育中心工作相融合，使党建与育人工作同心同向，才能真正发挥党建引领资助育人工作发展的作用。

（三）坚持遵循规律，是永葆生机活力的本质要求

注重家庭经济困难学生思想政治教育工作的时代性，把思想政治教育工作贯穿学生成长的全过程，坚持遵循工作规律，把显性教育与隐性教育、解决思想问题与解决实际问题、广泛覆盖与分类指导结合起来，因地、因人、因事、因时制宜开展工作，才能使新时代思想政治工作始终保持生机活力。

> **点评：** 贺州第二高级中学大力实施党员润苗计划，将学校资助育人工作纳入学校党建工作内容，推进党建工作与教育教学融合发展，不断提升思想政治工作的质量和水平，确保教育事业高质量发展。主要做法是"1个驱动引领"（"美德引路"与"先锋润苗"）和"4个步骤"（选定一个帮扶对象、写出一份帮扶计划、每月一次谈心谈话、每学期至少家访一次）。
>
> 这些做法给我们的启示是，在新课标、新教材、新高考背景下，要利用多种形式，打造真正适合学校发展的资助育人特色品牌，并在特色范围、特色内容上不断创新，只有这样，才能推动学校改变育人方式，不断创佳绩，成为大家学习的楷模。

 **案例九**

搭建"志愿服务+"平台　创新资助育人模式
梧州市第八中学

梧州市第八中学作为梧州市学生资助育人试点校，一直致力于提升资助育人成效。近年来，梧州市第八中学以立德树人为根本任务，以教育为导向、资助为手段、育人为目标，以志愿服务活动（劳动+公益）为载体，积极探索"志愿服务+"创新模式，着力推进精准资助和资助育人工作，不断提升资助育人实效，切实服务学生成长成才。

一、工作概述

"志愿服务+"发展型资助育人模式，通过活动的板块设置、活动的开展引导、活动的登记造册、活动的评优带动，努力构建资助育人长效机制，帮助受助学生养成"助人自助、自助助人"的意识，着力对受助学生思想上引导、情感上培育、品德上塑造、素质上锻造、能力上提升，形成"解困—育人—成才—回馈"的良性循环。

二、工作举措

（一）制定规章制度，确保活动规范化

为推动志愿服务体系的革新，学校从顶层设计入手，完善志愿服务各项制度建设。

（1）健全工作协调机制。成立由分管领导担任志愿服务总负责人，资助办主任担任校级志愿者组织负责人的工作领导小组，各项活动由资助办统筹，各部门协助，确保顺利进行。

（2）设立专项经费制度。规范志愿服务工作的培训、场地、物资等支出和管理。

（3）规范志愿服务流程。结合学校实际，规范志愿服务流程，编制服务手册，融入学校特色元素，形成具有指导性、具体、可操作的志愿服务案例，全程、全面介绍校内外志愿服务的主要事项，指导志愿服务有序开展。

（4）制定安全应急预案。为保障受助学生开展志愿服务的安全性，学校在完善"依法、科学、规范、长效"安全防范体系基础上，切实做好各项保障措施。

（二）构建服务体系，促进服务常态化

梧州市第八中学通过构建七大类志愿服务，以项目库的形式，满足不同学生的志愿需求，最大限度提升学生的活动积极性，培育志愿者的综合素养。

1. 开展志愿服务+义务劳动，搭建劳动教育的平台

学校组织学生在校园内打扫清洁、保洁，在种植园除草、剪枝、松土、施肥，维护校园场馆等，通过搭建劳动教育平台，切实培养学生热爱劳动的品质。尤其是每周开展的"爱心助学，废品回收"活动，将集中回收的塑料制品、易拉罐、废旧书报变卖，所得的款项存入爱心账户，用于资助校内贫困生，让同学们感受到给予爱和接受爱的快乐。

2. 开展志愿服务+赛会参与，培养团结协作的能力

学校通过举办艺术节、体育节、科技节、文化节、文艺晚会等丰富多彩的大型活动，让爱心小助手协助活动场地布置、安全协助、清洁保洁等形式，做好各个大型活动项目幕后工作，培养学生团结协作的能力。

3. 开展志愿服务+社区服务，厚植知恩感恩的情怀

学校利用周末或节假日，组织志愿者参与社区的文明创建整治、敬老志愿服务、关爱幼小服务、资助政策宣传等活动。与社区（社区文化宣传员、社会调研员）、福利单位、图书馆、博物馆（讲解员）签订合作协议，参与社会公益活动，厚植知恩感恩的情怀。

4. 开展志愿服务+协助工作，提高团队互助的能力

学校组建学生资助专干组织架构，由年级专干、班级专干和班级联络员组成，资助办定期培训，组织志愿者帮助资助办、团委等处室，在课余时间做力所能及的协助性工作，如收发通知、填写表格、汇总名单、装订成册等，提高团队互助的能力。"志愿服务+"

活动管理团队定期培训志愿服务学生专干如图 3-22 所示。

图 3-22　"志愿服务+"活动管理团队定期培训志愿服务学生专干

5. 开展志愿服务+纪律维护，增强遵纪守法的意识

学校每天特定时间安排受助学生进行纪律维护，每次约半小时。如食堂小总管，维持食堂纪律，提醒不浪费，排队领餐，物品归位，垃圾不落地等，增强学生遵纪守法意识；放学时在学校门口值班，协助老师为同学们提供志愿服务，维持上下学出入校园的秩序。每天特定时间安排受助学生维持食堂排队纪律如图 3-23 所示。

图 3-23　每天特定时间安排受助学生维持食堂排队纪律

6. 开展志愿服务+拉手互助，树立助人为乐的品德

学校基于受助学生自身需求，进行相互结对的拉手互助，促进学业进步。组建兴趣小组，共同完成作品（可以是剪纸、绘画、书法等文创作品），每月邀请有经验的高二学生为高一同学分享学习经验、传递学习心得。通过互帮互助，树立助人为乐的良好品德，传播资助育人的正能量。

7. 开展志愿服务+犀利视觉，寻找动人心弦的榜样

学校组织受助学生发掘校园内的好人好事好景（30 件/期），好人好事用简短的文字描述，好景用图片加文字的形式，开辟"犀利视觉"专栏，展示发现的事件、事物，树立

良好的榜样，讲资助好故事，传资助好声音。

（三）做好精神培育，助推活动榜样化

通过最美志愿者、优秀志愿服务团队评选，学校组织优秀人物与团队的报告分享，做好志愿服务精神的培育与传承，引导学生内化志愿服务宗旨，悦纳志愿服务，推动志愿服务的良性发展。

（四）盘活多方资源，拓展服务社会化

在夯实校内资源的基础上，学校激活校外尤其是街道、社区的资源，探索社区活动新项目；利用博物馆、爱国教育基地等丰富和拓展志愿服务，与"双报到单位"万秀区桂北社区长期合作，打造志愿服务新样态。

（五）依托媒体资源，提升服务实效化

学校通过学校微信公众号，梧州学生资助、梧州教育号、梧州教育信息网、梧州日报等网站或媒体，加大宣传力度，提升学校志愿服务的影响力，增强受助学生参加志愿活动的获得感。

（六）创建品牌活动，树立典型品牌化

整合学校原有资源以及社区资源，形成一个长期的、可持续发展的资助育人品牌活动，形成实践育人合力，树立典范，引领辐射。

（七）融入培训活动，增强活动学习化

志愿者需要奉献，同时需要吸纳和成长。学生有效的志愿服务行动离不开相关知识能力的支撑。融入志愿服务板块内容的培训活动，并开发相关校本课程提供给学生学习，增强对志愿服务的认知，提升志愿服务水平，增强志愿活动的吸引力。

三、成效与启发

学校坚持资助与育人相结合，根据家庭经济困难学生的成长需求，以"志愿服务+"为抓手，帮助学生克服自身困难，在参与过程中发现自己的亮点，提升自己的魅力，展现自己的风采。

（一）资助育人品牌效应强

近三年，学校受助学生中共 2 478 人次参与到学校及社会的各项活动中，获奖人数达 1 631 人次。据统计，获奖数量和质量都明显提高。通过引导受助学生在活动中"受助思源、获奖思进、传递爱心、回报社会"，资助育人品牌效应凸显。

（二）学生成长成才典范多

学校受助学生考上二本以上人数逐年递增，近三年考上二本以上院校有 213 人，参加 2023 年高考的 191 名受助学生中有 85 人考上本科，占比 45%，涌现出一批励志典范。如 2020 届黄心梅、2022 届黄藤暖、2023 届叶坤华和梁诗烨同学，分别考上了中央民族大学、桂林电子科技大学、东北林业大学和武汉音乐学院等一本院校。

（三）学习推广应用空间大

本模式先后 3 次在市级以上会议上作经验交流，4 次在校际交流。2023 年 5 月 8 日，全区学生资助宣传与育人工作现场会在学校召开。6 月 12 日，河池市学生资助专干培训班

学员来校学习交流学生资助宣传与育人工作。12月，申报的广西教育科学"十四五"规划2023年度学生资助专项课题"构建高中'志愿服务+'发展型资助育人模式的实践研究——以梧州市第八中学为例"获立项为一般课题。2024年1月18日，学校承办了梧州市学生资助送培送教大型活动。

　　本案例适用于普通高中，应用时要在学校党组织的领导下做好顶层设计，建立健全相关机制，配齐资助育人管理队伍。

> **点评**：该模式以"授之以鱼，不如授之以渔"的思想为引领，积极探索"志愿服务+"发展型资助育人模式，构建七大类活动服务体系。通过活动的开展引导、登记造册、评优带动等，构建较为完整的志愿服务活动阵地。
>
> 　　着力对受助学生思想上引导、情感上培育、品德上塑造、素质上锻造、能力上提升，为他们的发展型成长提供一个广阔的平台，帮助受助学生养成"助人自助、自助助人"的意识，形成"解困—育人—成才—回馈"的良性循环。通过夯实任务，细化措施，推进学校的助学工作逐步走向制度化、规范化，具有明显的示范作用，非常值得学习借鉴。

附录

中共教育部党组关于印发《高校思想政治工作质量提升工程实施纲要》的通知

教党〔2017〕62号

各省、自治区、直辖市党委教育工作部门、教育厅（教委），新疆生产建设兵团教育局，部属各高等学校党委，部内各司局：

《高校思想政治工作质量提升工程实施纲要》已经部党组会议审议通过，现印发给你们，请结合实际认真贯彻执行。有关落实情况，请及时报告我部思想政治工作司。

中共教育部党组

2017年12月4日

高校思想政治工作质量提升工程实施纲要

为认真学习贯彻党的十九大精神，进一步把贯彻落实全国高校思想政治工作会议和《中共中央国务院关于加强和改进新形势下高校思想政治工作的意见》精神引向深入，大力提升高校思想政治工作质量，特制定《高校思想政治工作质量提升工程实施纲要》（以下简称《实施纲要》）。

一、目标原则

1. 总体目标。坚持以习近平新时代中国特色社会主义思想为指导，紧紧围绕统筹推进"五位一体"总体布局和协调推进"四个全面"战略布局，坚持和加强党的全面领导，充分发挥中国特色社会主义教育的育人优势，以立德树人为根本，以理想信念教育为核心，以社会主义核心价值观为引领，以全面提高人才培养能力为关键，强化基础、突出重点、建立规范、落实责任，一体化构建内容完善、标准健全、运行科学、保障有力、成效显著的高校思想政治工作质量体系，形成全员全过程全方位育人格局，切实提高工作亲和力和针对性，着力培养德智体美全面发展的社会主义建设者和接班人，着力培养担当民族复兴大任的时代新人，不断开创新时代高校思想政治工作新局面。

2. 基本原则。（1）坚持育人导向，突出价值引领。全面统筹办学治校各领域、教育教学各环节、人才培养各方面的育人资源和育人力量，推动知识传授、能力培养与理想信念、价值理念、道德观念的教育有机结合，建立健全系统化育人长效机制。（2）坚持遵循规律，勇于改革创新。遵循思想政治工作规律、教书育人规律和学生成长规律，坚持以师生为中心，把握师生思想特点和发展需求，优化内容供给、改进工作方法、创新工作载体，激活高校思想政治工作内生动力。（3）坚持问题导向，注重精准施策。聚焦重点任务、重点群体、重点领域、重点区域、薄弱环节，强化优势、补齐短板，加强分类指导、着力因材施教，着力破解高校思想政治工作领域存在的不平衡不充分问题，不断提高师生的获得感。(4) 坚持协同联动,强化责任落实。加强党对高校思想政治工作的领导,落实主体责任,建立党委统一领导、部门分工负责、全员协同参与的责任体系。加强督导考核,严肃追责问责,把"软指标"变成"硬约束"。

二、基本任务

充分发挥课程、科研、实践、文化、网络、心理、管理、服务、资助、组织等方面工作的育人功能,挖掘育人要素,完善育人机制,优化评价激励,强化实施保障,切实构建"十大"育人体系。

1. 课程育人质量提升体系。大力推动以"课程思政"为目标的课堂教学改革,优化课程设置,修订专业教材,完善教学设计,加强教学管理,梳理各门专业课程所蕴含的思想政治教育元素和所承载的思想政治教育功能,融入课堂教学各环节,实现思想政治教育与知识体系教育的有机统一。

2. 科研育人质量提升体系。发挥科研育人功能,优化科研环节和程序,完善科研评价标准,改进学术评价方法,促进成果转化应用,引导师生树立正确的政治方向、价值取向、学术导向,培养师生至诚报国的理想追求、敢为人先的科学精神、开拓创新的进取意识和严谨求实的科研作风。

3. 实践育人质量提升体系。坚持理论教育与实践养成相结合,整合各类实践资源,强化项目管理,丰富实践内容,创新实践形式,拓展实践平台,完善支持机制,教育引导师生在亲身参与中增强实践能力、树立家国情怀。

4. 文化育人质量提升体系。注重以文化人以文育人,深入开展中华优秀传统文化、革命文化、社会主义先进文化教育,推动中国特色社会主义文化繁荣兴盛,牢牢掌握高校意识形态工作领导权,践行和弘扬社会主义核心价值观,优化校风学风,繁荣校园文化,培育大学精神,建设优美环境,滋养师生心灵、涵育师生品行、引领社会风尚。

5. 网络育人质量提升体系。大力推进网络教育,加强校园网络文化建设与管理,拓展网络平台,丰富网络内容,建强网络队伍,净化网络空间,优化成果评价,推动思想政治工作传统优势同信息技术高度融合,引导师生强化网络意识,树立网络思维,提升网络文明素养,创作网络文化产品,传播主旋律,弘扬正能量,守护好网络精神家园。

6. 心理育人质量提升体系。坚持育心与育德相结合,加强人文关怀和心理疏导,深入构建教育教学、实践活动、咨询服务、预防干预、平台保障"五位一体"的心理健康教育工作格局,着力培育师生理性平和、积极向上的健康心态,促进师生心理健康素质与思想道德素质、科学文化素质协调发展。

7. 管理育人质量提升体系。把规范管理的严格要求和春风化雨、润物无声的教育方式结合起来,加强教育立法,遵守大学章程,完善校规校纪,健全自律公约,加强法治教育,全面推进依法治教,促进教育治理能力和治理体系现代化,强化科学管理对道德涵育的保障功能,大力营造治理有方、管理到位、风清气正的育人环境。

8. 服务育人质量提升体系。把解决实际问题与解决思想问题结合起来,围绕师生、关照师生、服务师生,把握师生成长发展需要,提供靶向服务,增强供给能力,积极帮助解决师生工作学习中的合理诉求,在关心人、帮助人、服务人中教育人、引导人。

9. 资助育人质量提升体系。把"扶困"与"扶智","扶困"与"扶志"结合起来,建立国家资助、学校奖助、社会捐助、学生自助"四位一体"的发展型资助体系,构建物质帮助、道德浸润、能力拓展、精神激励有效融合的资助育人长效机制，实现无偿资助与有偿资助、显性资助与隐性资助的有机融合，形成"解困—育人—成才—回馈"的良性循环，着力培养受助学生自立自强、诚实守信、知恩感恩、勇于担当的良好品质。

10. 组织育人质量提升体系。把组织建设与教育引领结合起来，强化高校各类组织的育人职责，增强工作活力、促进工作创新、扩大工作覆盖、提高辐射能力，发挥高校党委领导核心作用、院（系）党组织政治核心作用和基层党支部战斗堡垒作用，发挥工会、共青团、学生会、学生社团等组织的联系服务、团结凝聚师生的桥梁纽带作用，把思想政治教育贯穿各项工作和活动，促进师生全面发展。

三、主要内容

1. 统筹推进课程育人。深入推动习近平新时代中国特色社会主义思想进教材、进课堂、进头脑。完善课程设置管理、课程标准和教案评价制度，实施高校课程体系和教育教学创新计划，推动面向全体学生开设提高思想品德、人文素养、认知能力的哲学社会科学课程，创新高校思想政治理论课建设体系。修订各类专业教材，加强课堂教学设计，推进马克思主义理论研究和建设工程教材、思想政治理论课统编教材编写修订，研制课程育人指导意见，充分挖掘和运用各门课程蕴含的思想政治教育元素，作为教材讲义必要章节、课堂讲授重要内容和学生考核关键知识。发挥专业教师课程育人的主体作用，健全课程育人管理、运行体制，将课程育人作为教师思想政治工作的重要环节，作为教学督导和教师绩效考核的重要方面。加强教材使用和课堂教学管理，建立哲学社会科学专业核心课程教材目录，研制引进教材选用管理办法，建立国家优秀教材评选奖励制度，制定高校课堂教学管理指导意见，明确课堂教学的纪律要求。培育选树一批"学科育人示范课程"，建立一批"课程思政研究中心"。

2. 着力加强科研育人。改进科研环节和程序，把思想价值引领贯穿选题设计、科研立项、项目研究、成果运用全过程，把思想政治表现作为组建科研团队的底线要求。完善科研评价标准，改进学术评价方法，健全具有中国特色的学术评价标准和科研成果评价办法，构建集教育、预防、监督、惩治于一体的学术诚信体系，治理遏制学术研究、科研成果不良倾向，组织编写师生学术规范与学术道德读本，在本科生中开设相关专题讲座，在研究生中开设相应公选课程。健全优秀成果评选推广机制，服务国家和区域经济发展，促进全社会思想文化建设。培养师生科学精神和创新意识，实施科研创新团队培育支持计划、科教协同育人计划、产学研合作协同育人计划等项目，引导师生积极参与科技创新团队和科研创新训练，及时掌握科技前沿动态，培养集体攻关、联合攻坚的团队精神和协作意识。加大学术名家、优秀学术团队先进事迹的宣传教育力度。大力培育全国高校黄大年式教师团队，培养选树一批科研育人示范项目、示范团队。

3. 扎实推动实践育人。整合实践资源，拓展实践平台，依托高新技术开发区、大学科技园、城市社区、农村乡镇、工矿企业、爱国主义教育场所等，建立多种形式的社会实践、创业实习基地。丰富实践内容，创新实践形式，广泛开展社会调查、生产劳动、社会公益、志愿服务、科技发明、勤工助学等社会实践活动，深入开展好大学生暑期"三下乡""志愿服务西部计划"等传统经典项目，组织实施好"牢记时代使命，书写人生华章""百万师生追寻习近平总书记成长足迹""百万师生重走复兴之路""百万师生'一带一路'社会实践专项行动"等新时代社会实践精品项目，探索开展师生志愿服务评价认证。深入推进实践教学改革,分类制订实践教学标准,适度增加实践教学比重,原则上哲学社会科学类专业实践教学不少于总学分(学时)的15%,理工农医类专业不少于25%。加强创新创业教育,开发专门课程,健全课程体系,实施"大学生创新创业训练计划",支持学生成立创新创业类社团。完善支持机制,推动专业课实践教学、社会实践活动、创新创业教育、志愿服务、军事训练等载体有机融合,形成实践育人统筹推进工作格局,构建"党委统筹部署、政府扎实推动、社会广泛参与、高校着力实施"的实践育人协同体系。培育建设一批实践育人与创新创业示范基地。

4. 深入推进文化育人。推进中华优秀传统文化教育,实施"中华经典诵读工程""中国传统节日振兴工程",开展"礼敬中华优秀传统文化""戏曲进校园"等文化建设活动,展示一批体育艺术文化成果,建设一批文化传承基地,引导高雅艺术、非物质文化、民族民间优秀文化走近师生。挖掘革命文化的育人内涵,实施"革命文化教育资源库建设工程",开展"传承红色基因、担当复兴重任"主题教育活动,组织编排展演一批以革命先驱为原型的舞台剧、以革命精神为主题的歌舞音乐、以革命文化为内涵的网络作品;有效利用重大纪念日契机和重点文化基础设施开展革命文化教育。开展社会主义先进文化教育,开展高校师生社会主义核心价值观主题教育活动,推广展示一批社会主义核心价值观教育典型案例,选树宣传一批践行社会主义核心价值观先进典型。大力繁荣校园文化,创新校园文化品牌,挖掘校史校风校训校歌的教育作用,推进"一校一品"校园文化建设,引导高校建设特色校园文化;实施"高校原创文化经典推广行动计划",支持师生原创歌剧、舞蹈、音乐、影视等文艺精品扩大影响力和辐射力;广泛开展"我的中国梦"等主题教育活动,推选展示一批高校校园文化建设优秀成果。建设美丽校园,制作发布高校优秀人文景观、自然景观名录,推动实现校园山、水、园、林、路、馆建设达到使用、审美、教育功能的和谐统一。广泛开展文明校园创建,评选"全国文明校园",把高校建设成为社会主义精神文明高地。

5. 创新推动网络育人。加强工作统筹,建设高校思想政治工作网,打造信息发布、工作交流和数据分析平台,加强高校思想政治工作信息管理系统共建与资源互享。强化网络意识,提高建网用网管网能力,加强师生网络素养教育,编制《高校师生网络素养指南》,引导师生增强网络安全意识,遵守网络行为规范,养成文明网络生活方式。拓展网络平台,发挥全国高校校园网站联盟作用,推动"易班"和中国大学生在线全国共建,推选展示一批校园网络名站名栏,引领建设校园网络新媒体矩阵。丰富网络内容,开展"大学生网络文化节""高校网络育人优秀作品推选展示""网络文明进校园"等网络文化建设活动,推广展示一批"网络名篇名作"。优化成果评价,建设"高校网络文化研究评价中心",建立网络文化成果评价认证体系,推动将优秀网络文化成果纳入高校科研成果统计、列为教师职务职称评聘条件、作为师生评奖评优依据。培养网络力量,实施"网络教育名师培育支持计划""校园好网民培养选树计划",建设一支政治强、业务精、作风硬的网络工作队伍。

6. 大力促进心理育人。加强知识教育,把心理健康教育课程纳入学校整体教学计划,组织编写大学生心理健康教育示范教材,开发建设《大学生心理健康》等在线课程,实现心理健康知识教育全覆盖。开展宣传活动,举办"5·25"大学生心理健康节等品牌活动,充分利用网络、广播、微信公众号、App等媒体,营造心理健康教育良好氛围,提高师生心理保健能力。强化咨询服务,提高心理健康教育咨询与服务中心建设水平,按照师生比不低于1∶4 000配备心理健康教育专业教师，每校至少配备2名专业教师。加强预防干预，推广应用《中国大学生心理健康筛查量表》"中国大学生心理健康网络测评系统"，提高心理健康素质测评覆盖面和科学性；建立学校、院系、班级、宿舍"四级"预警防控体系，完善心理危机干预工作预案，建立转介诊疗机制，提升工作前瞻性、针对性。完善工作保障，研制高校师生心理健康教育指导意见，保证生均经费投入和心理咨询辅导专用场地面积，建设校内外心理健康教育素质拓展培养基地，培育建设一批"高校心理健康教育示范中心"。

7. 切实强化管理育人。完善教育法律法规体系，加快制（修）订教育规章，保障师生员工合法权益。健全依法治校、管理育人制度体系，结合大学章程、校规校纪、自律公约修订完善，研究梳理高校各管理岗位的育人元素，编制岗位说明书，明确管理育人的内容和路径，丰富完善不同岗位、不同群体公约体系，引导师生培育自觉、强化自律。加强干部队伍管理，按照社会主义政治家、教育家要求和好干部标准，选好配强各级领导干部和领导班子，制定管理干部培训五年规划，提高各类管理干部育人能力。加强教师队伍管理，严把教师聘用、人才引进政治考核关，依法依规加大对各类违反师德和学术不端行为查处力度，及时纠正不良倾向和问题。加强经费使用管理，科学编制经费预算，确保教育经费投入的育人导向。强化保障功能，健全依法治校评价指标体系，深入开展依法治校创建活动。把育人功能发挥纳入管理岗位考核评价范围，作为评奖评优条件。培育一批"管理育人示范岗"，引导管理干部用良好的管理模式和管理行为影响和培养学生。

8. 不断深化服务育人。强化育人要求，研究梳理各类服务岗位所承载的育人功能，并作为工作的职责要求，体现在聘用、培训、考核等各环节。明确育人职能，在后勤保障服务中，持续开展"节粮节水节电""节能宣传周"等主题教育活动，推动高校节约型校园建设建档，大力建设绿色校园，实施后勤员工素质提升计划，切实提高后勤保障水平和服务育人能力。在图书资料服务中，建设文献信息资源体系和服务体系，优化服务空间，注重用户体验，提高馆藏利用率和服务效率，开展信息素质教育，引导师生尊重和保护知识产权，维护信息安全。在医疗卫生服务中，制订健康教育教学计划，开展传染病预防、安全应急与急救等专题健康教育活动，培养师生公共卫生意识和卫生行为习惯。在安全保卫服务中，加强人防物防技防建设，全面开展安全教育，提高安保效能，培养师生安全意识和法制观念。增强供给能力，建设校园综合信息服务系统，充分满足师生学习、生活、工作中的合理需求。加强监督考核，落实服务目标责任制，把服务质量和育人效果作为评价服务岗位效能的依据和标准。选树一批服务育人先进典型模范，培育一批高校"服务育人示范岗"。

9. 全面推进资助育人。加强资助工作顶层设计，建立资助管理规范，完善勤工助学管理办法，构建资助对象、资助标准、资金分配、资金发放协调联动的精准资助工作体系。精准认定家庭经济困难学生，健全四级资助认定工作机制，采用家访、大数据分析和谈心谈话等方式，合理确定认定标准，建立家庭经济困难学生档案，实施动态管理。坚持资助育人导向，在奖学金评选发放环节，全面考察学生的学习成绩、创新发展、社会实践及道德品质等方面的综合表现，培养学生奋斗精神和感恩意识。在国家助学金申请发放环节，深入开展励志教育和感恩教育，培养学生爱党爱国爱社会主义意识。在国家助学贷款办理过程中，深入开展诚信教育和金融常识教育，培养学生法律意识、风险防范意识和契约精神。在勤工助学活动开展环节，着力培养学生自强不息、创新创业的进取精神。在基

附　录　中共教育部党组关于印发《高校思想政治工作质量提升工程实施纲要》的通知

层就业、应征入伍学费补偿贷款代偿等工作环节中，培育学生树立正确的成才观和就业观。创新资助育人形式，实施"发展型资助的育人行动计划""家庭经济困难学生能力素养培育计划"，开展"助学·筑梦·铸人""诚信校园行"等主题教育活动，组织国家奖学金获奖学生担任"学生资助宣传大使"。培育建设一批"发展型资助的育人示范项目"，推选展示资助育人优秀案例和先进人物。

10. 积极优化组织育人。发挥各级党组织的育人保障功能，进一步理顺高校党委的领导体制机制，明确高校党委职责和决策机制，健全和完善高校党委领导下的校长负责制，推动学校各级党组织自觉担负起管党治党、办学治校、育人育才的主体责任。启动实施高校党建工作评估，全面推开校、院（系）党组织书记抓基层党建述职评议。实施教师党支部书记"双带头人"培育工程，分中央和地方两级开展示范培训。实施"高校基层党建对标争先计划"，开展"不忘初心、牢记使命"主题教育，遴选培育全国百个院（系）党建工作标杆，培育建设一批先进基层党组织，培养选树一批优秀共产党员、优秀党务工作者，创建示范性网上党建园地，推选展示一批党的建设优秀工作案例。发挥各类群团组织的育人纽带功能，推动工会、共青团、学生会等群团组织创新组织动员、引领教育的载体与形式，更好地代表师生、团结师生、服务师生，支持各类师生社团开展主题鲜明、健康有益、丰富多彩的活动，充分发挥教研室、学术梯队、班级、宿舍在师生成长中的凝聚、引导、服务作用。培育建设一批文明社团、文明班级、文明宿舍。

四、实施保障

1. 强化改革驱动。推动"三全育人"综合改革，遴选部分工作基础较好的省（区、市）和高校作为"三全育人"综合改革试点。在省级层面，整合育人资源，统筹发挥校内外自然资源、红色资源、文化资源、体育资源、科技资源、国防资源和企事业单位资源的育人功能，带动支持在本地区打造"三全育人共同体"，形成学校、家庭和社会教育有机结合的协同育人机制。在学校层面，以《实施纲要》所涵盖的"十大育人体系"为基础，系统梳理归纳各个群体、各个岗位的育人元素，并作为职责要求和考核内容融入整体制度设计和具体操作环节，推动全体教职员工把工作的重音和目标落在育人成效上，切实打通"三全育人"的最后一公里，形成可转化、可推广的一体化育人制度和模式。

2. 搭建工作平台。建设高校思想政治工作创新发展中心，依托部分省（区、市）和高校建设一批理论和实践研究中心，推动开展党的建设、思想政治教育、意识形态工作、维护安全稳定等方面的理论创新和实践探索。建设省级高校网络思想政治工作中心，支持各省（区、市）建设本地区网络思想政治工作中心，推动各地整合网络建设管理资源，深入开展网络意识形态研判分析、网络舆情研究引导、师生思想政治状况调查、网络文化产品创作生产等工作，统筹推动"易班"和中国大学生在线全国共建共享。建设高校思想政治工作队伍培训研修中心，依托部分省（区、市）教育工作部门和高校建设队伍培训研修中心，以强化理论武装、提升政治引领为重点，组织开展线上线下培训、高级访问研修、学历学位教育、课程体系研发、思政文库建设等工作，不断提高培训研修的覆盖面和受益率，推动理论研究和实践探索成果转化应用。

3. 建强工作队伍。完善教师评聘和考核机制，把政治标准放在首位，严格教师资格和准入制度。在教师教学评价、职务（职称）评聘、评优奖励中，把思想政治表现和育人功能发挥作为首要指标，引导广大教师不忘立德树人初心，牢记人才培养使命，将更多精力投入到教书育人工作上。加强专门力量建设，推动中央关于高校思想政治工作队伍和党务工作队伍建设的政策要求和量化指标落地。大力培育领军人才，在"长江学者奖励计划"中，加大对思想政治教育相关领域高层次人才倾斜支持力度。加大培养培训力度，开展高校思想政治工作队伍国家示范培训，遴选骨干队伍参加海内外访学研修、在职攻读博士学位。强化项目支持引领，实施"高校思想政治工作中青年杰出人才支持计划"，支持出版理论和实践研究专著，培育一批高校思想政治工作精品项目，建设一批高校思想政治工作名师工作室。

4. 强化组织保障。成立高校思想政治工作委员会，加强工作统筹、决策咨询和评估督导。设立高校思想政治工作经费专项，保证《实施纲要》各项目顺利实施。健全高校思想政治工作质量评价机制，研究制定高校思想政治工作评价指标体系，创新评价方式，探索引进第三方评价机构。强化高校思想政治工作督导考核，把加强和改进高校思想政治工作纳入高校巡视、"双一流"建设、教学科研评估范围，作为各级党组织和党员干部工作考核的重要内容。各地各高校结合实际，将《实施纲要》实施纳入整体发展规划和年度工作计划，明确路线图、时间表、责任人。

参 考 文 献

[1] 丁杰. "三全育人"背景下高校资助育人创新路径探析 [J]. 哈尔滨职业技术学院学报, 2024 (1): 75-77.

[2] 王瑞, 徐仁成, 张燕, 等. 大学生资助育人工作的内涵、困境与提升路径研究 [J]. 牡丹江大学学报, 2022 (11): 85-91.

[3] 邓淑月, 郝海燕. 立德树人视角下高校资助育人工作的优化路径探索 [J]. 成都师范学院学报, 2023 (12): 21-28.

[4] 陈四兰. 贫困大学生心理健康教育模式构建思路探索 [J]. 心理月刊, 2020 (7): 56.

[5] 练崇权. 新时代高职院校精准资助育人体系构建探究 [J]. 科学咨询 (教育科研), 2023 (6): 66-68.

[6] 田志磊, 赵嘉茵, 周娟. 中职学生资助: 需求、现状与愿景 [J]. 职教发展研究, 2022 (2): 12-25.

[7] 方璐. "大思政"格局下高职院校资助育人工作探索研究 [J]. 现代农村科技, 2024 (3): 152-154.

[8] 课题组. 浅谈普通高中农村贫困生资助育人策略 [J]. 中学教学参考, 2016 (1): 100-101.

[9] 闫海冰, 梁欣怡. 基于心理因素开展普通高中学生资助工作的路径 [J]. 广西教育, 2023 (5): 71-73.

[10] 学生资助十年砥砺奋进 教育公平迈出重大步伐:《中国学生资助十年发展报告 (2007—2016 年)》要点 [J]. 教育财会研究, 2017 (10): 3-9.

[11] 全斌. 广西学生资助工作十年发展与研究 [M]. 桂林: 广西师范大学出版社, 2018.

[12] 王平. 学生资助理论与实务 [M]. 长沙: 湖南师范大学出版社, 2023.